丝路茶乡
红色高县

中共高县县委宣传部
中共高县县委党史研究室 编

中国文史出版社
CHINA CULTURAL AND HISTORICAL PRESS

图书在版编目（CIP）数据

丝路茶乡　红色高县 / 中共高县县委宣传部，中共
高县县委党史研究室编. ――北京：中国文史出版社，
2023.9

ISBN 978-7-5205-4237-1

Ⅰ.①丝… Ⅱ.①中… ②中… Ⅲ.①革命史–高县
Ⅳ.①K297.14

中国国家版本馆 CIP 数据核字（2023）第 152189 号

责任编辑：程　凤

出版发行：中国文史出版社
社　　址：北京市海淀区西八里庄路 69 号院　邮编：100142
电　　话：010-81136606　81136602　81136603（发行部）
传　　真：010-81136655
设计制作：成都圣立文化传播有限公司　028-86783136
印　　装：成都新凯江印刷有限公司
经　　销：全国新华书店
开　　本：787mm×1092mm　1/16
印　　张：22
字　　数：300 千字
版　　次：2024 年 2 月北京第 1 版
印　　次：2024 年 2 月第 1 次印刷
定　　价：88.00 元

《丝路茶乡 红色高县》
编辑委员会

总顾问：何胜伟

顾　问：张锡恒　邓志刚　周　应　吴晓军　杨相武　黄定平
　　　　喻专文

主　任：沈　波

副主任：何娟娟　龚　平

委　员：唐　宇　黄　勇　李道从　张　恒　卢　伟　王金玉
　　　　周　魁　万家鸿　何顺敏　周　强　李　强　张声华
　　　　郑永忠　杨刘情　肖月强　曹耘瑕　李　瑾　邓　力
　　　　严巨洋　文楚江　王益刚　杨小林　张学东　袁涔洪
　　　　吴国义　张　璐　杨朝华　喻　琴　谭梦熙　陈　平
　　　　严伟力　李丽莎　林　琳　罗雨函　刘茂霞　何金芳
　　　　李　莉　陈　露

编辑部

主　编：沈　波

副主编：张　恒　卢　伟　严巨洋　肖学芬　张晓君　李　佳
　　　　张天明　周永萍　胡　莉　段丽娜　文楚江

总　纂：严巨洋

编　辑：杨　波　肖月书　刘勇男　袁　玲　李晨羲　朱佐芳
　　　　王元刚　王子江　侯　明　李大鹏　邱　云　王孝琼
　　　　夏　羽　邹景龙　陈　强　罗潇寒

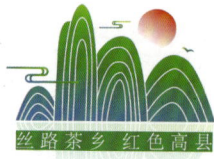

丝路茶乡 红色高县

成都
邛崃
新津
眉山
雅安
荥经
乐山
汉源
犍为
宜宾
越西
高县
泸沽
豆沙关
筠连
西昌
大关
德昌
昭通
威宁
会理
攀枝花
永仁
大姚
姚安
曲靖
南华
禄丰
密支那
永古
大理
旧盈江
腾冲
保山
楚雄
昆明
八莫
曼允街

——摘自《四川省志·丝绸志》（1998年12月版）

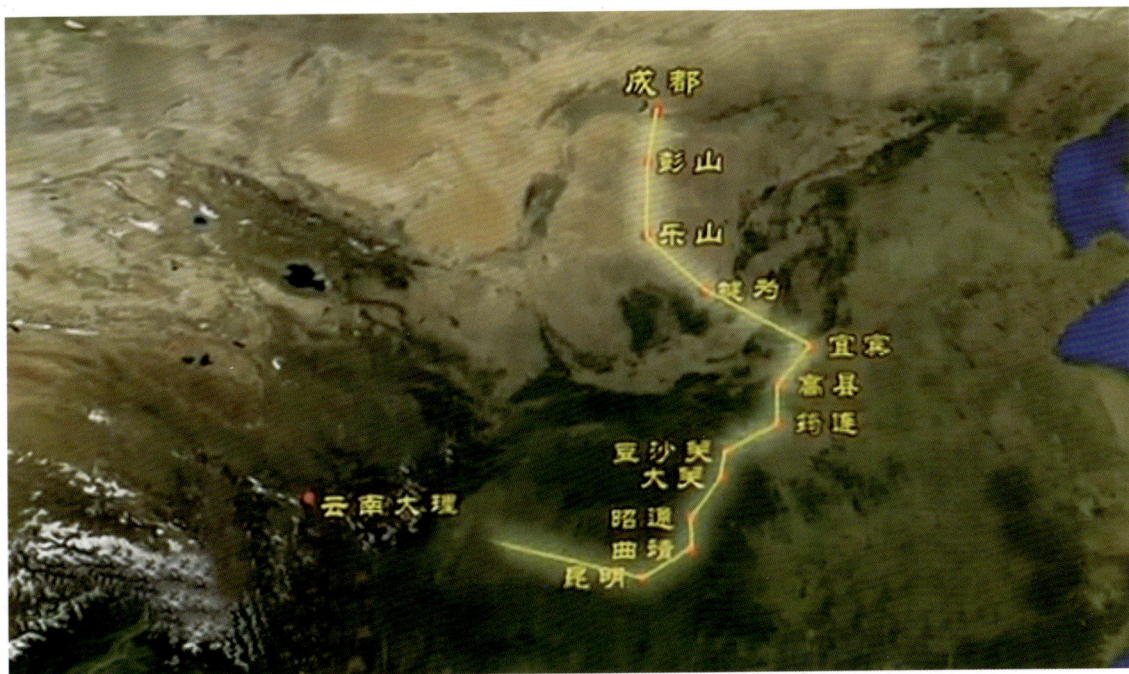

成都
彭山
乐山
犍为
宜宾
高县
筠连
豆沙关
大关
昭通
曲靖
云南大理
昆明

✽ 中央电视台2015年1月《国宝档案》之"丝路故事——神秘的南方丝路"

高县名片

- ◆ 全国脱贫攻坚先进集体
- ◆ 全国农业综合开发县
- ◆ 全国茶叶基地县
- ◆ 全国休闲农业和乡村旅游示范县
- ◆ 全国茶业百强县
- ◆ 全国茶旅融合十强示范县
- ◆ "四好农村路"全国示范县
- ◆ 全国优质茧丝绸生产基地重点县
- ◆ 中国蚕桑之乡
- ◆ 全国农作物病虫害绿色防控示范县

- 全省现代农业产业基地强县
- 全省现代农业重点县
- 全省现代畜牧业重点县
- 全省生猪调出大县
- 全省乡村旅游示范县

- 全省林业生态旅游示范县
- 全省旅游扶贫示范县
- 全省乡村旅游强县
- 全省茶业十强县
- 全省茶叶十大特色优势县

❋ 高县县城一角

❀ 宜彝高速高县蕉村出口

❀ 高县县城全景图

✿ 宜庆路入城景观大道

❋ 李硕勋故居

❋ 李硕勋纪念馆

❋ 阳翰笙故居

❋ 高县翰笙小学校

❀ 高县锡龙小学校揭牌仪式

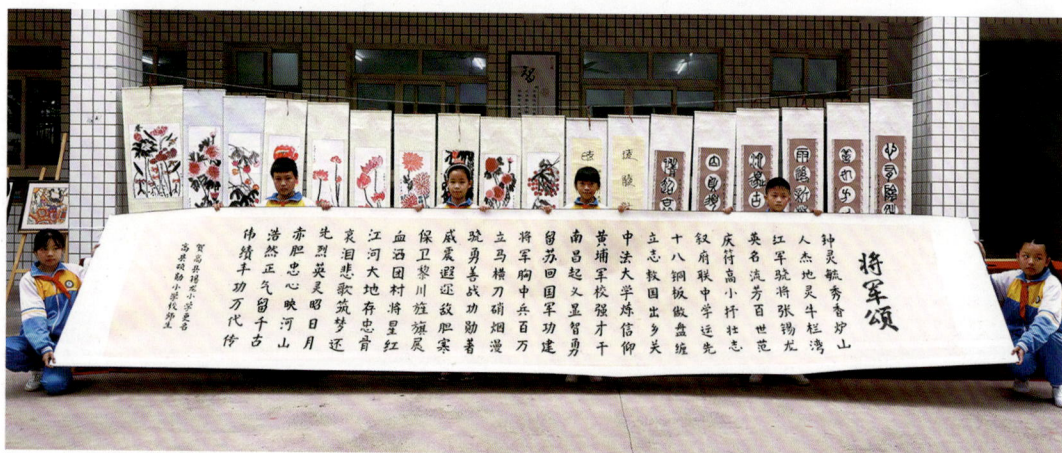

❀ 硕勋小学校师生书法作品《将军颂》

❀ 来复镇先娱村稻画

❀ 来复镇濛溪大山村田园风光

❁ 中国优质茧丝生产基地

❁ 优质桑园

❋ 早白尖茶叶基地

※ 高县蜀南桑海乡村振兴示范区——嘉乐镇人民村

✿ 大雁岭景区

✿ 蜀山茶海景区

✿ 红岩山风景区

❈ 惠泽水库一角

❋ 七仙湖

绿 水 青 山 就 是 金 山 银 山

❋ 生态南广河

丝路茶乡
红色高县

乌蒙西下三千里，僰道南来第一城。高县位于四川盆地南缘，北接巴蜀，南控滇黔，自古为"水陆通衢，贸易四达"之地，是中原与西南地区的重要交通枢纽和商贸重地，是入滇黔联通两广、辐射南亚的门户。

高县古称高州，是"南方丝绸之路"东线的重要节点。秦朝"五尺道"，汉朝"南夷道"，唐朝"石门道"，宋朝、元朝、明朝、清朝"茶马古道"，民国"叙昆大道"，是丝路高县的历史；1919年爆发的五四运动揭开了中国新民主主义革命的序幕，从五四运动到现在是红色高县的历史。

战国末期，秦国蜀郡太守李冰采用积薪烧岩始开"五尺道"，汉武帝时，又纳唐蒙建议修筑南夷道。修建五尺道和南夷道的初衷是政治的需要，是封建王朝加强对西南少数民族治理、对西南广大地区控制的需要。五尺道和南夷道的修建促进了文化的交流、贸易的发展，最终促成了南方丝绸之路这条贸易大通道的形成，与西北丝绸之路、海上丝绸之路同为5000多年中华文明向外传播和辐射的通道。南方丝绸之路东线自成都出发经乐山、宜宾、高县、云南、贵州出境，再经东南亚、印度、中东到达欧洲。

高县，西周属僰侯国地，秦属僰道县。汉武帝建元六年（前135年）置南广县，是为高县建置之始，距今有2150多年的建置历史。唐武德元年（618年），取"高者，边陲山隔之地也"之意，始置羁縻高州。明洪武五年（1372年），高州改置为高县，明正德十三年（1518年），高县又复置为高州。清顺治元年（1644年），高州再次改置为高县至今。1960年1月，庆符县整体并入高县；2001年，高县人民政府驻地由文江镇迁庆符镇。

"一品先天下，早茶最宜宾"，在高县这片绿色、生态的土地上，先民历来就有种茶、制茶的习惯。悠悠千载，迄今高县已有3000多年种茶制茶史，是巴蜀著名古老茶区，是全国优质早茶原料基地和"川红工夫"原产地，近年来先后荣获四川省现代农业（茶叶）重点县、四川省茶业十强县、中国茶旅融合十强示范县、中国茶业百强县等荣誉。先民历来就有栽桑养蚕的习惯，有文字记载的历史始于明万历三十五年（1607年），《庆符县志·物产志》有关蚕业的文字记载，迄今已有400多年历史。高县是蜀南桑海的核心区域，桑园覆盖全县13个镇195个村，从业人员达10万人。2018年5月被中国丝绸协会授予"中国优质茧丝生产基地"称号，2019年12月被中国蚕学会授予"中国蚕桑之乡"称号。2021年，全县蚕茧产量21.1万担，桑园23.5万亩，年发种23.5万张，农业综合产值37.5亿元。高县蚕业的桑园规模、蚕茧产量在四川省区县中名列第一位。

高县是具有红色基因的革命老区县。自1919年爆发五四运动至1949年10月1日中华人民共和国成立；从八一南昌起义、抗日战争、解放战争到抗美援朝，英雄的高县人民从不缺席；从川南特支、农民暴动到高县武装起义，无数的高县籍仁人志士抛头颅、洒热血，建立了不朽的功勋。革命先驱李硕勋、文坛巨匠阳翰笙、红军骁将张锡龙等，他们彪炳史册、熠熠生辉！

李硕勋、阳翰笙、张锡龙、陈伯华、邹必诚是高县最早一批中国共产党党员。1927年8月，高县第一个党组织——中国共产党高县党团特支成立；1938年9月，中共庆符县委建立。在党组织的领导下，高县、庆符县人民开展了轰轰烈烈的工农运动，积极策应中国工农红军川滇黔边区游击纵队转战高县的战斗。汉王山地区成为四川工农革命军独立团转战的根据地。在抗日战争中，高县、庆符县先后三批向抗日前线输送兵员12732人，黄谷3.9万担，前线阵亡将士220名。1949年12月17日，高县武装起义取得成功，高县解放。2003年，宜宾市人民政府批准高县等7个县为革命老区县，同时，确定高县的12个乡镇为革命老区乡镇。2010年9月，高县被四川省人民政府认定为革命老区县。

"艰难困苦，玉汝于成。"中华人民共和国成立后，高县县委、县政府带领全县人民踔厉奋发、勇毅前行，在政治、经济、文化、社会建设等各个方面都取得了巨大成就。在迈入第二个百年奋斗目标，实现中华民族伟大复兴，奋力推进"丝路茶乡，红色高县"建设的新征程中，全县将立足区位优势、资源禀赋、生态本底和产业基础，抓住成渝地区双城经济圈建设重大机遇，搭乘宜宾建设成渝地区经济副中心高速列车，以"新发展理念"为指引，以"高质量发展"为标准，坚定不移走"绿色转型发展"之路，全力打造成渝地区绿色转型发展先行区，争创全省县域经济发展先进县，建成宜宾南部区域中心城市。高县这颗镶嵌在南方丝绸之路上的明珠必将散发出灿烂的光芒，也必将在中华民族伟大复兴的进程中作出新的更大贡献！

中共高县县委书记　何胜伟

高县人民政府县长　张锡恒

2024年2月

目 录 CONTENTS

云南茶叶系列

红河县

印象高县

　　高县位于四川盆地南缘，宜宾市中南部，地处北纬28°11′～28°47′，东经104°21′～104°48′。唐武德元年（618年）取"高者，边陲山隅之地也"之意，始置羁縻高州，明洪武五年（1372年），降州为县，始称高县。境域西周属僰侯国地，秦属僰道县，汉属南广县，西汉汉武帝建元六年（前135年）置南广县，是为高县建置之始，距今有2150多年的建置历史。2022年，高县辖13个镇，195个村，户籍人口150667户，519756人。2022年，高县实现地区生产总值（GDP）202.38亿元。

❇ 高县县城

区　位

地理位置

高县位于四川盆地南缘，宜宾市中南部，地处北纬28°11′~28°47′，东经104°21′~104°48′，东邻长宁县、珙县，南界筠连县，西和西北接叙州区，东北连翠屏区，西南与云南省盐津县毗连。地形狭长，东西最大横距32千米，南北最大纵距61千米，全县辖区面积1323平方千米。地势南高北低，海拔274~1252.1米。县城庆符镇，位于县境中部，距宜宾市中心城区35千米。

政　区

2022年，高县辖庆符镇、文江镇、来复镇、沙河镇、罗场镇、庆岭镇、蕉村镇、月江镇、胜天镇、嘉乐镇、落润镇、可久镇、复兴镇13个镇，195个村1672个村民小组，23个社区187个居民小组。

建　置

名称由来

羁縻州是古代朝廷在边远少数民族地区所置之州，以夷制夷，因其俗以为治，有别于一般州县。《史记·司马相如传·索隐》解释说："羁，马络头也；縻，牛蚓也。"《汉宫仪》云："马云羁、牛云縻，言制四夷如牛马之受羁縻也。"所谓"羁縻制度"是历代封建王朝在多民族国家里对社会发展落后的少数民族地区所采取的一种

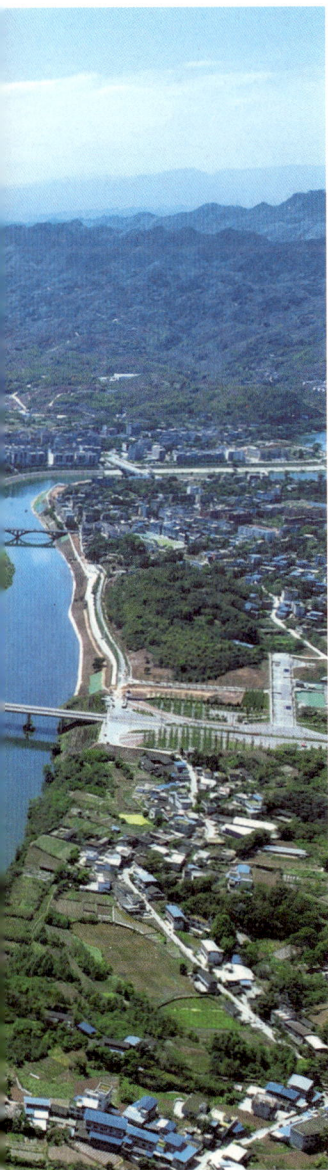

民族政策。

唐高祖武德年间，在今四川、云南和贵州境内设置了为数不多的这类州县，但其时还未将这些州县与普通州县予以区别。至唐太宗贞观时由于大量设置了这种州县，才定制称为"羁縻州"，用以区别于普通州县。从此普通州相对羁縻州而言，即被称为"正州"。武德元年（618年），在今高县境域置羁縻高州，因其境域地处四川盆地南缘向云贵高原的过渡地带，乌蒙山之余脉，取其"高者，边陲山隅之地也"之意而以"高"名之，这是高州得名之始。

明洪武四年（1371年），明朝灭"大夏"，四川版图归明王朝。明朝实行省、府（州）、县三级制，洪武五年（1372年），降高州为高县，治所怀远寨，这是高县得名之始。

明正德十三年（1518年），高县复为高州，迁治所于中坝（今文江镇治所），仍隶布政使司叙州府，领筠、珙2县，筠连在州西，珙县在州东。清朝实行省、道、府（含直隶州、厅）、县（含府辖州、厅）四级制。清顺治二年（1645年），改四川布政使司为四川行省，降高州为高县（治所今文江镇），名称至今无改。

历史沿革

在3万~4万年前，高县境内就有先民在此繁衍生息。高县南广河流域已发现的大量历史文化遗迹，有古人类打制并使用的砍砸器、磨制的石斧、夹砂陶片、瓦片等人类史前生产生活器具，证实了最晚在新石器时代有先民在高县境内活动的史实。

西周时期，高县及川南、滇东北地区，乃"僰侯国地"，史称"古僰国"，《汉书·地理志》中颜师古注引应劭语"故僰侯国也"。西周至春秋时期，僰人在此地域建立僰国，臣属于当时强大的蜀国，至置僰道止，历经600余年。东周时期，高县为蛮夷之地。周慎靓王五年（前316年），秦灭蜀，置巴、蜀2郡，县境属蜀郡。公元前256年至公元前251年，李冰为蜀郡守，把僰人聚居的"古僰国"置为僰道，治所"马湖江会"（今宜宾城区三江口）。县境属蜀郡僰道。

公元前221年，秦始皇灭六国建立秦王朝。巴蜀西南以外广大地区皆纳入秦帝国版图。县境属蜀郡，是纳入统一的秦帝国封建王朝版图之始。

西汉时期，地方政区为郡、县两级制。西汉将生活在滇、黔、川南一带的土著民族称为"西南夷"，汉武帝为进一步开发西南夷地区，始设置郡、县。汉武帝建元六年（前135年），置犍为郡和南广县。《华阳国志·蜀志》载："犍为郡，孝武建元六年（前135年）置，时治鳖，其后县十二，户十万。"其十二县中有僰道、南广、江阳等。汉武帝元光五年（前130年），犍为郡治所移至南广县（今四川高县）。《华阳国志·蜀志》载："元光五年，犍为郡移治南广县。"汉武帝元封五年（前106年），分全国为十三州刺史部。南广县属益州刺史部。

东汉建武十二年（36年），光武帝刘秀灭"大成"，复西汉的州、郡、县旧制，西顺郡复名犍为郡，庸部复名益州刺史部。犍为郡治所迁武阳（今彭山区江口街道），南广县治所仍旧。献帝建安二十年（215年），析犍为郡置朱提郡（治今昭通），南广县属之。

东汉末年，诸侯争霸，群雄割据。公元221年，刘备于成都即位称帝，国号汉，年号章武，史称蜀汉。蜀汉章武元年（221年），刘备设益州牧领22郡，南广县属益州南部康降都督朱提郡。蜀汉延熙年间（约240年），析朱提郡置南广郡，下辖4县：南广县（今四川省高县境内，是郡之治所）、临利县（今四川省筠连县境内）、常迁县（今四川省珙县境内）、新兴县（今四川省兴文境内），户口1000户。《华阳国志》南中志南广郡条载："南广郡，蜀汉刘后主延熙中设置，建武元年（317年）裁撤。"南广郡裁撤后，南广县又复归朱提郡辖。

晋武帝泰始七年（271年），分益州，置梁、宁二州，同时分朱提郡置南广郡，南广县属宁州南广郡。惠帝太安二年（303年），巴蜀流民起义，李特、李雄父子在成都建立"成汉"政权（304—347年），立国号"建兴"。成汉玉衡二十三年（333年），李雄定宁州，析朱提郡复置南广郡。南广县属宁州南广郡，郡县治所依旧，为"成汉"政权所辖。晋元帝建武元年（317年），在建康（今南京）建立东晋政权。晋穆帝永和三年（347年），灭"成汉"政权，南广县隶宁州南广郡，直至元熙二年（420年）东晋灭亡，其间114年地方政区设置变化，但南广县及治所未变。

南朝宋、齐时沿晋制，宋武帝永初元年（420年）置南广县，隶宁州（治今曲靖）南广郡。南齐年代（479—502年），南广县隶宁州（治今之云南陆良东北）南广郡。南梁时（502—557年），南广郡、南广县为云南大姓爨瓒窃据，南广县没于"夷獠"。

隋开皇三年（583年），罢天下诸郡，改郡为州，以州统县，实行州、县二级制。隋炀帝继位，复效仿秦制，于大业三年（607年）改州称郡，以郡统县，戎州复名犍为郡。今高县地为"獠"地，无建置，与筠连、珙县、长宁、兴文、叙永、赤水、习水等为岷蜀诸郡。隋炀帝时筑石门道，由戎州经高县境入云南。

唐武德元年（618年），置羁縻高州，高州下领3县：牁巴（治今高县可久）、移甫（治今高县龙潭）、徙西（治今筠连镇舟）。羁縻高州隶剑南道（治今成都）泸州都督府，后改隶戎州都督府。贞观四年（630年），立石门、朱提县隶南通州。贞观八年（634年），以石门、朱提、盐泉置抚夷县及开边县，隶戎州。

宋乾德三年（965年），宋太祖灭蜀，今四川地入宋王朝版图。宋咸平四年（1001年），置益州、梓州、利州、夔州四路，总称"川陕四路"简称"四川路"，这是"四川"得名之始。以路统州，戎州、泸州隶梓州路，羁縻高州隶戎州。宋熙宁八年（1075年），撤销羁縻高州，羁縻高州地归入淯井监，隶泸州；政和三年（1113年）建立祥州，治今庆符镇，隶梓州路。祥州辖庆符（治所今庆符镇）、来附（治所今来复镇）2县。宣和三年（1121年），废祥州，来附县并入庆符县，领5寨：柔远、乐从、清平、石门和怀远。庆符县隶叙州。

宋、元实行省、路、府（州）、县四级制。至元十七年（1280年），于原羁縻高州地置高州，治所今罗场镇陈村。至元十八年（1281年），升叙州府为叙州路，高州、庆符县隶叙州路。至元二十三年（1286年），置四川等处行中书省，下设叙南等处蛮夷宣抚司，高州隶叙南等处蛮夷宣抚司。元顺帝至正年间（1340—1368年），高州治所迁怀远寨。

明朝实行省、府（州）、县三级制，明太祖洪武五年（1372年），降高州为高县，治所怀远寨。明太祖洪武六年（1373年）废叙州路，改称叙州府，高县、庆符县隶叙州府。洪武九年（1376年），改四川等处行中书省为四川承宣布政使司，叙州府隶其下，高县、庆符县仍隶叙州府。明武宗正德十三年（1518年），高县复为高州，迁治所于中坝（今文江镇治所），仍隶布政使司叙州府，领筠、珙2县；筠连在州西，珙县在州东。

清朝实行省、道、府（含直隶州、厅）、县（含府辖州、厅）四级制。清顺治二年（1645年），改四川布政使司为四川行省。降高州为高县，高县（治所今文江镇）、庆符县（治所今庆符镇）隶四川行省叙州府。嘉庆七年（1802年），分四川行省为五道，高县、庆符县隶川南永宁道叙州府。光绪三十四年（1908年），改永宁道为下川南道，高县、庆符县隶下川南道叙州府。

1912年，裁废道制，以府州厅直隶四川省，下川南道撤销。高县、庆符县隶属四川省叙州府（今宜宾市）。1913年，"废省改道"，裁府州厅，以道辖县。高县、庆符县隶下川南道。1914年，改下川南道为永宁道，高县、庆符县隶属之。1929年，又"废道"，以县直隶于省，高县、庆符县直隶四川省。1935年，实行"行政督察区制"，高县、庆符县隶属四川省第六行政督察区（治所今宜宾市城区）。

1949年12月12日，高县解放，1950年1月4日，庆符县解放。1950年分四川省为川东、川西、川南、川北4个行政区，以行政区辖专区，专区辖县。高县、庆符县属川南行政区宜宾专区，川南行政区驻泸州，宜宾专区驻今宜宾城区。中共高县县委、高县人民政府驻今文江镇，中共庆符县委、庆符县人民政府驻今庆符镇。1950年2月将沐爱及所辖14个乡镇归并高县（1953年10月划归筠连县管辖）。1952年9月，恢复四川省建制，高县、庆符县属四川省宜宾专区。1960年1月庆符县入高县（治所文江镇）。1967年4月，宜宾专区改为宜宾地区，高县隶之。1996年10月，撤宜宾地区设宜宾市，撤县级宜宾市设翠屏区，高县隶宜宾市。2001年12月17日，高县人民政府驻地由文江镇迁庆符镇。

地　理

地　形

高县属丘陵地带，西南高，东北低，海拔274~1252.1米，低山、丘陵、平坝、中山占有的比例分别为75%、19%、5%、1%，境内有大小河流30条左右。深丘低山主要分布在南部罗场镇、嘉乐镇、可久镇，东部的复兴镇、文江镇，北部的月江镇，面积为36990.44公顷。浅丘主要分布在中部、东部和北部，面积为77944.15公顷。平坝主要分布在北部及丘陵河谷地带，地势平坦，面积为17100.03公顷。

气候特点

高县位于四川盆地南部，属南亚热带湿润季风性气候区，气候温和，四季分明，雨量充沛，无霜期长，春季回暖早，夏季气温高，秋季多绵雨，冬季霜雪少。2022年高县平均气温为19.2℃，较历年平均气温18.2℃偏高1.0℃。年总降水量为794.2毫米，与历年平均值943.2毫米相比偏少149毫米。年最高气温为43.5℃，较历年最高气温42.1℃偏高1.4℃。年总日照时数为1354.6小时，与历年平均值1099.2小时相比偏多255.4小时。2022年6月29日开始，高县出现历史罕见的高温晴热天气，主要两段连晴时段，分别是7月4—16日，7月24日至8月28日。据统计出现40℃以上天数19天，日最高气温为8月21日的43.5℃，超历史极值。全年共出现4次

大暴雨过程，为3月16—17日、5月8—9日、6月22—23日、8月3—4日；共出现5次暴雨过程，为4月11—12日、7月16—17日、8月4—5日、8月25—26日、9月14—15日。7月出现30天严重伏旱，10月出现一般性干旱，11月出现秋旱。

水　系

高县的地理位置南高北低。主河流南广河由南向北纵贯全境。全县大多数溪流由西向东或由南向北流入南广河，注入长江。全县水系共分为3个水系，即南广河水系、金沙江水系和关河水系。南广河水系集雨面积占全县总面积的95.95%，其余金沙江水系、关河水系集雨面积分别占全县总面积的1.92%、2.13%。2022年，全县纳入河（湖）长制管理的河流共14条，河道总长度337.4千米。流域面积1000平方千米以上河流1条，即南广河，河道长度81.2千米；流域面积50~1000平方千米的河流6条，河道长度153.29千米；流域面积50平方千米以下的河流7条，河道长度102.91千米。全县已建成水库41座，总库容5481.5万立方米，中型水库2座，库容3920立方米，小（一）型水库5座，库容617.1万立方米，小（二）型水库34座，库容944.42万立方米。全县运行小型水电站25座，装机容量66395千瓦。

资　源

土地资源

根据2021年度国土变更调查成果显示：高县土地总面积为132031.6公顷，其中湿地31.52公顷、耕地39418.08公顷、园地9149.65公顷、林地54720.75公顷、草地117.62公顷、城镇村及工矿用地12928.89公顷、交通运输用地1532.43公顷、水工建筑用地66.87公顷、水域及水利设施用地3163.16公顷、其他用地10902.63公顷。湿地为内陆滩涂31.52公顷；耕地39418.08公顷，其中水田14568.29公顷、水浇地0.48公顷、旱地24849.31公顷；园地

9149.65公顷，其中果园1409.13公顷、茶园4187.66公顷、其他园地3552.86公顷；林地54720.75公顷，其中乔木林地40360.92公顷、竹林地10232.94公顷、灌木林地647.05公顷、其他林地3479.84公顷；草地117.62公顷，全部为其他草地；城镇村及工矿用地12928.89公顷，其中建制镇1446.89公顷、村庄11159.93公顷、采矿用地226.7公顷、风景名胜及特殊用地95.37公顷；交通运输用地1532.43公顷，其中铁路用地110.64公顷、公路用地1421.51公顷、港口码头用地0.28公顷；水工建筑用地66.87公顷；水域及水利设施用地3163.16公顷，其中河流水面1996.88公顷、水库水面476.64公顷、坑塘水面577.49公顷、沟渠112.15公顷；其他用地10902.63公顷，其中农村道路用地1800.08公顷、设施农用地169.57公顷、田坎8907.34公顷、裸土地3.13公顷、裸岩石砾地22.51公顷。

植物资源

全县木本植物250多种，草本260多种。乔木多为马尾松、杉木、柏木、湿地松、火炬松、喜树、桉树、红椿、楷木、大头茶、润楠、合欢、南酸枣、青冈、香樟、四川木姜子等，竹类有慈竹、黄竹、楠竹、苦竹、斑竹、水竹、绵竹、撑绿竹、巨竹、麻竹等，经济树种有茶、桑、油桐、黄栀子、桃、李、梨、柠檬、柑橘、油茶等，灌木有檞栎、马桑、蔷薇、楤木、杜英、乌泡、盐肤木、柃木、杜鹃等，草本有白茅、芭茅、芦苇、凤尾蕨、铁芒萁、里白等，珍稀濒危植物有桢楠、银杏、桫椤、红豆树、红豆杉等。

动物资源

高县野生动物资源主要有爬行类、两栖类、鸟类、水禽类和兽类五大类。爬行类动物主要有菜花蛇、乌梢蛇、岩斑蛇、棋盘蛇等，全县分布，汉王山一带有玉斑锦蛇生存。两栖类野生动物有大鲵（娃娃鱼），属国家二级保护野生动物，分布于南广河流域。青蛙、蟾蜍分布于全县农田、水

塘、溪沟。鸟类主要有麻雀、林雀、画眉、棕背伯劳、松鸦、大山雀、喜鹊、白头翁、黑卷尾、红嘴相思鸟、岩鹰、猫头鹰、雉鸡、鸳鸯、夜莺、白腹锦鸡等。其余农林益鸟全县范围内均有分布。国家二级保护野生动物鸳鸯、红嘴鸥、红隼、斑头鸺鹠在全县范围内时有发现。水禽类野生动物有白鹭等鹭科动物及普通秋沙鸭、大麻鸭、黑颈鹭䴙、秧鸡等，主要分布于全县河流、湖泊、农田。国家二级保护野生动物绿头鸭，分布于县内少数地方。国家二级保护野生动物有穿山甲、斑羚、豹猫、林麝，穿山甲在罗场、可久靠云南一带有所发现，斑羚、林麝在来复鸡爪山曾经发现过，豹猫在汉王山时有发现。红夹长嘴松鼠、果子狸、豪猪、草狐在全县范围内都有分布，草兔分布在全县各地。

矿产资源

高县境内已查明和发现的矿产资源有金属矿产、能源矿产、水气矿产、非金属矿产共4大类21种，即铁、铜、天青石、烟煤、无烟煤、油页岩、石油、天然气、矿泉水、温泉（地热）、石灰岩、白云岩、石英砂岩、页岩、耐火黏土、塑性黏土、重晶石、方解石、绿豆岩、玄武岩、紫砂泥岩。探明地质储量：无烟煤56455.5万吨，烟煤3200万吨，石英砂岩800万吨，紫砂泥岩4085万吨，石灰岩总储量估算8亿~10亿吨，页岩2017.4万吨，砂岩505.75万吨。无烟煤主要分布在文江镇、蕉村镇、月江镇、庆符镇、庆岭镇、来复镇，烟煤主要分布在文江镇、月江镇、庆符镇，石灰岩主要分布在文江镇、蕉村镇、月江镇、庆符镇、庆岭镇、来复镇，页岩主要分布在庆符镇、来复镇、沙河镇、月江镇、胜天镇、落润镇、罗场镇、可久镇，砂岩主要分布在沙河镇、庆符镇、月江镇、落润镇，石英砂岩主要分布在庆符镇、落润镇，黏土矿主要分布在文江镇，矿泉水主要分布在庆符镇，紫砂岩泥主要分布于文江镇。全县有探矿权4个，矿山企业48个，其中煤矿3个、石灰岩24个、石英砂1个、砂岩4个、页岩15个、矿泉水1个。

水利资源

根据2021年底土地利用现状变更调查数据，水域及水利设施用地3163.16公顷，其中河流水面1996.88公顷、水库水面476.64公顷、坑塘水面577.49公顷、沟渠112.15公顷；水工建筑用地66.87公顷。

人　口

人口总量

2022年，高县户籍人口150667户，519756人，其中城镇人口179265人、农村人口340491人；户籍人口城镇化率34.5%；户籍人口中，男性270856人，女性248900人，0~17周岁102803人，18~59周岁325767人，60周岁以上91186人。2022年，全县出生人口3543人，死亡人口4685人。全年迁入人口1130人，迁出人口2335人。迁入人口以婚迁为主，主要迁移农村地址；迁出人口以购房及投靠为主，主体为城镇户籍人员。

民族构成

2022年，高县有汉族515056人，蒙古族13人，回族540人，藏族17人，维吾尔族6人，苗族3124人，彝族219人，壮族160人，布依族60人，朝鲜族2人，满族10人，侗族57人，瑶族26人，白族27人，土家族211人，哈尼族34人，傣族24人，黎族15人，傈僳族16人，佤族11人，畲族3人，拉祜族8人，水族13人，纳西族2人，景颇族3人，土族4人，仫佬族24人，羌族7人，布朗族1人，毛南族2人，仡佬族24人，锡伯族1人，阿昌族1人，怒族1人，德昂族1人，其他8人（中国人与外国人通婚婚生子女未确定民族）。

经济概况

农村经济

2022年全县粮食作物播种面积4.63万公顷，比2021年增长0.2%；全年全县粮食总产量25.9万吨，比2021年下降3.6%。全年出栏肉猪48万头，比2021年增长4%；家禽出栏484.57万只，增长1.3%。全年肉类总产量4.39万吨，比2021年增加12%，其中猪肉产量3.59万吨，比2021年增加7.3%。全年禽蛋产量5018吨，比2020年增长6.6%；蚕茧产量11198吨，同比增长11.68%；2022年保有茶园面积2.04万公顷。2022年，全县实现农林牧渔业总产值59.39亿元，其中农业产值30.86亿元；林业产值3.64亿元；牧业产值21.16亿元；渔业产值1.19亿元；农林牧渔服务业产值1.53亿元。实现农林牧渔业增加值33.02亿元。

工 业

2022年底纳入年报统计的规模以上工业企业共计71家。同口径增长8.6%，其中轻工业下降2.1%，重工业增长18.8%；非公工业实现增长8.6%。

❈ 福溪火电厂

实现规模以上工业增加值增长8.6%，全部规模以上工业实现营业收入199.47亿元，比2020年增长16.5%。

贸　易

2022年底，全县在统限额以上批发零售法人企业49家，限额以上住宿餐饮企业21家。全年，全部批发业实现销售额37.94亿元，增长20.3%；零售业实现销售额85.38亿元，增长3.9%；住宿餐饮实现营业额13.45亿元，下降1.4%。全年实现社会消费品零售总额80.11亿元，增长0.5%。

乡　镇

庆符镇

庆符镇位于四川盆地南缘，地处高县中部，是高县县城，县域政治、经济、文化中心。镇政府驻连心街4号，距宜宾市中心城区35千米。庆符镇

✿ 高县县城

❀ 广场交谊舞

东接文江镇，南连落润镇、可久镇，西邻叙州区凤仪乡，北依庆岭镇、复兴镇。镇域面积178.78平方千米，辖30个行政村，5个城镇社区、368个村（居民）小组。2022年末，总户数23367户，户籍人口78503人，常住人口83656人，建成区面积达5.53平方千米，城镇化率达64.38%。

"汉置汉阳城，依祥水，傍庆山，环砌以石。唐置抚夷，宋置曲州、置庆符县。"庆符寓祥瑞，北宋政和三年（1113年）置祥州，辖地原为戎州徼外地（郊区），辖境相当今四川省高县北部，宜宾县南部。朝廷为便于治理，同时在该地设立祥州和庆符县、来附县，祥州辖庆符县和来附县。州县同治庆符县城（今四川高县县城庆符镇）。1950年1月，庆符县解放，县政府置中城镇（今庆符镇）。1960年，庆符县并入高县，县政府置文江镇。2001年12月，经国务院批准，县政府驻地由文江镇迁至庆符镇。

庆符自古北接巴蜀，南控滇黔，为水陆通衢，贸易四达之地，是中原与西南地区的重要交通枢纽和商贸重镇，是南向进入滇黔联通两广、辐射南亚的重要门户，是中国古代"南方丝绸之路"东路干线的重要节点，是镶嵌在南方丝绸之路上的一颗明珠。

庆符镇人杰地灵，英才辈出。这里孕育了革命先驱李硕勋，红军骁将张锡龙，共和国第四任总理、第九届全国人大常委会委员长李鹏。有李硕勋故居、纪念馆，张锡龙故居以及纪念解放初期征粮剿匪中牺牲的解放军李胜多等四烈士的纪念亭，还有古八景之龙脑献瑞、迎祥挂榜、石门幽兰、西江半月以及文化遗迹遗存石门石刻、川主庙、回龙寺、节孝总坊等。

庆符镇坚持走农业现代化发展道路，农业生产能力不断提升，粮食种植常年保持在8.2万亩，产量3.2万吨以上，建成1000亩粮油"五良融合"科技示范点1个，500亩大豆带状种植示范点1个，500亩粮经复合模式示范点1个。依托林竹、蚕桑、茶叶、蔬果四大特色产业发展带，建成3500平方米农产品加工园区标准化厂房、现代林竹基地、长江源国际茶贸城。全镇林竹面积稳定在1.4万亩以上，综合产值1亿元以上；桑园面积稳定在2.5万亩以上，年均发种1.7万张左右，综合产值5000万元以上；茶园面积保持在2.5万亩以上，综合产值1.2亿元以上；蔬果面积保持在1.67万亩以上，综合产值5000万元以上。有省级涉农龙头企业4家、市级4家、县级14家，国家级示范合作社1个、县级示范合作社9个、县级示范家庭农场21个。

文江镇

文江镇位于高县中东部，地处高县南城，东邻珙县巡场镇，南连嘉乐镇，西接落润镇、庆符镇，北与庆符镇、复兴镇连界，距宜宾市中心城区56千米，距县城中心6千米，镇政府驻民主社区。全镇面积153.96平方千

✤ 文江镇

米，辖21个村、5个社区、215个村民小组、54个居民小组。2023年末，全镇户籍人口70828人、常住人口36722人。

文江镇，古名中坝，自明代以后，长期为州县治所。清朝乾隆年间曾建文江书院于此，因地处乌蒙山余脉，有"乌蒙西下三千里，僰道南来第一城"之美誉，又因城区四周山形犹如五马归槽，故有"槽城"之称。境内金筠铁路、遂筠公路、宜彝高速、渝昆高铁过境，南广河、宋江河等多条河流穿境而过，是川、滇、黔重要交通节点。山川逶迤、多江汇流、交通便利，让这里成为了高县经济、人口大镇和丝绸之路重要驿站。有剑南十三关、五尺道、猫儿凼等历史遗迹遗存，历史文化底蕴深厚。有非遗特色乐器芦笙、苗族花山节，民俗文化丰富多彩。有宜宾市非物质文化遗产"高县何氏鸭儿粑"、中国驰名白酒"金潭玉液"，特色美食享誉川南。

文江镇是中国革命老区镇，在新民主主义革命和社会主义建设的历程中，涌现了工运先锋闵德厚，"一门两忠烈"王向忠、王侠夫，高县第一个女共青团员李晓南，抗美援朝特等功臣、"孤胆英雄"潘正光等英雄人物。

文江镇自然资源丰富，矿产资源主要有煤、煤层气、石灰石、铁矿石、紫砂矿、石英砂等。辖区内有煤矿生产企业2家，有非煤矿山企业3家，煤层气储备也十分丰富，约有20亿立方米。文江镇农业基础牢固，粮食面积常年保持6.7万亩，产量2.61万吨以上，农业经济以粮、茶、畜、林、果为主，其中以得狼蜂糖李、七宝高山蔬菜、得狼藏香猪较为出名。文江镇产茶历史悠久，以唐代"茶马贸易"为契机开始种茶，目前种茶面积稳定在3.8万亩，成为四川十大名优茶生态保护重镇。妈妈最爱喝的茶——高县"黄金芽"尤为出名。境内有全球最大原酒基地、全国白酒工业"百强"企业——高洲酒业。

文江镇先后被评为四川省依法行政工作先进乡镇、四川省创先争优先进基层党组织、四川省卫生乡镇、宜宾市拥军优属模范镇、宜宾市社区建设示范镇、宜宾市文化先进镇、川茶名镇名乡60强、宜宾市民族团结进步模范集体、宜宾市平安建设先进乡镇。

❀ 柳湖公园

沙河镇

沙河镇位于宜宾市南部，县境东北部。镇政府驻赛金社区，北距宜宾市中心城区33千米，南距县城38千米、距珙县县城16千米。沙河镇东与长宁铜鼓镇毗邻，南与长宁花滩镇、珙县巡场镇接壤，西与复兴镇、来复镇、月江镇相连，

❀ 沙河驿

北与胜天镇连界。全镇辖区面积106平方千米，辖13个村，1个社区。2023年末，总户数13278户，人口45507人。

沙河镇即沙河驿，是茶马古道上的重要驿站。据清《庆符县志》记载："沙河驿，乃由叙州入永宁通滇黔大道，康熙二年，又增设站马十六匹，马夫八名，扛夫二十名。"清代时期，沙河驿属庆符县安定乡。民国十五年（1926年），设沙河镇。1951年2月，改为锡正乡。1952年7月，乡改镇。1956年2月，改为沙河区。1992年9月，撤沙河区，沙河镇街道和沙河、麻柳、凤翔3乡合并为沙河镇。

在中国革命的峥嵘岁月，沙河涌现了一批杰出的仁人志士：有1919年在北京参加五四爱国学生运动、1923年加入中国共产党的高县籍第一个中国共产党党员陈伯华；有1929年发动涪陵起义，任抚捐军总指挥，四川第二路红军游击队前委委员兼宣传部部长的军运先锋周晓东；有在四川第四路红军游击队（川南工农革命军独立团）任营长的神枪手郭洪发；有1950年2月在沙河驿剿匪反击战中光荣牺牲的区委书记兼区长赵锡正、工作队队员李蠡等十位烈士。

沙河镇得天独厚的地理环境和悠久的历史文化，孕育出"千年沙河驿、豆腐美食城"的独特内涵。特别是沙河当地水质和特殊的加工工艺，

使其生产的豆腐具有色泽纯白、皮薄而软、肉嫩而不碎等特点，特有的香嫩味道更是其他地方豆腐无与伦比的。传统佳肴"小葱拌豆腐"，清淡、美味、养眼，最像儒家文化熏陶下的中国人独特气质：礼、义、廉、耻、信、温、良、恭、俭、让，返璞归真、清清白白、包容内敛。历经千百年不断改进发展，高县沙河豆腐以其风味独特、口感细腻、鲜香味美，闻名遐迩，蜚声中外。沙河豆腐发展至今，别具鲜、嫩、软、绵、细、麻、辣、烫特色，已有200多个品种，成功申报上海大世界基尼斯豆腐产品数量之最认证，申报为国家地理标志保护产品，是一枝独秀的"川菜名肴"。

沙河镇农业产业特色突出，以沙河豆腐、板鸭、西瓜、柠檬为代表的"沙河四宝"特色农产品远近闻名，年产值约5亿元，被宜宾市定位为"以特色食品、果蔬为主"的现代农业型中心镇。大豆属于本地传统作物，年均种植面积7000亩，为沙河豆腐制作的主要原料来源。沙河西瓜常年种植面积约6000亩，"特小凤"西瓜在宜宾市首届优质西瓜评选中被评为一等奖，随后参加四川省农业农村厅优质西瓜评选又喜获金奖。柠檬种植面积约1万亩，产品出口到了俄罗斯、东南亚等地，成为沙河最先出口的农产品。年出栏麻鸭约30万只，为沙河板鸭制作的重要原料来源，形成了四川著名的"沙河驿"板鸭品牌。

沙河镇先后获得全国重点镇、四川省百镇建设试点镇、宜宾市优先发展重点镇、四川省特色小城镇等殊荣。2023年，成功创建四川省省级百强中心镇和全国卫生乡镇。

罗场镇

罗场镇位于县境南部，地处川滇两省的筠连、高县、盐津3县结合部。镇人民政府驻建设路187号，北距高县县城25千米、宜宾市中心城区60余千米，南距筠连县城15千米。罗场镇东邻蕉村镇，南接筠连县筠连镇，西连云南盐津县兴隆乡，北接可久镇、落润镇。宋江河横穿全镇，川云中路纵贯全境。镇域面积102.23平方千米，辖18个村（社区），136个村（居）民小

✿ 罗场镇街道

组。2022年末，全镇有12610户、47008人，其中常住人口2.7万人。

　　该镇历史悠久，建制数次变更。最早可追溯到晋代前，时设德安州。明清两代，"湖广填四川"移民入此地形成罗家坳。雍正八年，罗家坳为场，名曰归化乡河右三甲罗家坳。民国十八年，正式置罗家乡、陈村乡。民国二十四年改联保。民国二十九年11月复为乡。民国三十四年，罗家乡改名四维乡。1956年，将四维乡、安乐乡、光明镇合并为罗场乡。1992年12月，罗场乡、陈村乡合并为罗场镇。2019年8月，撤销羊田乡，将其所属行政区域划归罗场镇管辖。

　　罗场镇文化底蕴深厚，人杰地灵，是文坛巨匠阳翰笙、红岩英烈何雪松、民运英雄龙世舜的故乡。文艺战士阳翰笙创作的《铁板红泪录》《中国海的怒潮》等爱国影视剧剧本和革命烈士何雪松的《把牢底坐穿》《灵魂颂》等革命诗篇，都以其深邃的文学造诣和卓越的文化贡献为罗场镇深厚悠远的历史文化添上浓墨重彩的一笔。境内至今仍有保存完好的串架老屋、青石板老街、阳翰笙故居、文峰塔、岩墓石刻等。

　　罗场林竹资源和水资源丰富，土地多为山区丘陵地形，有高县境内最高山峰"一把伞"，海拔1252.1米，终年气候温和，具有种桑养蚕得天独厚的自然条件。该地蚕桑文化悠久，自西汉时期就开始种桑养蚕，距今已有2000多年的历史。自20世纪80年代开始，该镇开始在全域范围内大面积

❀ "916" 茶叶基地

❀ 林湖茶花

推广种桑养蚕。现有桑园面积45940亩，蚕桑产业覆盖全部村域，养蚕农户达4200余户，2023年发种数量突破4.6万张，蚕茧产量3.7万担，综合产值达4.8亿元，故有"翰笙故里，桑茶之乡"的美誉。

该镇境内有高县两大茶叶产业基地，"916"茶叶产业带主体部分位于罗场镇林湖村。羊田茶叶万亩核心示范区面积达1.6万余亩，主要分布在春茗、羊田、前哨等10个村。该区域是四川省第二大良种茶苗繁育基地，承担了农业部茶叶标准化生产示范基地"两园一圃"建设项目，有11个国家级、省级优良品种。该区域是全国第三批"一村一品"茶叶示范村镇，农业部茶叶标准示范园、四川省现代农业万亩生态茶叶核心示范区。

罗场镇充分发挥区位、交通、产业、文化等优势，依托蚕、茶、畜、薯四大特色支柱产业推进乡村振兴。中国国家地理标志产品——羊田粉条享誉全国。"林湖茶花　一眼全球"，林湖村作为四川省"茶花生产第一村"，已有30多年的茶花种植历史，基地现有茶花2万亩，300万余株，茶花品种100余种，年产值达到3000万元，已实现户均增收2.5万余元。罗场镇在清朝时已开始生产红薯粉条，曾是川南红薯粉条生产起源地之一，享有"川南粉条之乡"的美誉，境内种植红薯和加工红薯粉条已有200余年历史，现有红薯种植规模19225亩，已形成5万亩的"羊田粉条"经济带，综合产值超过1.5亿元。

来复镇

来复镇位于县境北部，镇政府驻同心社区，距宜宾市中心城区34千米，距县城16千米。来复镇东邻月江镇，南接庆岭镇，西连叙州区横江镇，北靠叙州区赵场镇。辖区面积172.74平方千米，辖3个社区24个行政村，214个村（居）小组。2022年末，户籍人口63014人，常住人口42039人。

来复镇是秦五尺道上的重要节点。"来复"一词最早载于秦朝史籍，时设"来复铺，驻官兵4人"，是来复悠久历史的起源。这里是自古叙州（今宜宾市）出发沿南方丝绸之路东线往南的五尺道与南广河的第一个交会点。宋政和三年（1113年）建祥州（治今庆符镇），置庆符、来附（治今来复）2县。宣和三年（1121年）废祥州，来复县并入庆符县，距今有1000多年。据清嘉庆年间《庆符县志》载，来复五尺道上的来复上渡口曾有一石牌坊，上刻"来复名津"4字，来复定名。来复镇区域清末为庆符县永宁乡。中华人民共和国成立后，三乡合并为来复乡，隶属来复区。1992年撤区，建来复镇。2019年，双河乡、漤溪乡及大窝镇部分村并入来复镇。

✿ 中国红茶第一庄园

来复渡口既是南广河上的重要水运码头，又是五尺道上的重要渡口，是古叙州通往云南的重要节点。南广河作为万里长江自宜宾以下第一条支流，发源自云南威信，沿途水流湍急，在石饼滩到荔枝窝的出滩口，河道变得开阔，河流逐渐平缓，河面宽100多米，船工划船渡河阻力小，是摆渡的绝佳地方，故名"来复古渡"。境内尚存文物古迹较多，主要为宫、庙、石刻、古墓、祠，有秦朝"五尺道"遗迹，有明代修筑的杨梅墓，光绪年间《庆符县志》记载的将军庙，还有清代修建的禹王宫等等。"五尺道"遗迹位于高凤村一组鸡爪山，又称滇僰古道。

名津古渡传唱千年，秀美来复誉享天府。今天的来复镇，宜彝高路、宜威高速、国道246线、宜庆路快速通道、来沙路在此交会，渝昆高速铁路贯穿过境，有"宜宾后花园、高县会客厅"之称。秀美的南广河蜿蜒过境40余千米，森林覆盖率达51.6%。境内有大雁岭国家AAAA级旅游景区，果城花乡国家AA级旅游景区，"早白尖"万亩生态茶园产业基地，天然氧吧鸡爪山、峨眉姊妹峰小峨山，荔枝湖、柏杨湖、黄金湾、野蒲桃沟等景点。以生态为基、文化为核、旅游为依，坚持美丽风景与美好生活相融合，实现了旅游与经济效益可持续发展。来复镇先后被评为四川省天府旅游名镇、省级卫生乡镇、省级乡村文化振兴魅力乡镇，是宜宾市中心镇。

来复镇农业以茶叶、蚕桑为主导产业，配套发展粮、油、经、果等产业。2022年蚕茧产量115.3万千克，综合产值1.45亿元，茶叶产量10980吨，茶叶综合产值15.3亿元，生猪出栏5.2万头，综合产值5.07亿元。有大雁岭省级三星级现代农业园区1个，该区域所属大屋村，是全国一村一品示范村、全国乡村治理示范村、全国乡村特色产业亿元村。

月江镇

月江镇位于高县北部，南广河下游，镇政府驻福溪社区，距宜宾市中心城区13千米，至高县县城47千米。月江镇东南与沙河镇相连，西南毗邻来复镇，西北邻界叙州区赵场街道，东北与高县胜天镇、叙州区南广镇接

壤。镇域面积81.6平方千米，其中场镇建成区面积2.5平方千米，辖9个行政村98个村民小组和1个社区8个居民小组。2022年末，户籍人口32291人，常住人口24515人。

月江镇，清嘉庆十九年（1814年），属庆符县一甲易俗乡。清末时设团。民国二十四年（1935年），属庆符县第三区。民国二十五年（1936年），属庆符县第二区。1992年12月撤区，建月江镇。茶马古道网络的一条支线，经南广镇、月江镇、沙河镇到珙县，可达贵州和云南两个方向。在建月江电站前，南广河上有月江老街码头。

宜昭高速、成贵高铁、宜珙公路、符月公路、宜珙铁路贯穿全境。四川省高县经济开发区福溪产业园位于镇内，2018年10月10日，被国家发展改革委、住建部确定为全国50个资源循环利用基地之一，是全国重点项目，规划面积1800亩，项目总投资约32.5亿元。2019年1月，四川省人民政府批准高县经济开发区为省级开发区，围绕能源化工、新型材料、食品饮料三大主导产业，充分发挥区位、交通、能源优势。

位于月江镇与沙河镇、长宁县交界处的汉王山，森林茂密，地形险要，地势崎岖，层峦叠嶂。1928年6月，中共川南特委决定以汉王山地区为中心建立革命根据地。"川南工农革命军独立团"建立后，王泽嘉任团长，袁敦厚任政委，以汉王山地区为中心开展武装斗争。行动纲领是"打倒贪官污吏、夺取乡镇民团的枪支、发展革命武装"。这是中共川南特委

✳ 福溪产业园

领导下，宜宾境内唯一的一支坚持游击战争的革命武装队伍。

月江镇耕地面积2.3万亩（其中田14109亩、地8686亩），林地约4.9万亩。坚持农业优先发展，主要种植水稻1.3万亩、玉米大豆1.4万亩，发展砂仁3.8万亩，特色优势水果1.82万亩。全镇企业达92家，其中规模以上工业企业38家。2022年，全镇地区生产总值实现29.04亿元，社会消费品零售总额6.5亿元，规模以上工业总产值实现65.6亿元，农民人均可支配收入达21732元。

嘉乐镇

嘉乐镇位于高县南部，镇政府驻广乐社区广乐街1号，距高县县城24千米，距宜宾市中心城区59千米。嘉乐镇东面、北面连接珙县孝儿镇，南靠蕉村镇，西临文江镇。镇域面积68.49平方千米，辖10个行政村及广乐社区，81个村民小组，3个居民小组。2022年末，总人口23678人，农业人口22795人，民族以汉族为主，有少量苗族、傣族、傈僳族。

嘉乐镇，清乾隆二十七年（1762年），属高县归化乡河右一甲沙乐广。1992年9月，撤区，设嘉乐镇。2019年8月，撤销趱滩乡，将其所属行政区域划归嘉乐镇管辖。历史上，南广河水运路线在嘉乐镇境内有鲤鱼窝码头，自宜宾进入云南走水路至鲤鱼窝改走陆路经嘉乐场穿境入蕉村境内，过凌云关入筠连县。此路曾是庆符县、高县、珙县等县经筠连县进出云南的主要通道之一，也是南方丝绸之路的一部分。嘉乐镇境内的趱滩码头位于南广河北岸，历史上曾是南广河的重要码头。趱滩场在元朝时被称为"水落寨"，是南广河水势陡急的大滩口，又被称为"江口"。明朝永乐十九年（1421年），置叙州府筠连县三岔口、高县江口、珙县洞门铺三巡检司，盘查茶叶等重要物资、稽查税收等。

今嘉乐镇政府所在地以前叫万年台。1949年12月12日，在川南工委领导下，高县武装起义指挥部在此宣布起义，成立中国人民解放军叙南公安部队。

✿ 蜀南桑海

近年来，嘉乐镇夯实农业基础，发展产地加工，蚕桑及与蚕桑配套发展的生猪、林果及农产品加工等产业发展迅速。2022年，全镇农业总产值达3.92亿元，其中，第一产业产值1.5亿元，第二产业产值1.92亿元，第三产业产值0.5亿元。依托"宜宾市10万亩蚕桑循环经济产业带"建设，以建设"万亩亿元"蚕桑核心示范区为载体，深入推进"四川省现代农业（蚕桑）万亩示范区"建设，打造蚕桑产业带。全镇建成桑园3.6万亩，年发种4.2万张，产茧2100万千克，蚕农茧款收入1.02亿元。

蕉村镇

蕉村镇位于高县最南端，镇政府驻凤凰社区，距高县县城39千米，距宜宾市中心城区74千米。宜彝高速蕉村出口距离场镇2.6千米。蕉村镇东与珙县孝儿镇接壤，南与筠连县筠连镇相连，西与罗场镇相接，北与嘉乐镇相邻。全镇面积85.72平方千米，辖12个村和1个社区，96个村民小组3个居民小组。2023年末，总户数8671户，总人口33822人，其中农业人口33018人。

蕉村镇历史文化厚重，唐武德元年（618年）置羁縻高州，下领3县：柯巴（治今高县可久）、移甫（治今高县龙潭）、徙西（治今筠连镇

✿ 惠泽水库

舟），移甫县遗址位于该镇境内。当地人称"御风亭"的"凌云关"位于蕉村镇裕丰村先锋组与筠连县犀牛村一组交界处一个山坳上，始建于明代，是"五尺古道"上重要关卡之一，曾是庆、高、珙等县经筠连进出云南的四大关口之一。位于蕉村镇文治村的草莽英雄洞，是中国文坛巨匠阳翰笙笔下草莽英雄罗鲜清点将的地方，可同时容纳500余人，洞内钟乳石林立，形态各异，凉爽怡人，是一个人文和自然融为一体的奇洞景点。蕉村人罗鲜清是四川保路同志会川南高县义军首领，担任高县保路同志会会长和高县起义军大帅。1911年，他领导了著名的叙南反清起义，组织义军达3000余人，率义军攻克筠连县城，救出监狱中同志会会员，挥师直逼叙府（今宜宾）。

蕉村镇人邹必诚是在高县本地加入中国共产党的第一人，领导了绵竹农民武装暴动，曾任中共四川省委常委、省委秘书长等职，1931年3月18日在武汉英勇就义。他的故居、纪念亭位于蕉村镇的青坪村寨子上组。位于蕉村镇青云村顶鼓山的芭茅坡，原来有一个碗厂，党的八七会议后，高县党组织以此为中心组织开展工农运动。

中共中央政治局原常委、国务院原总理李鹏题写名字的惠泽水库位于蕉村镇境内原石盘村。该水库是以灌溉为主，结合人饮、防洪、发电等综合利用的中型水利工程。库区形成三山夹两河的秀丽风光，水面宽阔，碧波荡漾，林草丰茂，形成"一湾碧水，两岸青山"的美丽景象。

茶叶、蚕桑是蕉村镇的两大传统产业，也是蕉村镇的支柱产业。2023年末，全镇茶叶种植面积4万余亩，其品种以大白茶、乌牛早、福选9号、乌蒙9号为主，主要分布在青云社区、文治社区、康兴村、万古村，年产鲜茶叶约1.2万吨。蚕桑面积8500亩，主要分布在德坪村、仁和村、联民村，年发种1.8万张，年产茧50余万千克。

可久镇

可久镇位于县境西部，镇政府驻永兴社区，距县城18千米，距宜宾市中心城区53千米。可久镇东邻落润镇，南接罗场镇、云南省盐津县兴隆乡，西连叙州区凤仪乡，北与庆符镇接壤。全镇面积87.87平方千米，有耕地3782.13公顷，辖14个村（社区），84个村民小组，1个居民小组。2022年末，总户数5554户，人口20609人，其中农业人口20121人。

可久镇历史文化厚重，唐武德元年（618年），设䣢巴县于此（今菊花村菊花组大石缸），隶属羁縻高州。清代为高县归化乡河左二甲可久沙。民国十八年（1929年）改乡。民国二十四年（1935年）改联保。民国二十九年（1940年）复为乡。民国三十二年（1943年）分置天星乡、可久乡。1992年9月撤区后，可久、红旗、清潭3乡合并建可久镇。

❈ 南红岩山

可久镇旅游资源丰富，有始建于清朝、保存完好的高岭村王氏庄园。由于王氏庄园保存完好和特有的建筑风格，勘称川南古民居的活化石。高县南红岩山风景区主体部分位于可久镇，是国家AA级旅游景区。

南红岩山丹霞绝壁，高耸云霄，森林茂密，动植物品种丰富，植被保存优良。这里有始建于清乾隆五十七年（1792年）的半边寺，晨光微曦，轻雾薄岚里，隐约有木鱼"笃笃"声传来，或有钟磬之声缭绕，绝壁梵音神往，仙界凡间咫尺。这里是僰人的故乡，是南广河流域僰人岩墓分布最多的区域。

高县二龙滩水库枢纽工程位于高县可久镇，主坝位于该镇金龙村月亮沱，是一座以灌溉、城市和农村供水为主，兼顾生态环境保护等综合利用的中型水利工程。二龙滩水库枢纽工程于2017年开建，总投资65687万元，是省、市重点建设项目，总库容1148万立方米，大坝为钢筋混凝土面板堆石坝，高50米，长240米。该水库有效解决了高县境内二夹河流域季节性和工程性缺水状况，对助力乡村振兴和促进地方经济社会可持续发展发挥了重要作用。

竹产业是可久镇主导产业之一，竹林面积6万余亩，综合产值达3000万余元。全镇共有竹类加工企业4家、竹专业合作社1家、竹经营大户30家，年产造纸原料竹5万余吨；食用生态甜竹有1.5万余亩，年产竹笋1000吨，

❀ 竹产业

产值达300万余元。可久镇特色水产养殖发展迈出历史性步伐，积极推进"稻鱼共生"现代生态水产养殖示范园建设，现已启动菊花村、高坡村、永安村沿二夹河流域稻渔综合种养现代水产养殖示范园建设，初步建成"稻田养鱼"核心养殖示范区400亩。

落润镇

落润镇位于高县中南部，镇人民政府驻玺润街247号，距高县城区17千米，距宜宾市中心城区52千米。落润镇东毗嘉乐镇，南邻蕉村镇、罗场镇，西接可久镇，北连文江镇、庆符镇。246国道、宜彝高速穿境而过，宜彝高速落润互通距场镇仅3千米。镇域面积66.01平方千米，有耕地1270.93公顷，辖11个行政村84个村民小组，1个社区1个居民小组。2023年末，总户数6351户，人口21750人。

落润镇，清乾隆二十七年（1762年）为归化乡河右二甲、三甲落润坎，同治五年（1866年）改落润场。民国十八年（1929年）置乡。民国二十四年改联保。1951年2月，民主建政，分置落润乡、共和乡。1956年2月，共和乡并入落润乡。1992年9月，撤区并乡建镇，落润乡建制仍为乡，直属县管。2019年8月，落润乡撤乡建镇，辖区不变。五尺道自文江镇进入落润镇境内，穿境向罗场镇方向延伸，茶马古道的一条支线经公益村、普和村的崇山峻岭通往可久镇向云南方向延伸。因落润是五尺道的必经之地，又是茶马古道覆盖的区域，历史上是马帮由川入滇的重要通道，自古商贸活跃。

位于落润镇边界的豆子山，山高林密，道路崎岖，地形险要，易守难攻。1950年，国民党残余田动云匪部盘踞于此，号称"小台湾"，约有匪众1万人，严重威胁着新生的人民政权。1950年4月16日，解放军八十四团副团长张东景率领部队，在区中队和地方武工队的配合下，兵分三路向土匪发起进攻，以解放军牺牲3人的代价将土匪全部剿灭。落润镇前进村人潘正光，是志愿军第六十军第一八一师第五四三团第八连战士。1953年6月11

❄ 蜀山茶海

日，在抗美援朝夏季反击战役中，在身负两次伤的情况下，仍孤身作战，一举歼敌160人，被志愿军政治部授予"特等功臣"光荣称号，并获金日成主席亲自颁发的国旗勋章一枚。《人民日报》以"孤胆英雄"为题对其事迹进行了报道。

　　该镇以茶叶和蚕桑为主导产业，现有茶园3.2万亩、桑园3万亩，有四川龙溪茶业和四川峰顶寺茶业2家省级农业产业化重点龙头企业。丰饶润土孕育了落润镇厚重的历史文化和特色产业，以食论道，掇菁撷华，当以"落润三味"，芳华待灼。一味早茶香，蜀山出香茗，悠悠三千载。落润是宜宾早茶的核心产区，这里是中国红茶三大名茶之一"川红工夫红茶"的发祥地。"窖酒莪茶""川红工夫"非遗工艺，世代传承，故曰蜀山出佳茗，寻味在落润。二味白酒醇，川酒甲天下，精华源宜宾。4000年来，这片土地上的先民们从"蒟酱酒""杂粮酒"的传统工艺传承，优化出纯高粱、玉米为原料酒曲发酵的白酒酿造技术，历代更迭，酿出醇厚芳香，回味净爽的"落润老白干"。全镇现有酒厂8家，年产落润老白干1500

吨。三味樱桃甜，落润樱桃，川南"早春第一果"。春且至，窗外绿荫几许，这里5000余亩的红妃樱桃便以"斜日庭前风袅袅，碧油千片漏红珠"之貌，吸引八方来客，抢摘"春果第一枝"，色似红颜点水，味占八分香甜，岁岁年年，"樱"你而来。茶香酒醇樱桃甜，品尝三味落润来。

落润镇已成功创建为省级文明乡镇、省级卫生乡镇、市级乡村振兴先进镇；蜀山茶海成功创建为国家AAA级旅游景区、市级现代农业园区；普和村获评全国民主法治示范村，公益村获评省级乡村振兴示范村、省级乡村治理示范村。

胜天镇

胜天镇位于县域北部，镇人民政府驻长盛社区民主街1号，距宜宾主城区31千米，距高县县城52千米。胜天镇东毗翠屏区牟坪镇，南邻沙河镇，西接月江镇，北连翠屏区宋家镇。全镇面积78.4平方千米，辖12个村、1个社区，87个村民小组，3个居民小组。2022年末，总户数7555户，总人口26932万人。

❋ 流米寺

胜天镇，清嘉庆十九年（1814年）属庆符县一甲易俗乡祭天坝场。民国十五年（1926年），设祭天乡。民国二十四年（1935年），乡改保。民国二十九年（1940年）10月，保改乡。1959年10月，属高县月江区。1992年9月，福汉、红岩、胜天3乡合并为胜天镇。茶马古道网络的一条支线经南广镇、胜天镇在下南关出县境至长宁，可达兴文县和贵州方向。

巍峨的高县北红岩山脉主体部分位于胜天镇境内，胜天红岩山风景区为国家AAAA级旅游景区，距宜宾市中心城区32千米，宜宾绕城高速胜天出站口位于景区门口，毗邻蜀南竹海风景区20千米，与蜀南竹海、兴文石海同处川南旅游环线，区位优越。景区主体部分所在的安和村，2019年创建为市级乡村振兴示范区，2021年创建为四川省乡村振兴示范村。曾荣获全国"一村一品"示范村、全国民主法治示范村、四川省乡村旅游示范村、四川省乡村治理示范村、四川省文明村等荣誉称号。该村拥有胜天红岩山国家AAAA级旅游景区、中国传统村落、桫椤海省级生态旅游示范区3张名片。

胜天镇是高县传统的鱼米之乡。胜天镇的两山之间狭长空旷的田坝，县志和当地人都名为"军田坝"，而在"军田坝"往长宁方向的崇山峻岭

✿ 桫椤海

间，有一处险峻关隘，县志上名为"下南关"，是关防西南蛮夷的天堑。相关古迹和史料都证明，此地一大片区域，是诸葛亮南征屯兵屯田之处。今天的胜天镇，粮食种植仍旧是农业的主导产业，2022年，完成粮食播种面积3.95万亩，粮食产量1.78万吨，油料产量600吨，发展酿酒专用粮1万亩，实现粮经套种5000亩，林下养殖家禽10万余只。

庆岭镇

庆岭镇位于高县中部，镇人民政府驻同庆社区同庆街323号，距宜宾主城区30千米，距高县县城10千米。庆岭镇东邻月江镇，南靠复兴镇、庆符镇，西接庆符镇，北连来复镇。全镇面积82.08平方千米，辖15个村、1个社区，130个村民小组，3个居民小组。2022年末，总户数9669户，总人口37066人。

庆岭镇，清时为复古场，是五尺道的必经之地，至20世纪60年代，尚有马帮、"背儿客"经过，来往人员以云南人为主。庆岭因特殊的位置，实际上成了五尺道上的重要驿站。今天的庆岭镇，宜彝高速、宜威高速、宜庆路、来沙路在此交会，渝昆高速铁路穿境而过。

庆岭镇享有"诗画乡村·醉美庆岭"的美誉。境内有国家AAA级旅游景区——文武田园、省级文物保护单位——文昌宫，有白马池、大水窝、牛心山、川洞子等自然景观，有文昌宫、香炉山、孔明寨等人文景观，是省级非物质文化遗产"川南请春酒"原生地，有春酒体验店3家和民俗体验园。庆岭镇以川南春酒为主导产业推动文化旅游融合发展，逐步形成"一片区一主业一特色"的新格局。庆岭镇先后被评为第十一批全国一村一品示范村镇（春酒）、国家卫生乡镇、四川省首批省级乡村文化振兴样板村镇、四川省第二批省级森林小镇、四川民间文化艺术之乡。

庆岭镇作为"四川民间文化艺术之乡"，历史文化底蕴深厚，不仅有川南请春酒民俗文化和茶马古道文化，还有牛牛灯、打莲枪、舞狮灯、打铁花、耍龙灯等具有典型川南特色的民俗文化。庆岭镇自编自导自演的

川南春酒文化广场

文武荷花

川南民俗情景剧《看家风、选婆家》多次在省、市获奖；原创歌曲《请春酒》入选为四川省"我和祖国共成长"优秀文艺作品，情景剧《请春酒》荣获魅力乡镇竞演县级一等奖、市级二等奖。

　　庆岭镇是宜宾市城乡融合发展示范区，按照"一核双粮三区"总体布局，国有企业赋能、市场主体参与、群众自主融入的城乡融合新路径，城乡融合发展示范区建设不断深入。依托高县粮油现代农业园区，围绕粮油、畜禽、果蔬等主要农产品，打造特色农产品加工园、微创业园，建成万亩稻鱼、万亩红高粱、万亩油菜、万亩蔬菜、万头生猪、万亩大径级用材林"六个一万"产业示范基地。入户道路硬化率、自来水普及率、供电可靠率、天然气安装率、5G覆盖率、宽带通达率、广电覆盖率达100%，厕所改造、污水处理、生活垃圾收运处置全覆盖,教育、医疗等公共服务城乡一体化发展。一个环境优美、产业兴旺、功能完备、公服普惠、宜居宜业、城乡融合的"岭里公园·春酒小镇"正逐步呈现。

复兴镇

复兴镇位于高县中部,镇人民政府驻兴新社区新兴街119号,距宜宾主城区30千米,距高县县城20千米,距珙县县城8千米。复兴镇东毗沙河镇,南邻珙县巡场镇,西接庆符镇,北隔香炉山脉与庆岭镇相望。全镇面积61.3平方千米,辖7个村、1个社区,53个村民小组,2个居民小组。2022年末,总户数4840户,总人口18075人,其中农村人口15769人、非农业人口2306人。

复兴场镇形成于清光绪十年(1895年),清代属庆符县安定乡,名老场街,后迁至五显庙(今娱乐村民委员会驻地),3年后复迁,改为复兴场。1926年置复兴乡,乡政府驻复兴场。1935年改联保。1940年10月复为乡。1951年2月,分置复兴乡、马道乡、五一乡。1953年12月,撤马道乡分别并入复兴乡、沙河乡。1992年9月,撤区建复兴镇。

复兴镇属亚热带季风气候,年降雨量1100毫米以上,年平均气温18℃左右。境内有中型水库七仙湖,小型水库张村坝水库和柳兴水库。七仙湖是宜宾市最大的山区蓄水型湖泊,湖水面积186.67公顷,湖区蓄水1340万立方米。七仙湖生态旅游区总面积约7.35平方千米,湖岸周长70.3千米,岛屿9个,半岛24个,自然生态资源优越,森林覆盖率达71.3%,有"宜宾天然氧吧"之称。景区景点众多,大姑岛、小姑岛、姐妹岛、绣球岛、夫妻岛等岛屿远近错落有致,似颗颗翡翠明珠。野生动植物种类繁多,初步确认有脊椎动物22目52科129种,有国家一级保护野生动物林麝,国家二级保护野生动物鸳鸯、凤头蜂鹰、红隼、游隼等;维管束植物89科136属278种,有国家二级保护植物楠木。2008年,被四川省人民政府批准为第一批省级湿地公园。2012年,中央电视台2套"远方的家《北纬30°·中国行》"栏目组曾在七仙湖拍摄取景。

　　复兴镇特色经济有茶叶种植、竹业、薯业加工。有茶叶加工企业3家，薯业加工企业1家——宜宾市顶古山薯业有限公司，竹业加工企业1家——宜宾宜之乡农业发展有限公司。全镇茶园面积6425.54亩，茶叶种植户1916户，产量600余吨，产值3518.4万元。茶叶种植重点村为白鹤村、陈正社区、娱乐村。主要种植茶叶品种有早白尖、乌牛早、131、黄金芽、蒙山9号、有机302、安吉白茶、中茶108、九号茶、小福顶、天府红、清香乌龙等，其中乌牛早和131种植面积最大，达到4200余亩。

❀ 七仙湖

丝路高县

　　高县自古北接巴蜀、南控滇黔，为水陆通衢、贸易四达之地，是中原与西南地区的重要交通枢纽，是南向进入滇黔联通两广、辐射南亚的重要门户，是"南方丝绸之路"东线的重要节点，是镶嵌在南方丝绸之路上的一颗明珠。秦"五尺道"（即以后的汉"南夷道"、隋唐"石门道"、宋元明清"茶马古道"、民国"叙昆大道"）纵贯县境南北，沟通云南、贵州和两广地区。万里长江第一支流南广河由南至北流经县境81千米，历史上是南方丝绸之路上的重要水运通道。"五尺道""茶马古道"在境内留下众多历史遗迹遗存。

南方丝绸之路的形成和演变

秦以前的西南商道

南方丝绸之路的早期通道如何打开，已难以考证。据英国人哈维的《缅甸史》、霍尔的《东南亚史》等著作记载，公元前2世纪以来，中国的丝绸从缅甸经印度到达阿富汗，远及欧洲。中国是丝绸的原产地，早在商周时期丝绸织造就已达到相当水平，四川是当时中国丝绸的主要原产地。西汉扬雄《蜀都赋》曾称颂，蜀锦鲜艳华丽，品种繁多，"发文扬采，转代无穷"。

印度考古学家乔希指出，古梵文文献中印度教大神都喜欢穿中国丝绸，湿婆神尤其喜欢黄色蚕茧的丝织品。这种黄色的丝织品，应该就是扬雄所说的"黄润细布"。从印度古文献来看，湿婆神的出现时间至少相当于中国的商代。这说明，可能在商代，古蜀国已经同印度发生了丝绸贸易关系。1936年，在阿富汗喀布尔以北考古发掘出许多中国丝绸，这些丝绸有可能是从成都途经云南、缅甸、印度和巴基斯坦运到印巴次大陆，然后转手到达中亚的。《史记》多次提到"蜀布"等"蜀物"，其实就是蜀地生产的丝绸，由蜀人商贾长途贩运到印度出售，再转口贸易到中亚、西亚和欧洲地中海地区。这说明，在秦国蜀郡太守李冰采用积薪烧岩、开山凿岩，开凿"五尺道"之前，就已形成一条自古蜀国腹地通往西南夷地区的重要道路，并且延伸至印度，通过这条道路已开始早期的贸易活动，形成的时间应该不晚于商代晚期。

五尺道

秦长城、阿房宫、始皇陵、灵渠、直道、驰道……这些著名的秦朝工程很多人都耳熟能详，但作为秦七大工程之一的"五尺道"，一直被历史的云烟所笼罩。史料上关于五尺道的记载很少，因此五尺道也就鲜

为人知。

作为沟通中原与南诏地区纽带的五尺道，《史记·西南夷列传》有明确记载："秦时常頞略通五尺道……"据《新唐书·地理志》记载："秦常頞之开五尺道，汉唐蒙之通南中，唐始称石门路，自今四川宜宾南行，经庆符、筠连，入云南之盐津、大关、昭通，以至曲靖。"因路宽仅五尺，故得名"五尺道"。根据史料记载，五尺道作为古代连接云南与内地的最古老的官道，主要经过现在四川宜宾地区和云南的昭通地区。

公元前246年，秦始皇从修筑道路入手开发和治理云南。蜀郡太守李冰在川滇交界的僰道（今四川宜宾）地区开山凿崖，修筑通往滇东北地区的道路。秦始皇统一中国后，又派遣常頞继续修筑这条道路。从蜀南下连接五尺道，自僰道（今四川宜宾）起，途经高县、筠连、盐津、大关、昭通、威宁、鲁甸、宣威等县至曲靖。这条道路尽管狭窄，却是秦王朝对西南地区进行管理的重要交通要道，和秦始皇在全国其他地区兴修的宽达50步的"驰道"具有同等重要的意义。

与北方古道一般线路选择在河谷和山脊不一样，五尺道的部分道路位于山腰。而原因就在于五尺道必须穿越西南横断山脉，山高谷深，传统线路很难在这些地方落脚，为了减少施工量，当时的人们选择了尊重自然的办法，趋易避难——采取"火烧水封"的办法，即先用火烧岩石，待岩石被烧红之后再拿冷水泼，利用热胀冷缩的原理将岩石破碎，最终成功完成了整条道路的建设。2010年4月，国家博物馆等机构联合多家考古单位通过对五尺道的实地考古得出结论："五尺道是中国古代山区道路设计选线施工的典范，它兼具了军事、政治、经济和文化的多种功能；建筑技术高超，且文物遗存众多，所以，

❋ 五尺道遗迹

它是与长城、阿房宫、秦始皇兵马俑以及古罗马大道一样历史悠久的古代建筑。"

五尺道的大约线路和走向，从宜宾经昭通到昆明，一路往西，经永昌（今云南保山）出瑞丽而抵缅甸八莫，再到印度、阿富汗等国，这条商旅之路，就是后来所称的"南方丝绸之路"。从宜宾到昭通的路线，在《华阳国志》里是这样记载的：当犍为郡由遵义迁至僰终迁至武阳（今彭山区）后，此道北接蜀郡，南接朱提（今昭通），共"三千二百里"。据《华阳国志》载，由僰道至朱提有水、步两道。水道：一是黑水，又名符黑水，即今南广河；二是羊官水，即今横江，又名关河。清时学者沈钦韩在其《两汉书疏证》里指出："叙州府庆符县南五里即古五尺道也。"在沈钦韩眼里的"古五尺道"，即今天高县庆符镇刻有"勒愧燕然"的石门关（位于符黑水旁），即"石门道"。沈钦韩的注解也为五尺道线路的走向提供了佐证。

五尺道的开辟沟通了首都咸阳经四川与云南贵州的联系，并委派官吏入滇黔治理，使其成为秦帝国的组成部分，为维护国家的大一统，促进西南地区发展发挥了非常重要的作用。

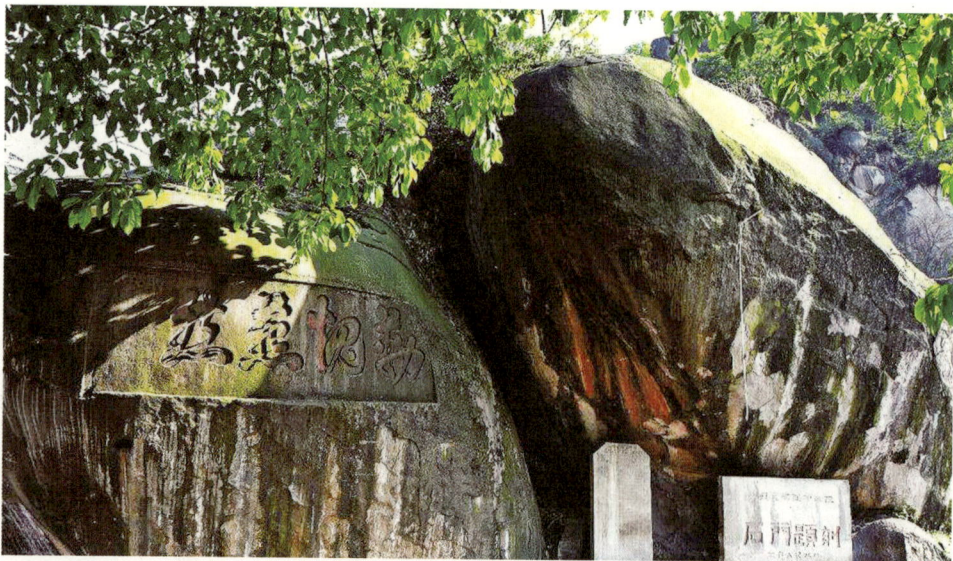

❀ 石门题刻

南夷道

汉武帝（前141—前87年在位）时，为了攻打南越国（今广东省）和加强对西南民族地区的治理，纳唐蒙建议，设置犍为郡（今四川宜宾），征发士卒修筑从僰道（宜宾）至夜郎牂牁江（北盘江）流域的道路，在司马迁的《史记》里称这条路为南夷道。自四川宜宾市南行，经高县、筠连入云南盐津县，再东行经镇雄县至贵州毕节，高县是南夷道的必经之地。《汉书·武帝纪》记载的"元光五年（前130年）夏，发巴蜀治南夷道，沿途设置邮亭"，东晋常璩《华阳国志·南中志》记载的"南秦县，自僰道、南广有八亭，道通平夷"，即此道。

西南贸易通道的发展

修建五尺道和南夷道的初衷是政治的需要，是封建王朝加强对西南少数民族的治理、对西南广大地区控制的需要。但是，五尺道和南夷道的修建促进了文化的交流、贸易的发展，最终促成了南方丝绸之路这条贸易大通道的形成。特别是西汉以后，川滇黔古道，历代相沿，道途商队马帮，肩挑背负，无不由此北上中原，南下滇、黔、两广。中原、巴蜀众多的汉族人民带着先进的农业和手工业技术以及丰富的物产，踏上这条通道走向祖国的西南边疆，促进了西南民族地区的开发和社会发展进步。随着贸易的发展和文化交流的深入，最初开凿的五尺道不断向外"延伸"。五尺道到滇后西出至大理腾冲与"古蜀身毒道"西段再连接，直抵身毒（印度）、大夏（阿富汗）延伸到欧洲罗马。这样就把欧亚各国连接在了一起，形成"南方丝绸之路"。

2021年3月，三星堆遗址考古中新发现的6个"祭祀坑"出土了500多件重要文物，其中3个坑中发现有象牙，五尺道沿线出土的只有沿海才有的"贝币"，同样在埃及、希腊、南亚考古发掘中出土的古中华文明遗迹屡见不鲜。张骞通西域在大夏看到的筇竹杖和蜀布、蜀锦等，都表明古蜀文化与中东地区和欧洲地中海之间有着密切的联系，更说明了"南方丝绸之路"比"北方丝绸之路"开发得还要早，更成形。这是中国较早的对外陆路交通线，同时也是中国西南与西欧、非洲、南亚诸国交通线中最短的一条线路。

发源于乌蒙山脉的南广河是高县的"母亲河"，在汉代以前称为符黑水，因沿岸森林植被茂密，倒映水中，犹如浓墨，故名黑水。南广河得名于汉武帝建元六年（前135年），西汉王朝为加强对五尺道的管理和经略云贵广大地区而设立的一个县——南广县，因符黑水横贯汉南广县辖地，故名南广河。金沙江、岷江在宜宾交汇，始称长江，南广河是自宜宾以下第一条汇入长江的支流，因此被誉为万里长江第一支流。南广河全长约350千米，流域面积约为4600平方千米，在高县趱滩渡入境高县顺流而下，由南至北流经县境81千米至南广口注入长江。

南广河在筠连、兴文、珙县、高县、庆符群山间穿行，在南广古镇汇入长江。自古以来，这条河几乎承载着宜宾南六县的水运，是南方丝绸之路东线上的重要水运通道。穿峻岭，越险滩，贯县境，惊涛骇浪，千帆过尽处，见证岁月嬗变。历史上无论秦汉五尺道，还是唐宋石门道、明清盐道，入中原，出云南，以至南亚，无论水路、陆路，庆符皆是必经之地。五尺古道，分水、陆二路，水路沿南广河而上经过庆符、文江，陆路从金沙江过江，大体沿南广河方向，在庆符交会，因此庆符成为五尺古道上的一个繁华古城。历史上南广河繁华的水运，成就了高县的盛名，庆符镇、文江镇原为县属，从石门关直到长江边，这一段是南广河水运的黄金水道，伴随繁华的水运，必然产生丰富的民间文化，千帆云集的南广河上，一队队纤夫那雄浑阳刚的纤夫号子也成为著名的南广河号子，因民间称长江为大河，称南广河为小河，因此在民歌中，南广河号子又称小河号子，在川江号子中非常有名。南广河号子在20世纪50年代时还进入中南海演唱，此后曾长期在中央人民广播电台播放。

茶马古道

由于唐代以来主要以内地之茶与藏区之马进行交换的需要，"茶马贸易"逐渐兴盛起来，成为南方丝绸之路最主要的交易商品，并且绵延千年而不衰，影响深远，伴随这一贸易而开通的商道被称为"茶马古道"。茶马古道可以说是南方丝绸之路发展到一定历史时期，因茶马贸易而特有的名称，部分线路是利用南丝绸之路原有的路线，主要分布在四

✿ 高县境内五尺道线路示意图

❀ 高县境内南广河水运示意图

川省、云南省、贵州省3省境内。以川藏道、滇藏道与青藏道（甘青道）3条大道为主线，辅以众多的支线、附线，构成的一个庞大的交通网络。地跨川、滇、青、藏4区，外延达南亚、西亚、中亚和东南亚各国，主要干线分南、北两条道，即滇藏道和川藏道。自宜宾出发往云南的道路穿过高县石门关，经过剑南十三关向云南方向延伸。茶马古道的形成，进一步推动了各民族经济文化的发展，凝聚了各民族的精神，加强了各民族间的团结。2013年3月5日，茶马古道被国务院列为第七批全国重点文物保护单位。

❀ 茶马古道胜天线路示意图

岷江
合江门码头
潼关码头
沙
金
长 江
南
小沱子场遗址
水流溪码头
榨子母码头
白店子
超滩码头
石板路
玉印
坪河码头
姚家嘴码头
石板路
韩胡口桥
落角星码头
安和第一桥
南广镇（落角星）
一碗水
广
钞椤海景区入口
横店子
现存石板路
水口庙
胜天镇老街
县界
（原名祭天坝）
河
至长宁方向
军田坝
下雨关遗址
（小地名关口）

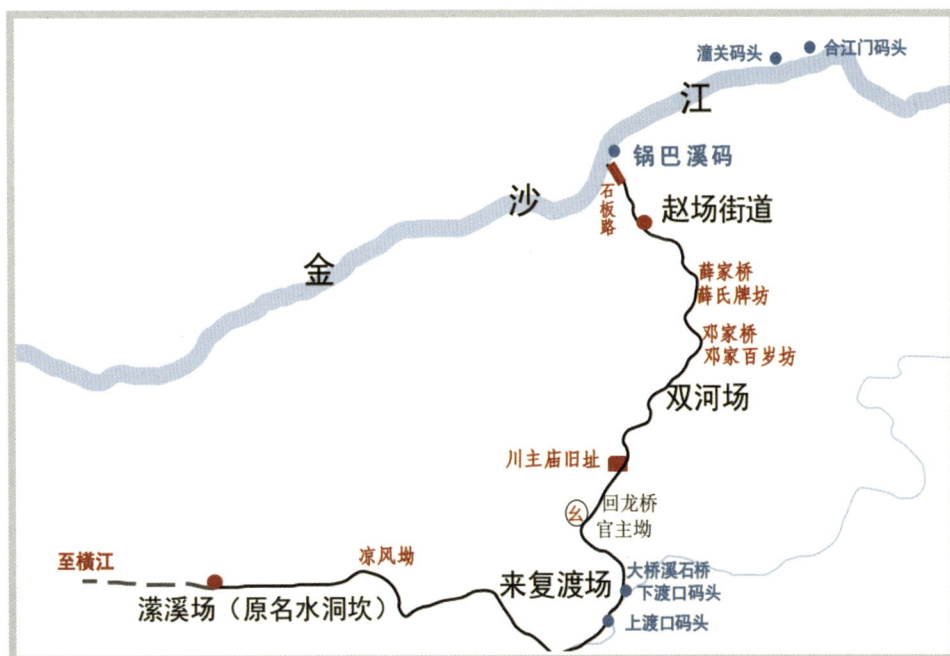

❀ 茶马古道来复线路示意图

潼关码头
合江门码头
江
沙
锅巴溪码
金
石板路
赵场街道
薛家桥
薛氏牌坊
邓家桥
邓家百岁坊
双河场
川主庙旧址
回龙桥
官主坳
至横江
凉风坳
大桥溪石桥
来复渡场
下渡口码头
漾溪场（原名水洞坎）
上渡口码头

岷江
长江
江沙
金
合江门码头
潘关码头
超滩码头
小沱子场遗址
小沱子码头
桦子母码头
上洞 条街下洞 条街
姚家嘴码头
河
广
南
月江老街码头
么店子码头
月口场老街
么
川新店
盐井沱
观音桥
白刀岭
瓦店子
路水桥
野土地
沙河驿老街
至长宁花滩
古石桥
清溪河跳礅子
至珙县巡场

茶马古道月江沙河线路示意图

叙昆大道

20世纪三四十年代，中国抗战期间，云南从偏僻边地一跃成为交通繁忙的物资战略要冲，每天从烽火线上抢运着供往内地稀缺的生活物资、武器弹药、医疗设备，此时的南方丝绸之路是自开通以来最为繁盛的阶段，自身作用也发挥到了极致，为整个中国的抗日战争胜利发挥了重要作用。这条通道在这一时期也被称为叙昆大道。抗战结束之后，滇越铁路、滇缅公路恢复通车，之后随着现代化交通条件的日益改善，南方丝绸之路被214国道、317国道、318国道、高速公路、铁路甚至航线所代替。20世纪五六十年代后，南方丝绸之路逐渐沉寂。然而，作为历史的见证，南方丝绸之路成为文化遗传密码融入经济、社会、文化、生活的各个层面，构建起多元一体的文化格局。

高县历史区位

中原经僰道南控的战略支点

秦置僰道县，即今天的宜宾市。历史上的宜宾位于"五尺道"的起点，有"西南半壁"之称。僰道县与四川较早设置的成都县、南安县（今乐山市市中区）、资中县齐名。高县境域在秦朝属僰道县，汉朝属南广县。

古代地广人稀，某地设县不是随意的，除了人口稠密与否，涉及税赋养活县官、令史等诸多官员，还得与当地的某些特点相匹配。僰道县不仅是古代的交通枢纽，还具有重要的战略意义，它是历代中原王朝南控的战略要地。作为"僰道南来第一城"的高县便成为中原王朝经僰道南控的战略支点。青衣道由蜀出发，沿着青衣江水而下，经过夹江至乐山，又循岷江而下至僰道，至宜宾后分途，自僰道往东南走，南行至夜郎（今贵州安顺）地区，再往南可至当时的广东南海，因为这条路才导致夜郎国的归附大汉。另一条沿着秦代修筑的五尺道，通往滇池地区。

僰道县是秦代军事枢纽，也是大规模军事行动的后勤基地。清代大地理学家顾祖禹在其《读史方舆纪要·卷七十·四川五·叙州府》中说："（叙州）府负山滨江，地势险阻。蜀中有事，取道外水，此其必出之途也。且自府以南，蛮獠环错，通接滇、黑黔，尤为冲要。秦时破滇，通五尺道。汉开蜀故徼，使唐蒙发蜀卒治道，自僰道抵牂牁。蜀汉时，武侯南征，亦尝取途于此。隋史万岁入南中，路经石门。唐韦皋亦由此以通南诏。唐贞元九年，南诏异牟寻遣使，一出戎州，一出黑州，一出安南，诣韦皋是也。今西南不靖。我出我车，自叙而南，远近蛮部皆将环伏而听命矣。岂非藩屏重地欤？"诸葛亮南征时，就曾屯兵汉阳（今高县汉王山）。

自僰道（今宜宾市）沿五尺道南下至庆符，从长江水道进入南广河而上，水、陆两路在这里交会。一是向东南经珙县、兴文县进入贵州，或是继续沿南广河溯流而上，到贵州牂牁江（今北盘江）经珠江直达广西、广东等地；二是沿五尺道南下经筠连进入云南。自秦开五尺道以来，沟通了首都咸阳经四川与云南、贵州的联系，并委派官吏入滇黔治理，使其成为秦帝国的组成部分。从此，中原王朝便开始了对西南地区的经营开拓，沿途设郡县、置官吏、建驿站、平叛乱、施安抚，高县境域便成为中原王朝经僰道南控的战略支点，发挥着极为重要的作用。

南方丝绸之路上的驿站

南方丝绸之路东线自成都出发有水陆两路：陆路至僰道（宜宾）连接五尺道，五尺道自叙州区（宜宾市南岸）进入高县境内，由北到南穿越县境100余千米。茶马古道有3条支线自宜宾市南岸进入高县境内：一条是自叙州区赵场街道经高县双河、来复、濮溪出县境；第二条是自叙州区南广镇经高县胜天镇至下南关出县境；第三条是自叙州区南广镇经高县月江镇、沙河镇至珙县后，分别往贵州和云南方向延伸。高县成为中国古代"南方丝绸之路"上的重要交通枢纽，驿站和客栈遍布高县大部分乡镇。

庆符 据清《庆符县志》卷十记载："汉置汉阳城，依祥水，傍庆山，环砌以石。唐置抚夷，宋置曲州、置庆符县。元因之。明天顺八年，知县詹文筑土城，高一丈二尺，周三里五分计六百三十丈。成化五年，知县黄瓒重焚以砖石，池深一丈，门四。"庆符镇是高县县城，位于县境中部，是南广河与五尺道的交会点。自宋政和三年（1113年）置祥州起，长期为州、县治所，是南方丝绸之路上的重要驿站。至民国时期，尚有供往来客商居住的客栈6家，马店1家。

文江 文江镇是高县原县城，位于南广河畔，是五尺道、南夷道的必经之地，是南广河与五尺道的交会点。唐武德元年（618年）置羁縻高州，长期为州县治所，是南方丝绸之路上的重要驿站。至民国时期，尚有供往来客商居住的客栈6家，马店3家。

　　沙河驿　今天的沙河镇，古名"沙河驿"，是中国古代茶马古道上因设置驿站而兴盛的场镇。据清《庆符县志》记载："沙河驿，乃由叙州入永宁通滇黔大道，康熙二年，又增设站马十六匹，马夫八名，扛夫二十名。"由此可见沙河驿站之重要。至民国时期，尚有客栈5家，均可拴马。

　　庆岭　清时为复古场，是五尺道的必经之地，至20世纪60年代，尚有马帮、"背儿客"经过，来往人员以云南人为主。马帮、"背儿客"拉、背盐巴、布匹及日用品上云南，然后又从云南运土特产（各种山货）到宜宾。云南来的马帮、"背儿客"从庆符翻越观音坡后，主要是经庆岭、来复、双河到宜宾，有的是经庆岭、大窝翻越大雁岭，过赵场到宜宾，也有少数经庆岭、大窝、月江到宜宾。至民国时期，场镇上尚有客栈12家，马店2家，大的一家可拴马20匹。

　　趱滩　在元朝时被称为"水落寡"，是南广河水势陡急的大滩口，昔日木船从上游到此不能再行船，需要将货物卸下用人挑着走下滩口，并将空船用绳拉着小心放下滩口，在下游装上货物继续行船，称为"搬滩"，这也是又被称为"江口"的由来。明朝永乐十九年（1421年），置叙州府筠连县三岔口、高县江口、珙县洞门铺三巡检司，盘查茶叶等重要物资、稽查税收等。高县江口巡检司位于今高县嘉乐镇趱滩场。据清乾隆《大清一统志》卷三百二《叙州府二·关隘》记载："江口镇，在高县南四十里，旧有巡司，今裁。"中华人民共和国成立后，趱滩曾设乡，于2019年并入嘉乐镇。因南广河的水运，历史上曾是重要的码头，至民国时期，场镇上尚有客栈六家，因是水运码头，无马店。

　　至民国时期，除以上场镇外，还有部分场镇尚有供往来客商居住的客栈：胜天有客栈3家，无马店；月江有客栈2家，有一家幺店子可拴马；大窝有客栈3家，无马店；龙洞街上客栈3家，无马店；来复有客栈6家，其中2家可拴马；漤溪有客栈2家，均可拴马；嘉乐有客栈2家，无马店；落润有客栈1家，无马店；罗场有客栈5家，其中3家可拴马；蕉村有客栈4家，均可拴马、住人、吃饭。

南方丝绸之路上的商旅贸易重镇

庆符镇是高县县城，宋、元、明、清、民国为庆符县治所。1981年将符江镇改为庆符镇。文江镇，2001年12月以前为高县县城，因清乾隆二十二年（1757年）建文江书院而得名，历史上曾长期是州、县治所，历史文化厚重。

庆符和文江都位于万里长江第一支流南广河畔，是五尺道的必经之地，水运由南广河可直达万里长江第一城宜宾，是川、滇、黔的交通枢纽。两个镇历史上都长期为州、县治所，且相距在10千米以内，在地广人稀的历史上，又属四川盆地向乌蒙山过渡地带的山区，实属罕见。庆符和文江都是因水和路而兴起的城镇，水是指南广河，路是指五尺道。

庆符镇是一座依水而建的城，最早的渡口有3个：上渡口、中渡口、下渡口。上渡口在上河街场口处，因靠近文殊寺故称文殊上渡；中渡口在石岗沱附近，因靠近迎祥寺，故称迎祥中渡；下渡口在今南广河大转湾处的西江村，因附近有西江寺，故称西江下渡。中渡口是主要的货物码头。文江镇的货码头在黄水口南广河与宋江河交汇处附近。历史上有"搬不空的昭通，填不满的叙府"的说法，指的是宜宾和昭通之间的货物贸易与运输，大部分是通过五尺道的陆路运输和南广河的水运实现的，是经由庆符镇和文江镇运输的。

这里因此成为中国古代"南方丝绸之路"上的重要交通枢纽、商旅贸易重镇和物资集散地。

丝路文化

僰人文化

僰人是这里的原住民，高县今天的人口基本全是明末清初入川移民的后代。在3万~4万年前，高县境内就有先民繁衍生息。公元前1046年，

周武王的联军与商王朝军队在牧野进行决战，最后商纣王兵败逃回首都朝歌自焚而死，"周"成了正统的中原王朝。当时生活在今四川宜宾及云南昭通一带的少数民族，参加了周灭商的战争并立有战功，这一区域被封为"僰侯国"，这一带的少数民族便被称为僰人。北宋政和五年（1115年），僰人在首领卜漏的带领下，在僰王山上筑城堞、修寨门，聚众造反，揭竿起义，但被宋军用"火猴战"打败，僰王被宋军擒获后接受招安。僰人兵败僰王山后，在400多年的时间里偃旗息鼓，直到明朝万历元年（1573年），再次在兴文、珙县两地造反，明王朝派四川总兵刘显、刘挺父子率领14万官军大举围剿，最终在九丝城将僰人彻底剿灭，僰人从此销声匿迹。

僰侯国的附产物是宜宾的"哪吒文化"。在武王伐商的战争中，僰人中有父子两代人同时出征参战，其子屡立战功，最后为正义之战而牺牲。人们为了纪念这位少年英雄和参战的父子兵，演变出了哪吒太子及托塔天王父子关系的神话故事，衍生出哪吒文化。《封神演义》是先神化了哪吒，再去参加灭商战争，历史本来面目及文化衍生和发展的规律则是先有正义之战的英雄，再衍化为神话故事。从这个意义上讲，今四川宜宾及云南昭通一带就是哪吒的故乡。

茶文化

高县是巴蜀历史上的著名产茶区，中国茶叶原产地之一，著名出口红茶"川红"的故乡和全国优质早茶原料基地，秦五尺道、茶马古道的重要节点，有3000多年的种茶、制茶历史。先后荣获全国商品茶基地县、全国休闲农业和乡村旅游示范县、中国茶业百强县等荣誉。

高县茶文化悠远厚重，"杯杯绿茶益寿延，不可一日无此君"。高县人不仅仅只懂得生产好茶，也懂得享受品茶是一大乐事。喝茶不仅是单纯地喝，更多的是一种享受、一种乐趣。如今，在高县美丽的县城，处处可以见到享受着河风，悠闲地喝着茶的人们。有道是："茶马古道，山间铃

❋ 早白尖茶文化体验

响马帮来；墨客骚人，文思泉涌缘茶香。"

经过几千年发展，中国南北方形成了不同的茶馆文化，闽越、江南、川蜀三分天下。高县属南方茶馆文化，茶馆偶傥不羁，一间矮屋，几排桌椅，三教九流坐卧随心，烟火气十足。在1980年以前，做耕牛生意一般在茶馆谈。买方看了牛后，在茶馆里谈，那茶馆热闹得有时连说话的声音都听不到。要赚钱要认得准牛，据说有牛经："头大鼻大，屁儿尾巴，鸡心堂口"，是一套一套的。一碗茶从早上喝到下午回家，谈生意时价格不是口说，是一个的手放在另一个的围腰下，别人看不见他们的手势，只有听他们说："是这个的整，那个的零。"民国时还有一套说一至十的暗语，五是"斜"，如果你没有进那个门，是猜不出数字的。民国时做小猪生意的价格也是用这个方法。四川人口才好，就是在茶馆里练出来的，无论故朋新友一进茶馆都是谈友，各行各业的人在茶馆里进进出出，说说笑笑，芝麻大的事儿也能聊上大半天，于是茶馆就成了一个信息站。早年间茶馆于四川人而言，就是一个互联网，是获取信息最主要的来源。

今日之高县茶馆，尤其是大型的茶楼、茶坊，早已从单一的喝茶、打牌之地过渡为请客聚会、娱乐休闲的好去处，日趋变得产业化、规模化、市场化。今天，高县登记注册的茶馆、茶楼有299家，其中庆符镇（县城）96家、文江镇（原高县县城）43家。

高州佳茗，"一红一绿"早且优，红茶色泽乌润、滋味醇和、汤色红亮、叶底红润、味道甜香，绿茶新绿飘香、水色如玉，泡之微毫悬浮，初入口略苦后甘甜。国人喜欢喝茶，高县人亦喜欢喝茶，喝茶不仅解渴，还能修身养性。安静地看着一片片茶叶在澄澈的杯中一次次地翻滚和沉淀，水由浓到淡，一壶茶也从馨香到无味，正映射了人生由多欲到无求的心路历程。以茶待客，乃是高县人的礼数。高县山育水，水养山。水有南广河，山有乌蒙，水酿酒，山生茶，酒待客，茶留人。就这样，高县便成为后会有期的好地方。

饮食文化

高县位于四川盆地南缘，是川、滇、黔3省的结合部，地理区位独特，历史文化厚重，各种流派的文化交汇，构成了多姿多彩、独具地方特色的饮食文化资源。高县饮食文化可以概括为精、美、情、礼，反映了饮食活动过程中所包含的独特文化意蕴，也反映了高县饮食与中华优秀传统文化的密切联系。

高县饮食是西南地区饮食文化中很具有代表性的，是川菜、川酒、川茶的势力范围。川菜是中国四大菜系之一，历史悠久，文化内涵丰富，

❀ 川南请春酒

主要以麻辣、鲜香、味广著称，享有一菜一格、百菜百味的特点。在川菜特点的基础上，高县菜肴形成了自己独具风味的地方特色：菜路广，佐料多，以小炒、小煎、干煸和麻辣香浓的民间菜式，土火锅为主要特点。

高县菜肴是川菜的一个重要组成部分。由于地缘关系，高县人在饮食上普遍偏辣和偏复合味，味多、味广、味厚、味浓。菜肴选料广泛，无所不取，选料认真，切配精细，烹制讲究，味别多样。烹调技艺上以炒、煎、烧、煸等为主。传统特色菜肴众多，在消费者心目中享有盛誉。如以长江第一支流南广河河鱼为原料的河鲜特色菜肴成为消费时尚；农村九大碗作为老牌传统菜肴，一直深受消费者喜爱；形色味美、风情万种的苦笋全竹宴让客人流连忘返；具有数百年生产历史，皮绵肉嫩、色泽纯净、营

高县特色美食

养丰富的沙河豆腐被誉为"川南名肴";土火锅更是高县的标志性菜肴,为年夜饭必不可少的一道菜。这些菜肴在高县的宴席上,不管是城里还是乡下基本都能见到他们的身影,因为实在太受高县人喜欢,已经是高县的招牌菜式。目前,高县有餐饮单位(不含学校食堂和机关、工地食堂)1012家,其中位于县城的庆符和文江就有458家。

高县小吃久负盛名,种类繁多,据不完全统计有八大类几十个品种。以各色小面到抄手、水饺,从凉糕、凉粉到各式糕点,从生拌冷食到热饮羹汤,从锅煎油烙到蒸煮烘烤,堪称花色品种琳琅满目,甜、咸、酸、辣各味俱全。高县小吃还有一大特色是口味丰富,常用的口味就有麻辣、红油、怪味、家常、咸鲜、糖醋、香甜、芥末、蒜泥等10余种,而每一种口味针对不同的品种又各有不同的使用方法和变化。著名小吃有何氏鸭儿粑、宜宾燃面、蒜泥花生、凉糕、水粉、黄粑、糟蛋等。

宗教文化

宗教文化是人类传统文化的重要组成部分,它影响到人们的思想意识、生活习俗等方面。在南方丝绸之路的崎岖山路上,终年走不尽的马帮,驮来了商品,也驮来了文化。1400年前,从第一个人选择在胜天镇(古称祭天坝)红岩山的山岩上开凿第一尊摩崖造像开始,奔波于五尺道上的人们便有了参拜的地方。后来的人们,无论是佛教的信徒,还是道家、儒家的信徒都选择在这里雕塑自己崇拜的神仙。雕塑的时间分布于自唐以来的各个时期。这就是流米寺出现三教同奉的原因。至清乾隆三十三年(1768年),在紧靠摩崖造像的牛头山牛鼻孔内修建了牛鼻寺,后改名流米寺,清嘉庆二十三年(1818年)被焚,清道光元年(1821年)重建。在清乾隆五十三年,信徒们又在红岩山半山的燕子飚滩处修建了水口庙。到今天,流米寺被誉为川南名刹。其实,这一区域宗教文化的传承还要久远得多,红岩山所在的胜天镇以前的名字叫祭天坝,传说是三国时期诸葛亮南征时祭祀上天的地方。厚重的宗教文化造就了胜天镇有"九宫十八

❀ 摩崖石刻

庙"之说，今天尚存的，除流米寺、水口庙，还有大宝寺。

今天，全县有依法登记开放的宗教活动场所5处，即胜天流米寺、大宝寺，沙河凤凰寺，庆符川主庙，月江清真寺，另有基督教"以堂代点"1处。川南名刹流米寺，犹如仙境矗立丹山之巅，梵音缥缈。流米寺内始建于唐的36尊摩崖石刻，据佛像特征考证，距今1400多年。1982年2月，高县人民政府正式行文，批准流米寺的摩崖造像为县级文物保护单位。

人文古迹

南广河崖墓壁画

高县南广河流域崖墓群及石刻位于高县的罗场、庆符、可久、嘉乐等镇，墓群由犀牛沱崖墓群、红岩山崖墓群、河南洞崖墓群、龙塘湾崖墓群等组成。崖墓有60余座，伴有崖墓石刻。经专家现场认证，该崖墓群为汉代墓葬形式。墓葬形式丰富，且墓门、墓壁周围刻有（或画有）人物、花草、动物等生产生活画像，是研究中国西南地区丧葬习俗的重要资料，也是反

❀ 南广河崖墓壁画

映地方发展史、少数民族生产生活演变史的重要文物遗存载体，具有极高的历史价值和艺术价值。中华人民共和国国务院于2013年3月5日公布其为全国重点文物保护单位。

剑南十三关

剑南十三关位于县城南面约3千米处，始修年代已无法考证。唐太宗贞观元年（627年），废除州、郡制，改益州为剑南道，治所位于成都府。因位于剑门关以南，故名剑南道。自剑门关以南到这里为第十三个关隘，故名剑南十三

✽ 剑南十三关

关。清道光二十五年（1845年），高县知县敦建庚在石门与高县城之间的黄水口重筑"剑南十三关"城堞及炮台，关前建有黄水口码头。门楼上有一副气势恢宏的对联，曰："乌蒙西下三千里，僰道南来第一城。"楼上为军队防守之哨所，楼下为驮马、行人必经之道，设城门关卡。1951年，修筑宜塘公路（今川云公路）时将关楼拆除。

古道凌云关

凌云关位于高县蕉村镇裕丰村先锋组与筠连县犀牛村一组交界处一个山坳上，始建于明代，后在清同治十三年（1874年），知县程熙春扩大规模筑此关。关卡呈长方形，墙体用当地盛产的石灰石砌成，外壁抹"三合土"，外墙长17米，宽7.1米，内墙长14.5米，宽3.8米，占地面积约120平方米，关北面有两道门框，南面一道门框，均用条石砌成，高约2.5米，呈卷拱形，门已毁坏，现仅存门闩孔。地方文献资料记载，原关卡北面（高县方向）壁上刻有2米多长牌匾楷书石刻"凌云关"3字，南面（筠连方

❀ 凌云关

（向）壁上刻有"毓秀储英"4字，并立碑为记，今已风化不存，是"五尺古道"上重要关卡之一。

站立关前，大有"一夫当关，万夫莫开"之势。家住凌云关附近的蕉村镇裕丰村先锋组村民现年72岁的邓茂才、82岁的郑中珍（女）等老人介绍："凌云关"当地人称"御风亭"，曾是庆符县、高县、珙县等县经筠连县进出云南的四大关口之一，听长辈们说在明清时曾经一度在此驻防兵丁，以阻挡云南反叛的少数民族入川。中华人民共和国成立初期，土地改革时，当地政府便分给裕丰村先锋组村民秦志学一家居住，由于是当时的一条交通要道，途经此关的往来行人客商络绎不绝，非常热闹。秦志学便在此处兼营小食店，出售粑粑、水粉等小食。后因叙昆大道（现在的川云公路）整治拓宽，此道废弃，再无骡马客商经过此关。2010年，由国家博物馆、四川省文物考古研究院、中央电视台科教中心联合组织的"五尺道—石门道—盐道"考古探险活动，专家们发现了保存比较完好的古道关卡"凌云关"，并呼吁保护好这一五尺道上的重要文物遗存。该关卡对研究古代交通、防务、商贸具有一定价值。2012年，四川省人民政府公布其为省级文物保护单位。

石门关题刻

石门关位于县城南约2千米南广河边的石门山上，是南方丝绸之路五尺道上天然形成的关隘，又名"石门子"。《水经注》载："唐蒙凿石门阁以通南中，迄于建宁，二千余里。山道广丈深三四尺，堑凿之迹犹存。"唐初置石门县，盖以此山为名。宋代置石门寨，下临南广河（南广河古称符黑水、石门江）。石门关乃依山靠水天然形成的关隘。这里原是巨石嵯峨，斜叠成墙，匝河而过，横锁南北，从山顶层叠而下直到河底，奔腾咆哮的南广河巨浪翻滚，河岸壁立千仞，一条小道全系凿岩而成，昔日行人至此须低头弯腰方能通过，有"川滇锁钥"之称。民国时期因抗战需要修筑叙昆大道，1953年修建宜塘（宜宾至筠连塘坝）公路，及后来公路扩宽和修建检查站，石门关屡次遭到破坏，已没有原来面貌。如今的石门关雄姿尚在，险势已去，以往天险终成历史遗迹。

据清光绪版《庆符县志》载，隋朝开皇中行军总管史杜陵题有《征南宁夷过石门山》诗句："石城门峻谁开辟，更鼓误闻风落石。界天白岭胜金汤，镇压西南天半壁。"并在石门界有"平南诏王碑"，为唐贞元七年袁滋题。在其南端有古道遗址，前临南广河，弯曲如弓，向两边延伸的石门古道遗址之上的山麓岩壁上存有大量题刻，分布在长20多米，宽3~4米，距地面高4~5米的岩壁上，呈横向排列，共12龛，总字数约1200字。刻于不同朝代，分别记录有历史、军事、政治、艺术相关内容，也有咏颂石门之险的佳句，其字笔力雄浑，具有较高研究价值。石门之北壁题有"勒愧燕然"4个大字，字径粗大，约0.68米，笔力雄浑，赫然入目。左有数行小字："蜀乱纷纭，石逆来而益剧，予统军自楚赴援，先后攻克长宁、高县及沙河驿、双龙场等；蜇巢转战于叙南为多，留戎亦于叙南为久，今幸边患稍息，部将数请记其事，予免从之，非示功也亦以寄鸿爪云尔，同治二年癸亥，孟夏月总翼长统领楚蜀水陆兵勇布政使司鼓勇巴图鲁刘岳昭书并跋。"高县人民政府于1982年11月公布其为县级文物保护单位。

❀ 石门关题刻

石门幽兰

据清《高县县志》记载："石门山在县北十里，下瞰石门江。其林麓中多兰，然不可采，无心经过，但觉幽香扑鼻而已。"旧志载："'石门幽兰'为县属八景之一也，一名兰山，即古石门道。林中产兰，品类不一，春兰花生叶下，素兰花生叶上。"黄庭坚《书幽芳亭》记："一干一花，而香有余者兰；一干五七花，而香不足者蕙。"孟浩然有"兰山诗"载《艺文志》，又邑人陈而新等诗俱载入。尤以明代状元杨慎嘉靖三年（1524年）卷入"大礼议"事件，触怒世宗，被杖责罢官，谪戍云南永昌卫，途经石门关所写采兰引最有代表性。

川南名刹流米寺

✿ 流米寺

流米寺位于高县胜天红岩山ＡＡＡＡ风景区。流米寺原名牛鼻寺，坐落于安和村牛头山牛鼻孔内。清光绪《庆符县志》载："有牛鼻寺，有石横生其旁，平列2孔，状如牛鼻，因以名寺。"流米寺在历史上多次被焚毁。据寺前的《照公老和尚灵塔》碑记，该寺为戎州余氏首建于清乾隆三十三年（1768年）。另据《永垂万古补修》碑记，嘉庆二十三年（1818年）寺被火焚，道光元年（1821年）重建。在大雄宝殿后的流米洞则沿宝顶石壁开凿进山，石窟两洞口均高约5.1米，宽约3米，两洞相通。右洞口向西延伸，形成一道岩腔。石窟内现存摩崖造像36尊，正对山门之北壁上层有"过去""今生""未来"三佛，下层有观音，牛王菩萨等。摩崖造像分别为菩萨、罗汉、佛、侍者，佛、道、儒三家圣贤同奉，始建于唐，以后各个时期陆续雕刻完成。流米寺山门前立有九龙柱两根，为明末建禹王宫时，匠人用白石雕刻两根龙抱柱立于宫前，每根上分别刻有9条龙，其中有闭口龙代表商，寓意"闷头发大财"，也有张口龙代表官，寓意"张口号令天下"，后来禹王宫被拆除，便把两根九龙柱立于流米寺山门前。

流米寺至今仍流传着美丽动人的传说。传说牛鼻孔处因祭天民诚，神

灵流米，每日流米，僧众人多，流米也多，但只够僧众和善男信女膳食，不多不少。后因贪心的和尚将石洞凿大，意想多流米，尔后流秕不流米，后来秕也不流。古人有联调侃此传说："古刹传奇洞流米，愚僧重利流秕秕，而今无米也无秕，垂训人间不贪为宝；群山拱秀鹰飞空，胜景开怀飞峰峰，以此有空尚有峰，收来眼底寡欲息心。"后据传说和此联，在寺门前立有"戒贪碑"警示善男信女。

川南古民居王氏庄园

王氏庄园位于高县可久镇高岭村，该村地处茶马古道崇山峻岭中，于明洪武年间开荒建房渐成村落，到清代咸丰年间发展为千家村，经历了650余年的风雨，是四川省省级传统村落。王氏庄园建筑群分布于海拔600～900米，整个村落传统风貌破坏较小，现仍有5处四合院保存比较完整。庄园依山而建，修建年代由远而近，地势从低到高，最低处为建于清同治年间的德岚岭大夫第民居。庄园民居群建筑工艺及式样独具特色，农耕文化符号齐全，整体民俗面貌颇具观赏价值。建筑群呈单户错置于3个山坰上，分别相距100～300米，多属四合院，串架结构，围墙与地基由条石

❀ 王氏庄园

构成，台阶走廊、天井的长条石有的长达4米，每户有石拱门，石料清一色精雕细琢，大门都有石刻门联，各处过去均建有石雕楼，高数十米，飞檐翘角。元末明初，王氏先祖系外省游宦入川，辗转落居于此，聚族而居。村落始于明代，多建于清代。王氏庄园建筑选址，重视风水，顺应天然，又不拘泥于形式，格局依山就势，自然飘逸，整体风格与地形地貌、自然环境和谐统一，体现出了自然与人文融合的环境观和生态观。以三合院、四合院为主，多为人字水、青瓦屋顶、穿斗木构架，坐东朝西，以中间堂屋为轴线，左右对称，有面阔3间或5间的。现在保存完整的有一把伞庄园、黑风顶庄园、老房子庄园、漆树嘴庄园、祠堂湾庄园等。

建于清同治年间的大夫第民居为四合院穿斗木结构房屋，建筑面积约1万平方米，中间为约100平方米的院坝，院落布局紧密，装饰讲究，雕刻精美，窗棂上雕刻的山水、船舟、树木等惟妙惟肖，人物形象栩栩如生，风格典雅端庄。

沿山路上行，远远地看见几株高大需数人才能合抱的桢楠树，这便是王氏庄园的另一处民居"老房子"。老房子的建筑布局、风格与大夫第相似，规模稍小，但增加了石砌的围墙和碉楼。站在碉楼上，遥想当年王氏家族富甲一方，钟鸣鼎食之状名不虚传。

一把伞庄园为穿斗串架木结构，呈城堡式四合院院落形式，由山门、前花园、门厅、正房、东西耳房、后花园等部分组成，有大小房间近百间，占地面积3800平方米。山门及围墙用条石浆砌而成，山门呈券拱顶，两侧设有防御的射击孔，大门上有精致石浮雕，正房面阔3间，进深两层，中间为院坝，四周回廊相连，两层木质建筑，柱子为直径40厘米杉树做成，木质窗棂精琢窗花，木刻浮雕为《二十四孝》《三国演义》等历史故事内容，正门两侧各有一个1.5米×1.5米具有西式教堂装饰特色的彩色画质镂空窗棂，大门呈哥特式拱券木结构造型。整个建筑呈梯级中轴布局，台阶为垂带式连接，自然混成。大门门联"乌衣巷内冠裳古，绿野堂前草木新"，横批"望重江东"，有重现当年江东士族荣华富贵的期望。整个建筑装饰精美，制作精细，雕梁画栋，建筑深邃、古典，中西结合，气势恢宏，具有明清时期装饰典型风格，又是中西结合的典范，类似建筑在川南民居中较为少见，是不可多得的古民居活化石，2013年被列为宜宾市文物保护单位。

文丰白塔

文丰白塔位于高县文江镇东2千米处七宝村凤凰山顶。清道光三年（1823年）建，塔共有6个角，总层数为7层，高32米。砖石结构，外涂白色泥灰，故有白塔之称。塔内巷道盘旋可至第五层。第一层外各壁均有浮雕形泥陶图案，正门之上有匾题曰"层垒而上"，下镌小字为"皇清道光三年孟冬月建"，正门两侧有时任高县知县卢耀所题联句："塔气灵霄人旧植，文情振地榜新开。"以上各层均有匾联，第二层至第五层各面均设窗孔，登临观之，可一览窗外的景象。

✿ 文丰白塔

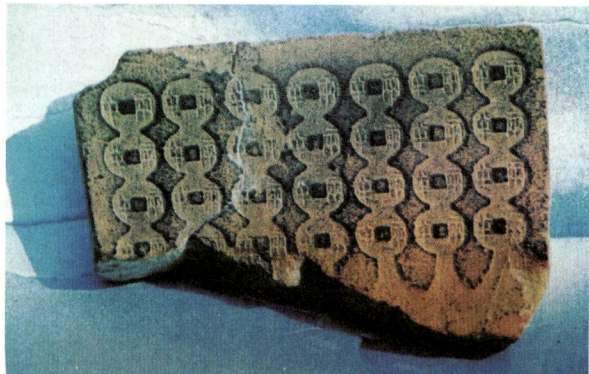
❀ 西汉半两钱石范母

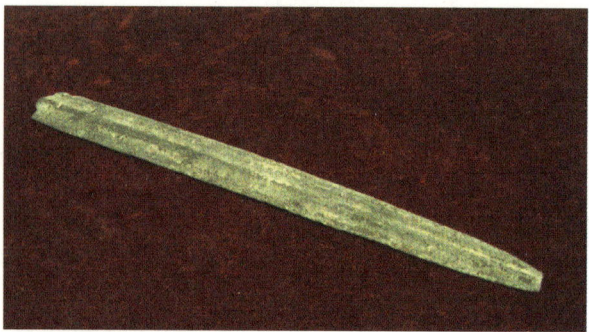
❀ 战国巴式铜剑

西汉半两钱石范母

石范母即用于铸铜钱的模具。该石范母出土于高县文江镇文江村水红组点灯包，钱文为阴文小篆"半两"。质地为红砂岩石，呈长方形，长25厘米，宽18厘米，厚5厘米。钱范分4排排列，每排7个，共28个，4排均连通，形成一道铸槽，口部有明显铸口。据钱形制，专家考证当为西汉文帝时期"半两"。

巴式铭文铜剑

1983年，在高县文江镇文江村黄泥坳出土一柄巴式铭文铜剑，两面分别有"手心纹""虎纹"，都是巴蜀符号，属战国晚期文物。出土地点与半两钱石范母为同一地区。从地理位置及此剑的年代，可以佐证战国晚期，秦惠文王灭巴蜀、巴蜀人南迁的重要历史事件和五尺道建造工程的作用和目的，是反映当时这一地区生产力的实证。

文江书院

明洪武八年（1375年），始办文江书院，每年取文武童生各8名。清乾隆二十二年（1757年），高县知县江世春在县城水东门外建文江书院，初建书房2间。梁思，字春田，嘉庆癸酉年（1813年）拔贡教习，掌教文江书院，由于教习认真，善于管理，每年到书院学员人数增多，于后梁思出任山东知县。乾隆二十三年，知县李鸿楷集资购置学田，以岁收租银作为书院经费。到乾隆二十七年，新建书房6间、厨房2间，四周筑砖墙，岁收租银27两9钱，租钱13350文。道光六年（1826年），知县郭彬图将书院旁侧节孝祠移迁西门，旧址改为3间讲堂，左右各书屋3间，以及厨房、后堂、列舍，书院扩大到20多间。道光七年，书院年收租银269两5钱，租钱13350文，谷36石，作为书院的经费。书院主持人称山人，学习无年限，以攻读四书五经、习作八股文为主要内容，以科举考中为结业。光绪二十八年（1902年），改文江书院为高等小学堂。

周雨生德教亭

周雨生德教亭位于柳湖公园内的莲湖边。据高县地方志资料记载，周雨生为同盟会会员，力主发展新学，18岁开始执教，从事教育60余年。县人以先生之品德学问，堪为师表，倡议在柳湖公园之东北角，竹梅掩映之中，竖碑建亭以表彰先生山高水长之德行风范。德教亭于1942年（壬午）始建。亭名德教，碑、亭同名，碑文正中是"周雨生先生德教纪念碑"，背面序文为高县县长伍心谏之所撰。其序曰："雨声先生，学识精湛，品德淳彦。讲学里门，垂六十年，于教坛颇负盛名，宗邑人士受其裁成者以千计。高县绍有今日之人文蔚

❋ 周雨生德教亭

起，实先生育成之功绩也。适逢先生八秩初度，及门感其德教，为之建亭树碑，以资纪念。余忝宰是邦，躬逢其盛，爰缀数言，藉表景崇。民国第一壬午春立。"

历史名人与高县

李冰积薪焚石开石门

从庆符镇老城十字口沿李硕勋故居青石板街道拾级而上，走到山坡尽头，便是一古庙：川主庙。青烟袅袅，钟磬悠扬，神相肃穆庄严，信徒虔诚膜拜。明清时期，这条古老的青石板街道是进出庆符县城的主要通道，在此要道之旁居高修建一座庙宇，当是对供奉之神位的至尊虔敬。

川主庙供奉的神主是李冰。李冰是战国时代著名的水利工程专家，公元前256年至公元前251年被秦昭王任命为蜀郡太守。其间，他跋山涉水，历尽艰辛，率领民工在岷江流域兴办许多水利工程，其中以他父子俩一同主持修建的都江堰水利工程最为著名。2000多年来，都江堰工程为成都平原成为天府之国奠定了坚实的基础。后世为纪念李冰父子，在都江堰修二王庙，功垂千古，旌表万世。

❀ 川主庙

《华阳国志·蜀志》记述："僰道有故蜀王兵兰，亦有神作大滩江中。其崖崭峻不可凿，乃积薪烧之，故其处悬崖有赤白五色。"而在《水经注》卷三十三《江水》，也有几乎相似的记载："县有蜀王兵兰，其神作大滩江中，崖峻险阻，不可穿凿，李冰乃积薪烧之，故其处悬岩，犹有赤白玄黄五色焉。""僰道有故蜀王兵兰"，指的是蜀国的国王开明三世出兵南下攻打僰国时，所修筑的屯兵寨所。当时的僰国，中心地带就在今天的高县、珙县、兴文、筠连等地。从石门关沿宋江河上溯10千米左右进入罗场镇，当地人名为"翡翠走廊"的宋江河岸，就可见到琳琅满目、原始风味浓厚的僰人岩画，以及散布在悬崖之上的僰人崖墓。南广河流域崖墓群属于国家级保护文物，散布在南广河沿岸的深山峡谷之间，深藏着古僰人神秘的生活习俗。

2000多年前的古蜀国时期，蜀王带兵攻打僰国，溯南广河而上，被巍巍石门所阻挡，只能在附近山岭筑寨屯兵，伺机从崖石间的羊肠小道进攻僰人。直至宋代，还在山上置石门寨，用以抵御防卫蛮人的骚扰进攻。"僰道有故蜀王兵兰"，当是石门关上的一座屯兵营寨，而今杂草丛生，早已湮灭了战火硝烟，只余和平的烟霭缭绕。

石门关作为当时古蜀国与僰国交战的古战场，以石门关沿宋江河上溯不到2千米的高县文江镇黄泥坳出土的柳叶形青铜剑和饰虎纹的青铜剑为凭证。这些青铜兵器，据文物专家考证，皆是春秋战国时期巴、蜀两国所特有的文物，都具有古蜀（巴）文化的特质。这些文物，就是僰国在春秋战国时被蜀王打败，臣服于蜀国，成为蜀国附庸国的物证。

据史料记载，秦孝文王在稳定巴蜀的统治之后，急欲经营大西南腹地。于是，从公元前250年开始，秦孝文王派因修筑都江堰而名垂青史的蜀郡太守李冰，又承担起了开拓通向南方的道路。李冰率兵进入僰国地界，初始还与僰人在高县境内发生过短兵相接的战事。据清光绪版《庆符县志·武功志》记载："秦时，僰道王据守横江，李冰破之，追北于汉阳山。"按周洪谟撰修内署碑云："长邑先属汉阳郡，今庆符县汉阳即其地也。"汉阳山，即今日高县月江镇与沙河镇境内的汉王山。

战事平息，李冰继续率兵沿南广河古老的僰道向南开拓。然而，巍巍高耸横断南北的石门巨石，湍急咆哮的南广河，成为打通僰道的巨大障碍。面对高耸坚硬的岩石，智慧的李冰想出了积薪焚石的办法，从而打开了石门，保证了僰道艰难地向南延伸。

关于开凿石门关的历史记录，在清光绪版的《庆符县志》上还有这样的记载："石门山，县南十里，下瞰石门江，其林麓中多兰，然不可采。无心经过，但觉幽香扑鼻而已，旧志石门幽兰，为县属八景之一也，一名兰山。即古石门道。"《水经注》载："唐蒙凿石门阁以通南中，迄建宁二千余里，山道广丈余，深三四尺，堑凿之迹犹存。"

根据这个线索，《水经注》卷三十三《江水》中有这样的记载："《地理风俗记》曰：夷中最仁，有人道，故字从人。《秦纪》谓僰僮之富者也。其邑，高后六年城之。汉武帝感相如之言，使县令南通僰道，费功无成，唐蒙南入，斩之，乃凿石开阁，以通南中。迄于建宁，二千余里。山道广丈余，深三四尺，其堑凿之迹犹存。王莽更曰僰治也。山多犹猢，似猴而短足，好游岩树，一腾百步，或三百丈，顺往倒返，乘空若飞。县有蜀王兵兰，其神作大滩江中，崖峻险阻，不可穿凿，李冰乃积薪烧之，故其处悬岩，犹有赤白玄黄五色焉。赤白照水玄黄，鱼从僰来，至此而止，言畏崖屿不更上也。"

从此处记载可知，当时的石门子林莽浩瀚，野兽纵横出没，真乃蛮地也。从《庆符县志》与《水经注》的两相印证，可确信2000多年前，川主李冰带领兵士溯江渡河，翻山越岭，前进至傲然阻挡的巍巍石门时，机智的李冰令兵士在巨石崖壁上堆积柴火，烈火焚烧，然后倾洒河水使滚烫的巨石爆裂，从而打开了石门。

从石门关溯河而上500米左右，南广河与支流宋江河在此汇流，名黄水口。合流后的河水澎湃喧嚣，急滩浪涌，两岸悬崖峭壁，犬牙交错，狰狞凶险。右岸名"柳公岩"，20世纪50年代修建宜塘公路，沿河岸悬崖层层爆破削岩打通后，至今仍见巨壁高耸，森然峭立。遥想当年，李冰率领兵士从石门关沿河而上至柳公岩，积薪烧岩，漫天烟火，倾水裂石拓路后，苍苍悬崖留下赤、白、玄、黄五色，此等景象已湮没于风雨岁月之中了。

诸葛亮南征屯兵高县

《出师表》中，一句"故五月渡泸，深入不毛"，简括了诸葛亮率部南征的一大战争史实。据史料记载，整个南征从蜀汉建兴三年（225年）3月起，诸葛亮率大军沿水路自成都快速到达僰道（今四川宜宾），而后以僰道为大本营，分兵三路出击，到225年秋，整个战役胜利结束。其间，"七擒孟获"的故事可谓家喻户晓、深入人心。

诸葛南征路线中，经过高县（1960年，庆符县并入高县），屯兵操练，誓师进伐，留下众多古迹和史料，为高州古道文化增添了一道绚丽的光彩。

成都武侯祠中，游人如织，悉心观览，其中一幅《诸葛亮南征路线略图》，让有心的游客逐一指点诸葛亮率领大军南征经过的一个个城池要塞，而醒目标注大军经过的庆符（汉阳），则让雄踞川滇交界、南丝绸古道上的交通要塞、军事重镇高县一下凸显在世人的面前。

那么，诸葛亮南征经过高县，留存多少史实和踪迹，让现今的人们穿越1800年岁月的风尘，去复盘当年金戈铁马、杀伐声声的激烈场面呢？

诸葛亮南征经过高县（庆符），必然在此留下驻军的踪迹。据清光绪版《庆符县志·寺观志》记载："武侯祠，在县东五里，今圮，仅存基址。"而在

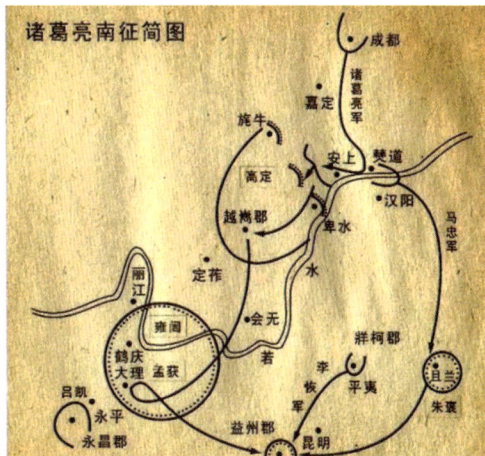

❀ 诸葛亮南征简图

此版《庆符县志·金石志》上还有两条关于武侯祠的记载，其一是"诸葛武侯南征誓蛮碑，在县东五里武侯祠。石碑载有誓蛮诗"，其二是"武侯符碑，在县东五里。嘉庆八年，居民于土中掘出，上载有符，左右有'普化天真，荡魔天真'8字。碑体下部有篆文可考。相传人遭瘟祟，依碑书符，净水饮之即愈"。

如此确凿的记载，说明当年庆符县城以东五里确建有一座武侯祠。成都武侯祠，以三国遗存、纪念诸葛丞相享誉世界，而在明清以前的川南僻壤之地，作为南广河畔的边驿小城庆符，为何在城东五里也修建一座武侯祠，供奉纪念诸葛丞相呢？显然，当年诸葛亮南征经过庆符，誓师讨伐，代代相传，已深刻留存在人们的记忆之中。

庆符老城以东五里，大概就是现今宜庆路景观大道附近的位置。当年的庆符武侯祠已倾圮，荡然无存，难寻踪迹。但让人浮想联翩，似乎消失的历史记忆有所关联的，就是在此位置的后山上，庆符县城主山会龟山附近，有一个平旷的山顶坪坝，形制俨如一个兵士列阵演练的操场，尤其让人惊讶的是，当地人口口相传，这里就叫营盘山，是驻军操练的场地。一垄垄深深浅浅的耕地黑土湮没了兵士们整齐雄壮的操练口令声。在那个凸起的圆形坡顶上，面向浩浩流淌的南广河，就曾站立过那个羽扇纶巾、指挥若定的一代蜀相。

明朝天启年间，任职贵州石阡的一个吴姓知府经过庆符，拜谒武侯祠时吟咏的诗篇载于清光绪版《庆符县志·艺文志》上，诗名《咏武侯祠石碑》，诗曰："龙虎旗开大将坛，森森矛戟列云端。游人下马看山色，风雨潇潇六月寒。丞相南征此誓师，行营到处有汤池。阿蛮不度金鳌背，马角光留石上词。老酋缩首堕鞍归，稚髻纷纷似鸟飞。旧日断碑埋野草，磨来绿字照斜晖。传闻昨夜斩楼兰，剑带桃花血未干。万洞千岩应落胆，分明天意绝鸟桓。"诗句铿锵，声震天宇。从诗中看，诸葛丞相当年在此南征誓师，旌旗招展，战鼓雷鸣，军容整肃，剑戟如林。随后的南征激战，横扫南蛮，凯歌班师。

其实，诸葛亮南征经过高县（庆符），大体沿南丝绸之路，军旗所向，屯兵扎营，不仅在庆符，还在高州的山山水水之间，留下一处处古迹和印证的史料，让后人寻踪凭吊。高县可久镇龙口村月亮沱，二夹河畔的一块大田里，有一座石砌拱形古墓葬，当地人代代相传为"孔明墓"。确实，此墓的形制特点，与当地绝大多数墓葬有明显差异。明清以前，此地属于偏远蛮荒之地，生活在荆棘丛林中的古僰人，其墓葬以悬棺、崖墓为主。那"孔明墓"真的与三国诸葛丞相有关联吗？2019年10月，因为修建二龙滩水库，"孔明墓"所在的区域属于水淹区。于是，四川省文物考古研究院联合宜宾市博物院、高县文物管理所，对这座古墓葬进行了抢救性考古发掘。

考古专家根据墓葬形制、残存葬具及出土的少量陶俑残片判断，古墓葬年代为东汉晚期至蜀汉时期。考古发掘报告证明了当地人口口相传的"孔明墓"确有其年代背景。更让人联想的是离"孔明墓"3千米远的高岭村上，有一条蜿蜒几百米长的青石板古道，据2010年全国著名考古专家高大伦率队进行的南丝绸古道考察后认为，高岭村古道属于南丝绸古道进出川滇的一条分道。由此推断，"孔明墓"虽然不可能是

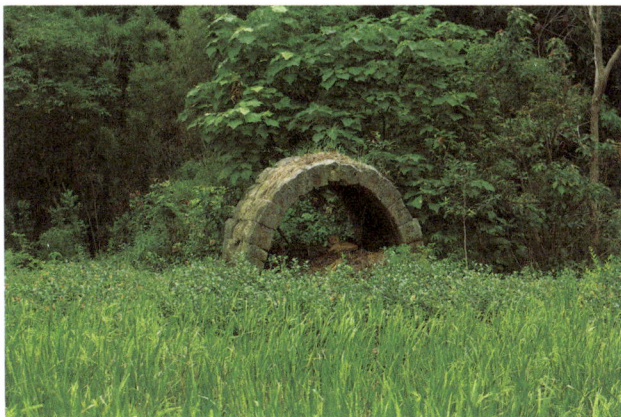

❋ 可久镇孔明墓

诸葛丞相的墓葬，但极有可能是当年随诸葛亮南征途中，战死或病死的一个战将，才以如此形制规格进行安葬。否则，1800年前，以当地风俗和茹毛饮血的落后状态，如果没有像诸葛南征这样的军队行为，断难修建这样一座精美的石砌墓葬。

据清光绪版《庆符县志·山川志》记载："汉阳山，在县北八十里。诸葛武侯南征驻军此山，今崖壁上镌'武侯征蛮故道'。"而在同版的《庆符县志·古迹志》上记载："征蛮故道。"《华阳国志》记载："汉阳山在县北八十里，诸葛武侯征蛮过此。"在同版《庆符县志·古迹志》有一条记载："千层碑，在县东一百里，汉阳山石岩旁有石如碑，次第五层，高可五尺，上有大石歇遮之，俗名孔明千层碑。其第一层已断，无字。按武侯外传云：汉阳山大道旁，石上武侯镌'平夷饷道'四字，即此是也。"

汉阳山就是今日高县所属的汉王山。其改名的由来，据当地人传，得之于诸葛亮南征孟获，驻军山上，以其山势峭拔于周遭山岭之上，夜观天象，指挥千军万马，神闲气定，胜券在握，因之名为汉王山，以彰显蜀汉天子睥睨四海的天威。县志中众多关于诸葛亮南征驻军今日高县汉王山的史料，证明诸葛南征经过高县绝非后人的杜撰。需要说明的是，县志中关于古迹距离县城远近的差异，应该是古人没有实测工具，在大体估摸距离上出现的误差。

据《庆符县志·古迹志》载："诸葛校场，在县北一百四十里。旧志载：诸葛武侯平西南夷，驻军此山。今山中有校场，在二等坡雪顶寺下，与白云寺相对。平地三台中，一台有石高五尺，上凿一眼，系中军帐插旗之处。外有大石缸，可容水百十石，今已无存。又上台有磨刀石数十块，其迹宛然。又传，中有金佛二尊，无心可见。"汉阳山距离县城远近与其他史料记载的差异，是古人在大体估摸上出现的误差。虽说县志上对诸葛校场记载得清清楚楚、明明白白，但500里茫茫汉王山，如果没有明确的指向和向导带路，要寻找到这样一处淹没于莽莽荒原中的古迹，无异于大海捞针。

经过原来世和乡政府旧址，再绕过县志中有记载、当地老百姓口中依然称谓的二等坡下雪顶寺（已毁），看见远远的一处山林，山林后面的一大片山顶坪坝就是当地人们喊的校场坝。荒僻的山顶有如此大的坪坝实属罕见，与县志记载吻合。今天，还能寻找到插旗的幽深石孔，卡

放磨刀石的石槽，疑是石缸破损后的磨凿石片，等等，再根据当地张姓村民代代口口相传的校场坝有关地理方位和传说，三国诸葛校场确乎在此。站在诸葛校场向北眺望，对面峰峦叠嶂的胜天红岩山缭绕在一片云岚之中。张姓村民说，对面山上的寺庙曾叫白云寺，后因流米的传说改为流米寺。县志的记载与当地地名的称谓是如此吻合，让人惊讶万分。两山之间狭长空旷的田坝，县志和当地人都名为"军田坝"，而在"军田坝"往长宁方向攀越山岭，有一处险峻关隘，县志上名为"下南关"，关防西南蛮夷的天堑。种种古迹和史料都证明，此地一大片区域是古代极具军事价值的用兵布防、屯兵操练之所。诸葛亮在此屯兵演练，当属情理之中。

马可·波罗过高州

马可·波罗，13世纪世界著名的意大利旅行家。据《马可·波罗游记》记载，马可·波罗在1280—1285年，奉元世祖之命，到大理去协助处理公务后，返程时沿着南丝绸之路，经云南昭通、盐津，过筠州、高州、庆符，到达叙州（今宜宾），再折返成都，最后回到元大都复命。

今天，宜彝高速在高县境内设置"高县北"和"高县南"两站，其中"高县南"所处小地名"土老坝"。当地流传，马可·波罗曾途经土老坝，与当地土人交流，吃过当地的土产。

其实，由此上溯数千年的沧桑岁月里，宜宾就一直是西南地区的交通重镇。在大西南浩瀚起伏的山岭草莽间，有一条古道，上下5000多年，蜿蜒前行，曾经光芒四射，推进了巴蜀文明的多元发展。在成都平原最早的文明曙光——三星堆和金沙遗址中，出土于祭祀坑的海贝、象牙等文物，让专家学者推定早在三星堆时期，古蜀文明就已经通过这条古道与印度洋、中亚、南亚等国家展开了经济和文化交流。

这条绵亘久远的古道，最早以一个古老民族僰人命名：僰道。僰道是战国时期秦昭王末年蜀郡太守李冰带领僰人采用积薪焚石法修建，从僰

❀ "土老坝" 远景

道县（今宜宾）至千顷池（今昭通）的由川入滇通道。秦始皇统一六国之后，命大将常頞在僰道的基础上继续修建至建宁（今曲靖），路宽五尺，故称五尺道。至汉唐盛世，五尺道发展成为南方丝绸之路的一部分，它和西北丝绸之路、海上丝绸之路同为中国古代对外交通贸易和文化交流的主要通道。作为世界著名的大旅行家，马可·波罗奉元大汗之命行走大西南，南丝绸之路当然是他的必经之地，而他也必定会对所经之地的风土人情、地理风貌做倾心的游览记录。

《马可·波罗游记》这样描述元朝时候的叙州："在沿着一条大河走十二日——河两岸有许多市镇和城堡——终于到达了叙州，这是个美丽的大城市，居民都是商人和工匠。他们用某些树皮织布，并以此来做男女夏

季常穿的衣服，颇为美观。这里的男子都是勇敢的战士。此地除了大汗的纸币外，没有其他任何货币。"从马可·波罗的描述中，可以遥想800多年前的古叙州，已是工商业比较发达的城市了，而不是僻处大西南的荆棘蛮荒、贫穷落后之地，这应该和它居于南丝绸之路的重要节点，拥有开放包容的性格和姿态，从而带动了沿线乡镇的繁荣、人口的集聚有关。古老的南丝绸之路的荣光，从大旅行家马可·波罗的游记中可见端倪。

马可·波罗所说的"沿着一条大河走十二日"，这条大河是哪条大河呢？因为马可·波罗从云南进入四川，有两条河可顺道而下进入叙州，一是关河，二是南广河及其支流宋江河。相当一部分人认为应该是关河。关河发源于贵州威宁草海，形成洛泽河，自南向北流至云南彝良县，与洒渔河、昭鲁大河、牛街河汇合后始称横江河，流经云南盐津县、水富市和四川宜宾县，在小岸坝河口注入金沙江。南广河为长江右岸一级支流，又因其为宜宾下游第一条汇入长江的支流，因此被誉为万里长江第一支流。它发源于云南省威信县高田乡打铁岩村，流经威信县、珙县、筠连县、高县、宜宾叙州区，自南广镇汇入长江。关河和南广河都是沟通川滇的重要水道。关河从横江以下至金沙江沿岸地区，两岸绝壁巉岩，急滩险流，无论是舟楫还是步行，都"难于上青天"。而对于史书上记载的南丝绸之路从宜宾出发，大多溯南广河而上，经过庆符后，越过石门关，经高县、筠连，然后抵达云南盐津的豆沙关，再一路南行的可能性最大。

在《马可·波罗游记》中，马可·波罗从云南进入叙州之前的地方，他是这样描述的："秃刺蛮省今位于东方，它的居民为偶像崇拜者。他们有自己特殊的语言，是大汗的居民。他们身材高大，相貌堂堂，皮肤呈褐色，很是清秀，他们的行为公正，作战勇敢。此地的市镇和城堡有许多位于高山之上。这里的人死后，实行火葬，不能化为灰的骨头，就被放入木箱中，带到山上，藏在岩石洞中，以免受到野兽的侵扰。"对于"秃刺蛮"，云南大学著名历史学家方国瑜在《马可·波罗云南行纪笺证》中有这样的考证："秃落蛮（Tholoman），是东向之一州，居民是偶像教徒，自有其语言，臣属大汗。"以为Tholoman即《元史》之秃刺蛮、秃老蛮、土老蛮，亦即今日之土獠。土獠聚居最多之地，得以土獠为地名，《元史》本纪载："至元二十八年二月癸酉，云南行省言：经盐井，土老，必撒诸蛮至叙州庆符，可治为驿路，凡立五站。"是知土老在盐井必撒之间，必撒不获知为何地，惟距庆符一站，当在庆符南不远之处，则土老即高州筠州之地。

文中提到的"盐井"，即今日云南之盐津县。而在《云南志略》中有"土獠蛮，叙州南、乌蒙北皆是"的记载。明清以前，在大西南的浩瀚林莽间，杂居着土獠人、僰人等土著，他们死后，实行火葬、悬棺葬、崖墓葬等，现今尚有全国重点保护文物的"珙县悬棺"和"南广河崖墓群"，而在高县境内，还流传有沙落寡（嘉乐镇）、磨九沙（可久镇）等音译土著地名。当把《马可·波罗游记》和《马可·波罗云南行纪笺证》两相对照，古高州境内的土老坝，也即今日宜彝高速之"高县南"站所在地，历史上曾走过马可·波罗风尘仆仆的身影。

在《马可·波罗游记》中，马可·波罗这个充满冒险精神的大旅行家还进一步描述了他所经过的川南地区当时令人惊奇的生态环境："这个地区的老虎非常多，居民因为害怕它们的侵袭，不敢在市镇以外的地方住宿；在河中航行的，也不敢将船靠在近岸处过夜。据说，这种动物曾跳入水中，游到船上，将人拖出船来。这里还有世界上所能遇见的最大和最凶猛的狗。这种狗极为勇猛有力，一个人带一对狗，就可以制服一只老虎。猎人挟着弓箭，带上两只狗，如遇到老虎，他便放出这种勇敢的狗，它们马上就会扑向老虎。老虎会本能地寻找一棵树蹲在树前，使狗不能从后面袭击，它则可以从正面迎敌。因为老虎具有这种本能，所以一看见狗便向一棵树走去。但它是慢慢走去，而不是跑去，因为它的自尊心不允许它有任何恐惧的样子。但狗却可利用它这种从容不迫的步法，从后面袭击它，

同时，人也可从后面射箭。于是老虎只得转过身来努力地去捕捉狗，但狗却比它敏捷得多，它们飞快地又跑到远处。这个时候，老虎已中了许多箭，而且又被狗咬伤，最终由于虚弱与流血过多而倒地。这样，老虎就被擒住了。"

这真是一段绘声绘色、惊心动魄的猎人笔记！虎、犬大战，更是闻所未闻，那该是怎样的一种猛犬啊！《高县志》有虎、熊、犬的记载，高县解放初时，一些老林子中还能听到虎、豹的哮叫，也不时有虎、豹伤人的记录。到20世纪六七十年代，随着大规模砍伐林木，南广河沿岸荒山裸露，虎、豹已踪迹全无了。

在游历经过叙州时，马可·波罗还有这样的发现："这里绸缎织造业也很发达，产品由一条经过许多市镇和城堡的河道大批地运往各地销售。人民完全以商业为生。到第十二日晚上便到达了成都。"

杨升庵诗咏留高州

中国四大古典名著《三国演义》一开篇，就有一首振聋发聩、豪气勃发的词，让人读后荡气回肠、奔涌万端："滚滚长江东逝水，浪花淘尽英雄。是非成败转头空。青山依旧在，几度夕阳红。白发渔樵江渚上，惯看秋月春风。一壶浊酒喜相逢。古今多少事，都付笑谈中。"这首《临江仙·滚滚长江东逝水》是明代大文学家杨慎流放途中在四川泸州长江边上创作的一首词，成为千古绝唱，绽放在中华浩瀚诗词原野上的一朵瑰丽奇葩。

杨慎（1488—1559年），字用修，号升庵。四川新都（今成都市新都区）人，明代三大才子之首。杨慎于明武宗正德六年（1511年）状元及第，授官翰林院修撰，参与编修《武宗实录》。嘉靖三年（1524年）卷入"大礼议"事件，触怒世宗，被杖责罢官，谪戍云南永昌卫。

杨升庵遭遇人生重大坎坷，贬谪滇南三十年，但守节不悔，旷达飘逸，博览群书，终为一代文学大家。著作达四百余种，涉及经史方志、天文地理、金石书画、音乐戏剧、宗教语言、民俗民族等，被后人辑为《升庵集》。

杨升庵贬谪云南期间，曾多次往返于四川老家和云南贬所之间，而他行踪的轨迹，就曾驻足于南丝绸古道上的边关重镇：高州。杨慎早已洞穿时世，贬谪路上没有一恸三叹的愁云惨雾，依然保有一个文人学子行吟山水、狂放不羁的洒脱情怀，以及关心民生、疾恶如仇的正直良善。美丽的高州山水和淳朴的边地风情，都曾留下这个大明第一才子一行行瑰丽的墨宝。

庆符县城以南十里的石门关，就镌刻下杨升庵在诗史上享有盛誉的诗篇《采兰引》。

石门山，又称石门子，在明清以前称为石门关，是著名的南丝绸之路由川入滇的重要关隘，史称"川南第一关"。南方丝绸之路形成比中国西北丝绸之路的形成早200多年，它和西北丝绸之路一样，曾经对世界文明作出过伟大的贡献。据史载，古南丝绸之路在汉代时称为"蜀—身毒道"，蜀是四川，身毒是印度的古称，即指从四川出发，经过云南、缅甸直至印度的商路。

石门关的历史是厚重的，石门关更拥有丰厚的文化底蕴。在关下崎岖险峻的栈道上，走过了兵士，也走过了商旅，同时，也走过许多感情或热烈奔放、或细腻缠绵的文人骚客，当他们蹀躞在石门关下的山水之间时，面对雄关漫道、险峰峻岭、空谷清音，一个个浅唱低吟，逸兴遄飞，而当其时，不经意间从空谷吹来的一阵清风，他闻到了一股特异的幽香，沁人肺腑，回香悠远，怡人心神，恍若天香。这幽香若有若无，就是传说中拥有"王者之香"美誉的兰花，"石门幽兰"也因此成为南丝绸古道上的重镇——庆符镇的著名景观，吸引了多少著名的文人骚客在此吟诗作赋、直抒胸臆。

有一年，杨升庵妻子病重，他忧心如焚，数次往返新都与云南之间，途经庆符石门关时，旅途劳顿的他为石门丛兰芬芳所吸引，作诗《采兰

引》，在诗史上留下了一首歌颂兰花、托物言志的著名篇章。《采兰引》
诗曰：

秋风众草歇，丛兰扬其香。绿叶与紫茎，猗猗山之阳。结根不
当户，无人自芬芳。密林交翳翳，鸣泉何汤汤。欲采往无路，局步
愁褰裳。美人驰目成，要予以昏黄。山谷岁复晚，修佩为谁长。采
芳者何人，荪芷共生堂。徒令楚老惜，坐使宣尼伤。感此兴中怀，
弦琴不成章。

此诗是一篇感怀身世、充满忧患悲愤的抒情诗篇。站在石门关下，
面对巍巍险峻关隘，倾听着南广河湍急的涛声，闻着从寂静的山谷中随山
风飘拂而来浸澈心肺的兰香，才高八斗、本想兼济天下的杨升庵，心中波
澜起伏，感慨万端：嘉靖年间，自己作为翰林院修撰，直谏忤上，被嘉靖
皇帝谪戍云南永昌，从此遭遇离乱之苦。此情此景，引得诗兴大发。诗中
"美人"亦指当朝嘉靖帝，"目成"应译为发怒的表情，正因为嘉靖皇帝
目击发怒方演出九畹芳洁，化为逐客远行的历史悲剧。"徒令"二句用楚
老、孔子典故，既合楚老惜芳兰的意境，又形象生动地表达出孔子叹兰如
诉如泣的琴曲和幽怨悱恻的心情。弦歌不绝，化为万古涛声。

僻处川南一隅的古高州，山高险峻，沟壑纵横，明清以前属羁縻之
地。匪患横行，民不聊生；义士奋起，迹感天地。途经高州绥来乡（今高
县蕉村、龙潭、陈村等地）的杨升庵，就听到当地老百姓流传一个为抗
击匪患而慷慨捐躯的义士谭金钱的英勇事迹，拍案击节而咏《高县义士
行》，诗曰："山都水都蛮寨连，九丝之城如丝牵。鸦飞不到山势恶，篝
篱剡戟生愁烟。沿村杀儿将女去，黄鸡白犬不得眠。主兵不救城郭远，含
冤茹苦徒呼天。高县义士谭金钱，鸣俦啸侣排戈鋋。众寡不敌吁可悯，捐
躯舍生遭霣颠。至今里杜传灵异，表厥坊宅荣阡陌。何当尸祝慰毅魄，以
配九歌国殇篇。我今感作义士行，他年贞石堪铭镌。"

据清同治版《高县志》"人物志"条目列"谭金钱"载："谭金钱，绥来乡人，天姿高迈，读书明大义。状貌魁梧，膂力过人。家有积储，常出以周人之急。嘉靖中，戎县蛮酋阿大、阿二、方三等俱僭号称王，据九丝城为乱，劫掠高、珙、戎、筠诸县。山乡距城远者，更惨遭荼毒，哭声震野，官兵莫之救。贼将至绥来乡，金钱乃散家财，纠集乡勇御之。一日贼众蜂拥而来，尽死力于贼战，身受十余创，犹手刃数十贼，曰：'吾恨不能尽杀贼，死必为厉鬼以尽歼之。'遂死焉。后其地，薄暮青磷中常闻剑戟声。贼至，有见金钱持枪愤击之者，乃大惧，皇遽奔窜，不敢复至。境赖以安，乡人因庙祀之。新都杨升庵为作《义士行》。"

一首《采兰引》，独放芬芳；一首《高县义士行》，慷慨悲歌。雁过留痕，一代文豪杨升庵，怀揣高洁，踏节而歌，为高州这片古老的大地吟咏留下一片厚重的文采。

美国传教士与安和第一桥

在高县胜天镇安和村红岩山麓的黄河口山谷间一道俯冲而下的山岭河坎上，立着一石碑。石碑屹立在空阔冷寂的山岭沟谷里，暗红色的碑体凝重浑厚，历经风雨侵袭剥蚀，棱角磨损，风化裂纹，青苔斑驳，碑面上字迹模糊，但碑顶翼亭上横书的楷体大字"第一桥"仍然清晰可辨。淙淙流淌的溪河上便横跨着一座古老的五孔石磴桥。桥长20余米，四磴五孔，厚实坚固的青石立柱桥墩，历经几百年风雨侵袭和洪水冲刷，仍屹立如磐。

抬起目光，环望这片山岭葱翠、溪瀑喧腾的河谷，但见天遥遥、地邈邈，在险峻幽深的山岭沟壑间，从石桥两边延伸而出一条古道，蜿蜒起伏于杂木野草之间，时断时续显现着一段青石板铺砌的路面，残损的青石覆盖着泥尘苍苔，尽显岁月的沧桑和古道遗弃的冷落寂寥。

其实，近年来安和"第一桥"声名鹊起，让世人关注侧目的，是早在100多年前，就有一个美国传教士和它结下了不解之缘。2018年6月，"珙县旅游"公众号发布了一篇题为《一百年前在珙县住了20年的美国人》的文章，引起了世人的广泛注目。这个美国人名叫葛维汉，1911年作为传教士到了四川，是个"中国通"。这篇文章里讲，葛维汉在宜宾期间，多次跋山涉水来到珙县，赠送书籍、篮球、足球给王武寨学校；帮助学校修建运动场；帮助王武寨苗族学生到华西协和大学附中读书。同时，他在珙县油榨坪小学任过教，住苗寨，与苗族人有很好的关系。随着这篇文章还配发了一张葛维汉在川南山岭间行走时自己拍摄的照片。

这张100多年前拍摄的已显灰黄的黑白照片，主景是山岭溪河瀑布上横跨着的一座石礅桥，桥面上站立着几个留长辫、穿长衫的清朝老百姓，他们正怡然自得地面向镜头方向，显

❀ 安和第一桥

然和拍摄者有某种神情的交流，他们就是葛维汉的向导和随从。从照片中山岭的地貌，石桥石礅的形状，溪河瀑布的流向，以及周围田亩和河坎的地形地貌来看，经过与现在安和第一桥的形状做认真比对，人们惊讶地发现，照片中反映的场景和石桥，当属胜天镇安和村第一桥。

葛维汉博士是一位博学的美国浸礼教牧师，曾经是华西协和大学博物馆馆长，在华西教授人类学、考古学、民族学和比较宗教学，他还是震惊中外的成都平原三星堆文明考古发掘的参与者和推动者。从葛维汉的人生轨迹看，他虽说是一个传教士，但更像是个民俗学家和考古专家，他多次到苗寨收集苗族歌谣和传说故事700多个，将其中659个译成英文，发表了《川苗的歌曲和故事》，由史密斯索尼学院于1954年出版。他尤其对神秘消失的白（僰）人具有浓厚的兴趣，撰写了科研文章《川南的"白（僰）人坟"》。

安和第一桥，有幸见证了一个博学多能而不畏艰险的美国传教士在中国大西南偏僻山区的科学考察经历。遥想100多年前那个风和日丽的时光，葛维汉一行路过安和第一桥，发现此处风景优美，而第一桥的独特名字，更让他充满浓厚兴趣，情不自禁拍照留念。

从安和第一桥出发，沿着蜿蜒的古道一路下行进入黄河口峡谷，便穿行在青山叠嶂之间，荫翳蔽日，满目苍翠。两列青山蜿蜒狭峙，如并伸着的两只手臂，怀揽着这葱翠怡人的一谷幽碧清凉。从草覆没，古道寂寞。一种苍凉的意韵，从脚踏青石板古道上发出的一声声沉厚的足音里悠然升腾，缭绕在整个空阔静寂的峡谷内，似乎有不绝如缕的赶早吆喝声、人马杂沓声、长途叹息声，从历史深处激荡回响。沿途会看到昔日羁旅行商之人在古道上遗留下的屐痕喟叹，一枚硕大的天然"玉印"巨石，印把触地，印面朝天，似在对这方奇特幽美的山水盖上无字天书的感喟。出了黄河口，地势豁然开朗，良田万顷，农房集聚，一片平坝地区的繁荣景象，便是长江边李庄镇的辖地了。

中国蚕桑之乡

高县蚕桑起源

"5000年中华文明是世界上唯一没有间断的文明。"与中国以种养为主的农耕文明差不多同时起步的蚕桑业是中华民族对世界文明的巨大贡献，是中华文化中灿烂的一颗明珠。从蚕桑文化到丝绸文明，从西北沙漠里的驼铃声声、西南崇山峻岭间的队队马帮到茫茫大海上的船队阵阵，西北丝绸之路、西南丝绸之路、海上丝绸之路承担了中华文化向外传播的历史使命。

四川是中国蚕丝业发祥地之一，素称"蚕丛古国"。在漫长的历史长河中，它经历了源于上古，兴于秦汉，盛于唐宋，停滞于元，恢复于明清的历史过程。民国时期，也经历了繁荣、衰落、复兴和凋敝。四川自古农

户、百姓多以栽桑养蚕、缫丝织绸为家庭副业。每岁收茧缫丝季节，社会经济活跃。蚕丝织品可用于折税抵赋，常为国家府库所藏。蚕桑丝绸不仅以其独特功能推动政治、经济的发展，成为社会生活不可或缺的一个重要内容，而且成为中国悠久辉煌文化的重要代表，对人类文明有着重要的影响和贡献。

中华人民共和国成立以后，四川蚕桑丝绸业的发展进入了新的历史期，逐步形成了桑、蚕、种、茧、丝、绸、服装、内贸、外贸、机械、检验、科研、教育自成体系，门类齐全，布局合理，品类繁多的外向型支柱产业，对发展当代四川经济具有重要作用。四川不仅成为中国最大、最重要的茧、丝基地和重要的丝绸产品基地，而且在世界丝绸业中占有相当重要的地位。

清嘉庆《四川通志》记载，古蚕丛氏墓在成都县西南隅，圣寿寺侧，金花桥东，在成都府西、双流县南、郫县、青神县皆建有蚕丛祠或丛帝庙、青衣庙。由是，后人多以"蚕丛"二字代表巴蜀，称巴蜀为"蚕丛古国"。古时巴蜀已有蚕桑起源神话，《太平广记》《搜神记》《蜀图经》等古籍皆有蚕神马头娘之说；以后演化为轩辕黄帝的元妃嫘祖始蚕治丝的传说，嫘祖被后人祀为"先蚕"圣母，这些神话反映出从野蚕到家蚕的始源。夏禹时巴蜀已有丝织品，"禹会诸侯于会稽，执玉帛者万国，巴蜀往焉"。

高县位于中国蚕丝业发祥地之一，素称"蚕丛古国"的四川南部，蚕桑起源于大约5000年前。在漫长的历史长河中，也经历了从野蚕到家蚕的过程，随着先民生活的定居，为了要取得更多的茧、蛹，先民开始将桑蚕家养驯化为家蚕，并且有意识地种植桑树，便开始了蚕业。历史上，

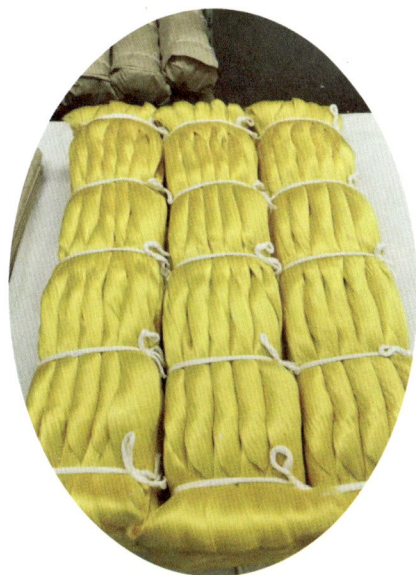

❋ 高端丝产品

高县蚕桑业的起源更多的还是受外来技术输入的影响，人皇时代（约公元前21世纪以前），蜀山兄弟九人分理九州，梁岷之域是其一州。按高县所处地理位置，虽属梁岷之域，且古民族僰族人的悬棺墓在嘉乐、罗场、四烈、胜天等地尚有遗迹，足以说明高县蚕业开启跨越千年。据清《庆符县志·艺文志·浴蚕》记载："衣裳始上古，教织自西陵。考礼妇功童，浴蚕绩事兴，化生喜温暖，浣濯避严凝。盆漾柴灰水，匀齐时可乘。"这意思是说高县蚕桑起源于上古，技术属西陵氏嫘祖一脉，高县和嫘祖故乡盐亭县同属四川省，相距两三百千米，这就为蚕桑技术在这一地区的传播和学习提供了条件。第一代古蜀王蚕丛"教民蚕桑"，也极大地促进了这一地区蚕桑业的发展。三国时期，诸葛亮在蜀国大力发展蚕桑，诸葛亮南征曾驻军高县，也带来了成都平原的蚕桑技术。比公元前2世纪张骞通使西域开辟的"西北丝绸之路"还早上2个世纪的"西南丝绸之路"的形成，更是促进了高县蚕桑产业的形成和发展。

高县蚕桑发展历史

新石器时代至秦汉 蚕桑丝绸生产在新石器时代中晚期出现以后，发展十分缓慢。大约在公元前22世纪末至公元前21世纪初，中国第一个奴隶主统治的国家政权——夏朝建立，中国由原始社会进入奴隶社会。以后经商代、西周、春秋，直至公元前475年出现秦、齐、楚、燕、赵、晋等国鼎立的局面为止，在约1500年的时间内，中国处于奴隶制的历史发展阶段。这一时期，社会生产力和科学技术有了明显的进步。农业、手工业加速发展，青铜工具逐渐取代原始的石器、木器、骨器工具，农田水利灌溉初具规模，农业产量逐步提高。在这种情况下，蚕桑丝绸生产普遍兴起，成为社会生产和整个国民经济的一个重要组成部分，养蚕、缫丝、织绸和染色技术也都有了明显的提高。

古籍记载，岷江一带气候温和、雨量充沛，野生桑寄生蚕很多。原始社会中，有个氏族叫蜀山氏，从自然界中认识到蚕的茧可以抽出丝缕做成绢帛，作为蔽体和御寒之用，因此就收集蚕茧加工利用，并逐步将野蚕驯化为家蚕。《史记》记载，黄帝元妃西陵氏之女名嫘祖，教民养蚕，并传授其法于西陵国（今四川盐亭县）。

高县境内在公元前三四千年的原始社会晚期，就有先民在此繁衍生息。南广河流域已发现的大量文化遗迹，高县境内已发掘的古人类打制并使用的砍砸器、磨制的石斧、夹砂陶片、瓦片等人类史前生产生活器具，证实了最晚在新石器时代先民在高县境内活动的史实。高县是天然形成的小蚕区，野生桑在这里分布很普遍，至今在原四烈乡、羊田乡等乡镇仍有生长。那时的高县先民主要是利用野桑饲蚕。

至战国时期，蜀中织锦业已渐兴起。蜀锦成为与西南地区各部族交换的重要商品。公元前316年，秦灭巴、蜀两国后置巴郡和蜀郡。自李冰担任秦国蜀郡太守后，不仅修建了著名的都江堰水利工程，还把处于川、滇、黔交界区域的"僰侯国"置为僰道县（含今高县），采用积薪烧岩的原始办法开凿五尺道。五尺道北起宜宾，途经高县，南至曲靖。因此，高县县城便有"乌蒙西下三千里，僰道南来第一城"之美誉。

汉武帝（前141—前87年在位）时，为了攻打南越国和加强对西南民族地区的治理，纳唐蒙建议，设置犍为郡（今四川宜宾），征发士卒修筑从僰道（宜宾）至夜郎牂牁江（北盘江）流域的道路，在司马迁的《史记》里称这条路为"南夷道"。"五尺道"和"南夷道"的开通，促进了西南贸易通道的形成，这便是南方丝绸之路。高县是南方丝绸之路东线的重要节点，贸易通道的形成给高县带来了植桑、养蚕的各种信息和技术，在一定程度上促进了这一区域蚕业的发展。

三国至隋唐 三国至隋、唐、五代的740年间，是分裂与统一交替、民族冲突与融合并存的历史大变动时期。东汉末年后，相继出现三国鼎立，两晋、南北朝近360年的封建割据和南北分裂局面。

由于三国时期中原战乱仍频，临淄、襄邑丝织业迭遭破坏，丝织业中心南移的一个中心便是巴蜀，这是中国古代丝织业的一次大转移。蜀汉财政困难，鼓励植桑养蚕，发展丝织业，诸葛亮提出"今民贫国虚，决敌之资，唯仰锦耳"，丝织业成为蜀政府重要财源，官吏俸禄、调拨军资、睦邻邦交和赏赐臣下多用蜀锦。并实行"暂息众设，专心农桑"的政策，郡守、县令均以劝课农桑为职守，促进巴蜀蚕业发展，巴蜀与齐鲁同为全国两大蚕业基地。

诸葛亮在《亮自表后主》中自称在成都"有桑八百株，薄田十五顷，子弟衣食，自有余饶"。相传诸葛亮在葛陌（今双流区境）亲自植桑800株，以鼓励官吏、百姓栽桑养蚕。其时，丝织品总称"缯帛"，按其织纹可分锦、罗、纱、缟、绢、绸、绫、绮等类，锦的配色已达四五色，并已采用金丝、银丝技术，在全国织锦业中独具特色。汉代精美名贵的织锦和刺绣，被誉为汉代丝织技艺的"双璧"。蜀汉置"锦官"监造绫锦，并设官营纺织机构，为朝廷和官府制作蜀锦及其服饰，民间则有大小作坊。成都是丝织生产经营中心，据《华阳国志》《水经注·江水篇》《四川通志》等史籍记载，成都江水濯锦则鲜明，濯以他江则锦色弱，故成都因此得名"锦城""锦官城"，江水曰"锦江"。蜀汉与魏、吴常处于战争状态，但魏、吴仍通过各种渠道购置蜀锦。"江东历代尚未有锦，而成都独称妙，故三国时，魏则市于蜀，吴亦资西蜀，至是乃有之。"随着蜀汉对云南、贵州的扩张，诸葛亮曾派锦工到今天的川南（含高县），滇黔苗、侗族地区传授织锦技术，故后世称其锦为"武侯锦""诸葛锦"。

两晋南北朝及隋代，蜀中在推行均田制时，计口授田，除男授80亩、女授20亩露田外，每人另给20亩永业田做桑田，对发展蚕桑生产起了积极作用。此时，巴蜀丝织品主要分布在蜀郡、广汉郡、犍为郡（高县属犍为郡）、梓潼郡、巴郡和巴西郡，其生产规模、织造技术、产品质地风格保持着秦汉三国时期的水平，平稳发展。由于隋王朝的奢侈，朝廷和官家加剧对丝织品掠夺，蜀中进贡大量绫锦织物，有的郡县通以本地所产绸帛为贡品和官员俸禄。南朝宋时，丹阳郡守山谦之从巴蜀招募织锦工百人，在宛城斗场建立官营的织锦工场"斗场锦署"（管理织锦机构），蜀锦技术由此远传江南。

唐末、五代时，四川地区还兴起了一种庙会形式的蚕市，市上桑苗买卖红火。史书记载，前蜀王王建曾登楼台观望蚕市，见买桑苗的人不少，对左右说："桑栽甚多，倘税之，必获厚利。"由此可见当时巴蜀地区蚕桑生产的兴盛。

唐代四川社会经济空前繁荣，带来了历史上蚕丝业的鼎盛时期。民间栽桑养蚕、缫丝织造蔚然成风。丝织业分布广，生产规模大，官营锦坊和民间丝织手工业均甚发达，织造技术高度发展，织物组织结构日趋复杂，纹饰精良，尤以织锦技术更臻成熟。唐宋时期的蜀锦，代表中国古代丝织技艺的最高水平，名满天下。唐初，蜀锦技艺从织纹、图案到色彩已有重大改革。至中唐，织锦从经线提花到纬线起花，从经锦到纬锦，是中国古代丝织工艺的一个重大突破。当时，蜀锦构图严谨，造型完美，以写实花鸟、禽兽以及斗雉、斗羊、翔凤、游麟等为主的装饰题材，纹样雍容华贵，成为唐代蜀锦的特征。印染技术也有很大发展，蜀锦染色达20余色，以红为主，所谓"蜀中绯色天下重"，使蜀锦纹饰繁茂，色彩鲜艳，独具特色。唐代丝织业分布已很广泛。益、蜀、汉、彭等州还盛产蜀罗（有单丝罗、高梭罗、白罗、黄罗和五晕罗等品种）。后来织金罗的出现，把织造技术提到新水平。当时官营的丝织机构，中央的少府监下辖织染署，宫廷内设"内八作"和掖庭局，专门织造宫廷用锦，两京及各大州设"官锦坊"。四川盛产丝织品的州，多设官营的绫锦作坊。唐高宗、德宗、宪宗年间，成都每年春三月在乾元观、龙兴观、严真观开蚕市，不仅交易蚕器、农具、花木、草药等货物，而且成为各行各业物资交流、道教活动和官僚富豪游宴行乐的场所。剑南西川节度使韦皋著有《蚕市文》。随着丝织业的发展，四川向朝廷贡纳的丝织品品类繁多，数量剧增，成为唐王朝的重要财源。《唐书》记载，益州以罗绸绫绢供春彩（彩帛），一次贡赋即调征彩帛10万匹。

宋元明清　宋、元、明、清时期进入封建社会的后期和晚期，封建人身依附关系逐渐松弛，农村佃农和城镇手工业者相对独立的个体经济有所壮大，社会分工和商品交换，文化科学技术和农业手工业生产力，都发展到了一个新的高度。在这一基础上，到明代中期后，终于在封建主义内部萌发了资本主义生产关系的胚芽。

由于五代战乱影响，四川蚕桑丝织业一度发展滞缓。北宋政权确立后，大力恢复发展农桑，四川农业和蚕丝业迅速恢复发展，栽桑养蚕、缫丝织绸几遍全川，丝织技艺达到新的高度，四川与江、浙同为全国三大丝织业中心，是继唐代之后，四川丝绸业又一繁盛时期。宋代，川中、川北地区兴起了以梓州为中心的新的丝织业中心，梓州已有机织户数千家。宋代四川丝织物有绫、罗、绸、缎、纱、绢等品类，织造精美，质地优良。北宋成都织锦艺人根据唐人"桃花流水窅然去，别有天地非人间"的诗意，创制出"落花流水锦"，在组织、图案、配色等方面不拘一定形式。随着丝织业的繁盛，宋代四川染色工艺也有很大发展，除开采使用丹青、石青、石黄、粉锡、铅丹等矿物染料外，农村种植红花、蓝草、皂斗、艾等植物染料，城市出现了专门出售染料的染铺。宋时四川开始用锦类丝织物装裱书画碑帖，这一技艺沿袭流传至今。宋太祖乾德四年（966年），朝廷从四川调200名锦工到京师创设"绫锦院"。神宗元丰六年（1083年），成都府尹创办"成都府锦院"，初有工匠80人，后发展到有机房127间，织机154台，工匠580多人，年产锦缎1500余匹。锦院组织严密，分工细致，工序严格，技艺水平相当高。南宋时，战马来源枯竭，高宗建炎三年（1129年），成都建立"茶马司锦院"，按购买战马需要织造绫锦衣被，折支马价。孝宗乾道四年（1168年），茶马司锦院与成都府锦院合并。从北宋乾德五年至南宋乾道八年（967—1172年）的200多年间，每年国库收入的锦绮等高级织物9600多匹，其中四川织造的约占20%。两宋及以后年代，成都及附近州县仍沿袭阳春三月开蚕市的习俗。苏轼在眉州著有《蚕市诗》："千人耕种万人食，一年辛苦一春闲。闲时尚以蚕为市，共忘辛苦逐欣欢。"

元、明两代，四川丝绸业基本处于徘徊、停滞时期。但元初历史上马可·波罗过高县一事让高县榜上有名。据《马可·波罗游记》记载，马可·波罗在1280—1285年，奉元世祖之命，到大理去协助处理公务后，返程时沿着南丝绸之路，经云南昭通、盐津，过筠州、高州、庆符，到达叙州，再折返成都，最后回到元大都复命。在游历经过叙州时，马可·波罗还有这样的发现："这里绸缎织造业也很发达，产品由一条经过许多市镇和城堡的河道大批地运往各地销售。人民完全以商业为生。"因此，800多年前的元朝，大旅行家马可·波罗沿着南丝路一路走来，发现沿途绸缎织造业很发达，印证了这条以丝绸为名的古道，曾经拥有的繁荣辉煌！

明初，政府实施劝课农桑和发展丝织业的政策，使四川蚕桑丝绸业有一定恢复发展。洪武年间（1368—1398年），朝廷规定：凡民田五亩到十亩者，植桑麻半亩，十亩以上者倍之，不种者交绢一匹；屯田士兵每人种桑枣百株。这些规定，促进了四川茧丝的发展。

清代实行农桑并重国策，鼓励发展蚕桑，屡有劝课农桑谕旨。乾隆、嘉庆、道光、咸丰年间，四川州县官府大力提倡栽桑养蚕，发展丝织业，使蚕业迅速恢复发展。"蜀中墙下树桑，宅内养蚕，习以为常。"

清代四川蚕桑分布较广，川北明隆庆郭子章《蚕论》、万历章潢《图书编》、清嘉庆年间《华阳县志》卷四十二、清乾隆李拔《蚕桑说篇》皆有记载。川北的阆中、南充、西充，川西的成都、华阳、双流、温江、大邑、邛州，川南的宜宾、内江、仁寿、井研，川东的巴县、江津、长寿、万县、忠县等州盛产蚕茧。光绪版《庆符县志》卷五十二物产志中载："木之属有松、柏、楠、杉、槐、桐、柳、桑、椿、柘、棕、樟、闰楠、青冈、冬青、白杨。虫之属有蚕、蛾、蜂、蝶、蛙、萤、蝉、蝙蝠、蟋蟀、蜻蜓、促织、蜗牛、蜥蜴。"同治版《高县志》卷之五十一物产志中载："货之属有棉花、棉布、苎布、茧、丝、土纸、桐油、菜籽、瓜子、岩蜜、蓝靛、落花生。"高县蚕业有官方文字记载的历史有400多年。《庆符县志》记载："葛楚士，湖广施州卫拔贡，明万历三十五年（1607年）

任县令，爱民好农，亲课农桑，自为勤学，明敏善断，邑人合宋公进儒，附入祀三公祠，名五公遗爱祠。"（引自《庆符县志·政绩志》清光绪版本第299页）注：宋进儒，陕西兰州人，万历四十年任县令，宽猛得体，治狱无冤，人有讼者，辄以礼论之，颂者之解，鼓舞生缠，邑人因祀五公遗爱祠（出处同上）。此外，《庆符县志》记载有雍正十二年（1734年）奉颁的《谕各官课农》，以及《天章而步武嗣饷》等，蚕业曾一度兴盛。

1840年鸦片战争后，国人力图自强，仿效西方，操办洋务，振兴实业，纺织业发展较快，加之洋货输入，刺激商品经济发展。在内外形势的影响和压力下，四川蚕丝业迈出自古属于农家副业和手工业工场的门槛，开始走上改良革新的历程。

清光绪年间，四川一些有识之士建立蚕业官方机构和民间组织，兴办蚕业学校和蚕事试验场，改革设备，改良技术，引进桑蚕良种，大力改良蚕业。1907年，浙江人周善培出任四川劝业道，力谋发展蚕业，通盘筹划，健全机构，延揽人才，兴办教育，改良技术，引进新苗，培育良种，设四川蚕务总局，自任局长，主持全省蚕政，各县设蚕务局，办理蚕桑推广工作；在成都设省立高等农业学堂蚕桑科及省立女子制丝讲习所，各县设蚕桑传习所；经周氏力主，四川总督、布政使、按察使将蚕桑一项列为各蚕桑县重要考绩之一。经数年建设，成效大著，后四川蚕业之迅猛发展。

中华民国 从清末到民国初期，蚕桑生产已成为四川农村主要副业之一，蚕丝成为四川出口主要产品。除成都平原因主要发展稻田，栽桑养蚕日趋减少外，蚕业主要分布近50个县。民国初年，在张澜倡导下，南充盛克勤、王行之创办"果山蚕业公社"，培养蚕业技术人才，实行栽桑、养蚕、制种、缫丝全套生产。1925年是民国时期发展蚕桑的一次高峰，全省蚕茧产量达到71.6万担，创历史最高水平。19世纪中叶，全省缫丝作坊和手工工场达2000余家，年产生丝6000余担，居全国各省厂家第三位和丝产量第五位，绸缎产量最高年达70余万匹。当时成都织机1万余台，机工4万余人，丝织品占全省总产量的70%左右。

20世纪初期，四川缫丝业开始从手工业工场向近代机器工业转化，从日本、意大利等国吸取先进缫丝技术，仿制或进口近代缫丝机器。20年代初，全省主要缫丝厂50家，30年代初发展到82家，有铁制缫车5996部，木制缫车7960部，其中19家装备近代机器（重庆10家，南充3家，乐山、万县各2家，三台、筠连各1家）。随着四川民族资本主义工业逐步发展，丝业界积极谋求发展，改革经营方式，实行产运销联合经营，以期增强企业竞争能力。

据民国版《筠连县成》记载："民国三十三年（1944年），四川省外销物资增产委员会第六蚕业督导区设于筠连玉壶井，主任廖涵秋主持筠、高、珙三县蚕业推广业务，并与筠连岚恒腾川丝厂合办指导所（当年改制），于筠、高、珙县境内分设催青室二所，共育指导室七所，指导蚕区四区，除督区人员外，有员工200名，由其推广股长吴龄延率同工作。当年春秋两季充价配发滇制春种500张和秋种300张。由于民间土种充斥，改良蚕推广阻力很大。督区曾与各县政府协商并同意，凡已订改良蚕种者，灭毁土种或土蚕，而以共育室三龄改蚕充价配发。由于强迫行事，又由于共育室农民不送桑叶，造成失败。"

民国三十三年（1944年），南充蚕校贺亚光老师曾到高县，任督区驻高县主任指导员，并在高县初级农校任教。民国三十四年（1945年），督区停办。民国三十五年（1946年），第六蚕业督导区奉命恢复，并扩大其业务范围为十县属。民国三十六年（1947年），四川省第六蚕业督导区改制设所，在筠连、沐爱两处设蚕桑指导所、仍受省府节制，接办蚕之业务。民国三十六年（1947年）秋，由六蚕区辅导成立四川丝绸公司筠连办事处（经理刘庶康），初期经营范围为筠连县、高县、珙县等县境，其业务限于散发改良蚕种与收购鲜茧两事。办事处设在筠连县城天上官庙内，仅兴建炕灶八乘，其所收鲜茧炕干后运往所属之重庆第一丝厂缫制丝。

民国时期特别是抗日战争以前，四川蚕业曾一度兴盛，1925年产茧71万余担，创历史最高水平。筠连县、高县、珙县3县在民国时期被誉为宜宾地区的老蚕区，但是蚕桑生产设备和技术水平却比较落后。《筠连县志》记载，筠连县1922年蚕茧产量曾达9600担，1929年首建腾川丝厂。1935年，四川年产茧量下降到13.5万担，1949年下降到9.8万担。筠连县1949年下降到2470担。高县、庆符县1949年产茧约250担。

高县蚕业从形成的蚕区来看，民国时期高县蚕区主要分布在原蕉村、龙潭、羊田、籁棚、四烈、龙泉、月江7个乡，这些蚕区一直保留到中华人民共和国成立以后，其余零星蚕区几乎分布于县境内各地，如四烈乡的木江队，原漤溪乡的滚驼队，胜天镇的新和四队，原趱滩乡的光明四队等，尚有树龄近百年的老桑。据1987年高县蚕丝公司编印的《高县蚕桑资源调查及区划报告》记载："在老蚕乡的龙潭乡操场坝队黄崇孝保存的一株老桑，据查树龄已达130多年，保存下来的这批桑树中，有一部分还是农民就地选择培育的优良品种，是我县选育地方桑优良品种的宝贵财富。"据钟崇敏、朱寿仁在1944年所著《四川蚕丝产销调查报告》，高县区可分为南、北二部：北部以城区为中心，罗场、落润、蕉村、嘉乐、趱滩等乡属之，其中以罗场落润为主；南部以沐爱为中心，吴家坝、高石灰、正舟、洛义、新场、鲤鱼槽、平寨、大地等乡属之，其中以沐爱、正舟、洛义、新场、平寨为主（该区域今属筠连县）。

✿ 高县蚕种制造中心

高县产茧量（1944年）

乡别	收茧量（千克）
沐爱	35000
大地	9000
鲤鱼槽	8000
洛木场	2000
沙坝	2000
乐义	3000
趱滩	2000
可久	1000
城区	1000
罗场	3000
新场	18000
吴家坝	6000
高石灰	6000
正舟	9000
平寨	20000
蕉村	9000
中兴	2000
龙潭	2000
嘉乐	1000
合计	139000

备注：庆符在月口一带约可收15000斤。

——摘自《四川蚕丝产销调查报告》（民国三十三年）

1950年后蚕桑大发展

蚕桑生产初步发展　今天的高县是由庆符县1960年并入高县而形成的。在基本完成社会主义改造的7年（1950—1956年），两县农业生产也迅速恢复和发展，粮食产量由1950年的5075千克增加到9280千克，净增82.85%。蚕茧产量由1950年的250担上升到530担，净增1.12倍。在开始全面建设社会主义的10年（1957—1966年），由于前期互助合作期间栽植的一批桑树投产，1957—1960年，两县蚕茧产量继续上升，1960年产茧1025担，比1956年增长93%。同时，还放养柞蚕和蓖麻蚕，局部地方开始了育苗栽桑和良桑嫁接工作，开展了技术培训。1964年，老蚕区6个公社培育桑苗439.7亩，1965年，由高县在庆符南屏（现石门）公社搞试点，着手发展新区，这是高县蚕桑生产发展的一个新的起点。

1965年6月，高县人委多种经营办公室向县委提交了《关于大力发展蚕桑、桐椪的意见报告》，并分析汇报说"我们按照省委工业、林业、轻工、粮食、外贸五个厅（局）党组关于大力发展蚕桑、油桐的意见"和县委"关于1965年发展多种经营生产意见"两个指示，就蚕桑、桐椪两项在重点队进行了调查研究，从分析的情况看："高县平坝、丘陵、山区都有历史上栽桑养蚕和种桐椪习惯，各具特点，潜力很大，对发展农副业生产，支援国家建设，巩固集体经济，增加社员收入，活跃城乡物资交流都有好处。"在1965年下半年，根据蚕桑发展的需要，县有关部门牵头，由高县城关西山农中与筠连丝厂、高县城关茧站签订开办蚕桑班协议，学生50人，毕业后分配于当时宜宾地区18个县（市）的蚕茧公司工作。

❋ 罗场马店村优质桑园

"文化大革命"的10年（1966—1976年），高县工农业生产同全国一样，虽然由于十年动乱未能取得应有成就，但总的还是有一定发展。1973年3月，省、地先后召开了蚕桑会议。为贯彻省地会议精神，高县于4月3日到6日在符江区召开了蚕桑会议，会前组织全县7个区33个公社的领导干部到潼南县参观学习。会后，当年全县有成效地培育桑苗677亩，栽桑200万株，其中罗场公社当年栽桑80万株。10月下旬，宜宾地区行署在隆昌召开有700余人参加的蚕桑会议，高县受奖的单位有仁爱三大队和长田、余家榜、大地湾、杨家林4个生产队。当年，高县掀起了继互助合作以后的第二次育苗栽桑高潮，为以后的发展打下了初步基础。1973—1976年，全县共调回桑种2809.5千克，累计育苗2811亩，累计新栽桑857万株。1976年，全县蚕茧产量达到1852担，比1965年的576担净增2.22倍。

十一届三中全会以后，高县蚕桑生产以历史上前所未有的速度向前发展。1977年省委在重庆召开了全省多种经营会议。高县根据会议精神，制定了全县发展多种经营的规划，计划到1985年生产蚕茧5万担，引起了地区主管业务部门对高县的重视。1978年，嘉乐公社党委根据省委会议精神，成功培育出桑苗120亩，栽桑90万株。为加快发展步伐，嘉乐、罗场两社在当年大面积搞桑苗秋播并获得成功。1978年12月下旬，地区行署在富顺召开蚕桑会议后，沙河公社党委向全社人民发出"要得沙河人民富，发挥优势栽桑树"的号召。沙河公社1979年大面积培育桑苗获得成功，栽桑250万株，开创了高县又一新蚕区。全县1979年育苗3280亩，产苗2100万株，新栽桑779.5万株，同时秋播育苗700多亩，产茧5542担，比1978年的2766担净增1倍。1980年，开始建设高县蚕种场，实现了当年建成投产，主要经营、生产、销售一代杂交蚕种，兼营蚕茧、蚕药、农副产品及技术咨询服务。

蚕桑基地县建设 1980年1月17日，中共高县县委作出《关于发展蚕桑生产的决定》（高委发〔1980〕5号文件）。1980年1月21—23日，高县县委召开了声势浩大的全县蚕桑生产基地建设会议，贯彻行署和县委《关于大力发展蚕桑生产的决定》，研究蚕桑生产基地县建设的规划和具体措施。1982年，高县实现了育苗突破万亩，产茧超过万担的计划，取得了高县蚕业发展上具有战略性的升级突破。在这整个发展过程中，县委、县政府始终把提高认识，加强领导作为开创蚕桑生产新局面的首要任务，正如县委〔1983〕15号文件所说，"认识的程度决定着蚕桑大发展的速度"。县委、县政府主要领导亲自深入社队做调查研究，几乎走访了每一个典型户、典型队，对区、社的工作进行面对面的指导。县委、县政府从仅有的财力挤出很大一笔资金扶持蚕桑发展，仅1982年为完成万亩育苗任务拿出的育苗补助款就达10万元。到1983年底，高县蚕桑基地县建设取得了巨大成绩。蚕茧产量由1978年的2766担上升到1983年的13563担，净增3.9倍，年平均递增98.07%。据1983年底全县的调查统计，全县保有桑树5778万株，其中投产桑1900万株，占32.9%。按栽植形式统计，"四边"桑占81.94%，成片桑占18.06%；按树龄统计，老树占0.8%，壮树占35.4%，未投产幼树占

❀ 中国优质茧丝生产基地

63.8%；良桑占保存桑总数的19.96%，占投产桑的60%。全县人均保存桑为147株，亩均125.7株。

1987年8月，县委、县政府批准，高县计划委员会以高计发〔1987〕53号文发出通知，批准兴建四川省高县绸厂。该厂属集体所有制性质，独立核算，自负盈亏，实行厂长负责制，归高县蚕丝公司领导。

1992年12月，高县人民政府提出，蚕桑生产是高县农村重要的支柱产业，按照中央发展高产、优质、高效农业的要求，有效促进全县蚕业蚕桑工作。据1992年底统计，全县有保存桑1亿株。县委、县政府决定，1993—1995年，发展小桑园3万亩，每年确保发展小桑园1万亩，以扩展全县规模型商品蚕业基地。

高县1993年开始扩大推广系列革新养蚕。年产千担以上的乡镇，年蚕茧收入在5万元以上的村民组，均确定了不少于10户的"全程系列革新养蚕示范户"，并在"三冬"工作期间，搞好"全程系列革新养蚕"户的设备添置、技术培训和1993年"全程系列革新养蚕计划"，搞好蚕桑生产服务体系的建设。以点促面，示范引路，狠抓专业户、重点户，培植示范户，以点带面形成规模经济。全县1995年新建或改建标准化蚕房1000户，推广系列革新养蚕2000户，发种1万张，春、秋、冬3季桑病虫防治面均达90%以上。从1995年开始，有计划、有步骤地实施方格蔟推广工作，选择有条件的地方，集中成片地推广，该年实现推广3000户、5万张，将全县蔟具改良提高到一个新的水平。1995年底，基本形成以县为中心、乡镇为实体、基地村为重点、示范户为基础的蚕桑技术服务体系。蚕桑技术队伍的组织建设、思想建设和作风建设得到加强，不断提高各级蚕桑辅导员的业务和素质技术水平，切实改变工作作风，服务蚕桑生产。乡镇蚕技站有专门的蚕药销售地点，有相应的服务设施，有村级蚕桑技术员网络，有固定的经费来源。

1995年，高县以深化农村改革为动力，加速建设"三高"蚕业，坚持打基础、上规模、抢速度、保质量、争效益、协调发展，加强基地建设，完善服务网络，增大科技含量，调整利益分配格局，逐步建立积累投入机

"新技术，新工艺"后加工
处理黄金彩色茧

❀ 黄金彩色茧

❀ 蚕桑基地一隅

制。1995—1997年，全县建成100个基地村，产茧总量达到5万担。从1998年开始，高县开始推广大蚕省力化饲养。认真落实完成省力化蚕台制作准备及共育室的规范完善，制作简易蚕台5000套。1999年完成5000套，全县的吊式蚕台推广取得了很好成绩。进一步规范小蚕共育室，小蚕共育逐步实行规范管理，保证共育质量。

蚕种生产是蚕桑产业的又一个关键环节，高县蚕种场进一步加强原蚕基地建设和管理，改善制种户生产条件和饲养水平，提高种茧质量。加快技改步伐，探索新的制种形式，扩大生产规模，逐步适应蚕农用种的数量、品种和质量要求，并积极稳步拓展县外市场，不断提高市场占有率，实现蚕种生产的高产、高质、高效，1995年生产合格普种15万张。

蚕桑特色产业县　自2001年开始，高县利用西部大开发的战略机遇期部署并实施2001—2005年蚕桑生产发展规划。把栽桑列为退耕还林、加强生态环境保护建设的重要内容，调整布局、中心发展、壮大基础、培植基地、依靠科技、挖掘潜力，把高县建设成高产、高质、高效益的优质蚕茧基地县。2005年，全县保存桑达1.2亿株，其中投产桑1亿株。根据各蚕区所处的地理位置、桑树资源、养蚕规模、养蚕水平、蚕茧流向、发展潜力等，把全县划分成南部蚕区、中部蚕区和北部蚕区。在各蚕区内依据各乡镇发种及蚕茧产量划分基地乡镇和非基地乡镇。2001—2003年，全县栽桑74848亩，7563万株，使全县新增保存桑达6000万株以上。

2005年，全县发种19万张，产茧10万担，单产达到26千克以上。建成万担镇3个，5000担镇（乡）5个，3000担镇（乡）9个；建成产茧千担以上村44个，产茧500担以上村84个。全县有15万亩土地种满桑树，亩均种桑达800株，大部分坡地被桑树覆盖，由于桑树根系发达，生长旺盛，保持水土，绿化山坡，成为高县一道独特、亮丽的桑林风景线，也成为高县"晒不死的农业"。在解决大批农村剩余劳动力的就业外，还带动高县旅游、机械、轻纺、化工及第三产业的发展，为县域经济发展注入了无限的生机和活力。

自2011年以后，高县紧紧抓住实施国家"东桑西移"战略和《四川省蚕业发展"十二五"规划（纲要）》的机遇，编制实施了《高县蚕业发展"十二五"规划》。该规划在综合分析评价高县蚕桑生产基础、优势和发展制约因素的基础上，按照客观自然规律和市场经济规律，提出优质蚕桑产业发展的基本思路、总体目标和任务，提出了蚕桑产业发展的重点建设项目及落实规划布局的对策措施。为在高县建立优质蚕茧生产基地和茧丝绸生产加工出口基地提供科学依据，为促进高县农业和农村经济的协调发展和社会主义新农村建设作出了巨大贡献。

自2012年起，高县以打造全国优质茧丝生产基地，全省现代农业产业强县（蚕桑特色产业县）为战略定位。根据高县国民经济和社会发展总体目标，结合本县实际，充分发挥资源优势，按照市场经济对农业自然资源合理配置要求和促进农业、农村全面进步，坚持农业资源的合理开发利用与生态环境保护并重的方针，通过政府引导，企业带动，农户参与，实现统一规划、合理布局，依靠科技，分步实施，产业联动。有组织、有计划、有步骤地进行优质蚕桑基地建设，把蚕桑生产与农业、农村现代化建设紧密结合起来，构建产业技术体系，实行标准化生产，转变农业发展方式。2015年，建成10万亩高效低碳循环蚕桑产业带。

不断加大对省级龙头企业的扶持力度，推行"公司+基地+农户""公司+协会+农户"或"公司+合作经济组织+农户"等经营模式，建立稳定的购销关系和经营机制。引导龙头企业投入资金提高技术水平、逐步扩大生产规模，壮大辐射带动能力。制定出台有关指导茧丝绸产业发展的政策，统一规划，合理布局，择优发展，重点扶持，走好区域性规模化生产、集约化经营的道路。培育了高县立华蚕茧有限公司，发挥龙头企业效应，以点带面，逐步推进茧丝绸产业发展。

中国蚕桑之乡 2019年，高县提出力促茶叶、蚕桑产业"种植面积、产业产值、行业品牌"3个全省第一的目标，制定和实施了《高县创建全省蚕桑产业第一县三年行动方案（2019—2021年）》。以建设打造"三基

四川新丝路茧丝绸有限公司 丝绸产业科技园

地、两园区、一品牌"，创建全省蚕桑产业第一县，打造中国蚕桑之乡为战略定位。"三基地"即30万亩优质茧基地、桑蚕良繁基地、百里茶桑旅产业示苑引领基地，"两园区"即现代农业园区、丝绸产业科技园区，"一品牌"即川丝品牌。以此加快现代蚕业转型升级发展，把茧丝绸产业打造成为100亿元产业，建成全省蚕桑产业第一县，中国蚕桑之乡为发展目标。

2020年9月28日，四川省蚕桑产业发展现场推进会在高县召开。会上，高县获中国蚕学会"中国蚕桑之乡"授牌。截至2021年，全县蚕茧产量21.1万担，桑园23.5万亩，年发种23.5万张，农业综合产值37.5亿元，经省、市两级确认，高县蚕业的桑园规模、蚕茧产量在四川省区县中名列第一位。高县桑园覆盖13个镇134个村的2.96万户9.53万名蚕农，有万亩蚕桑重点镇9个、千亩蚕桑专业村98个，蚕桑产值千万元以上的村35个。全县50个贫困村中有34个重点发展蚕桑产业，贫困户年人均养蚕收入达3041元，帮助1754户贫困户4809人顺利脱贫摘帽。

蜀南桑海

名称由来　高县先民历来就有栽桑养蚕的习惯。1949年，高县解放，1950年，庆符县解放，当时两县共产蚕茧250担。1960年，庆符县并入高县，高县作为传统农业县，历届领导班子非常重视蚕桑产业，下大力气狠抓蚕桑生产，把蚕桑作为高县农业的主要支柱产业来培育。到1964年，全县养蚕1581张，蚕茧产量达到1120担。"文化大革命"的10年，高县蚕桑尽管受到一定影响，但总的还是有一定发展，到1976年，全县蚕茧产量达到1852担。十一届三中全会以后，高县蚕桑生产以历史上前所未有的速度向前发展，1979年全县产茧5420担。1980年，高县拉开了声势浩大的蚕桑生产基地县建设的序幕，到1983年底，高县蚕桑基地县建设取得了巨大成绩，蚕茧产量由1978年的2766担上升到1983年的13563担，据1983年底全县的调查统计，全县保有桑树5778万株。

1983年5月，文坛巨匠阳翰笙回到故乡高县罗场，写下了充满浓浓乡情的《探望故园》，他触景生情地写道："遍野桑茶翠竹茂，满场亲友喜相迎。"自2001年开始，高县抓住国家西部大开发战略实施的良好机遇，把高县建设成高产、高质、高效益的优质蚕茧基地县。到2005年，全县保存桑达1.2亿株，发种19万张，产茧10万担。自2011年以后，高县根据国家"东桑西移"战略，编制实施了《高县蚕业发展"十二五"规划》，高县栽桑养蚕无论在规模、科技推广、蚕农养殖积极性上都大大提高，不断向蚕桑特色产业县迈进。到2016年，高县桑园面积达17万亩，桑树漫山遍野，这里成了桑树的海洋，因高县古称高州，高县人民便取名高州桑海。

2018年，国家蚕桑体系首席专家鲁成教授率有关专家到高县考察，看见这里一眼望不到边的桑树，因高县地处川南，四川古称蜀，附近又有蜀南竹海，便取名蜀南桑海。这一名称一经提出便得到县委、县政府的充分认可，得到宜宾市委、市政府的高度肯定，便把蜀南桑海的区域进一步扩大，涵盖了周边的筠连县、珙县、长宁县、翠屏区、叙州区，因高县2019年12月获中国蚕学会授予"中国蚕桑之乡"称号，2021年有桑园23.5万亩，蚕茧年产量21.1万担，年发种23.5万张，农业综合产值37.5亿元，经省、市两级确认，高县蚕业的桑园规模、蚕茧产量在四川省区县中名列第一位，仍然属于蜀南桑海核心区域。

　　形成过程　蜀南桑海的形成是一个漫长的发展过程。高县种桑历史悠久，有文字记载的历史距今已有400多年，大批量栽桑是从中华人民共和国成立后开始的。栽桑形式从"四边桑"、小桑园、大行桑到"一步成园"栽桑。在开始全面建设社会主义的10年（1957—1966年），利用前期互助合作全县栽植了一批桑树并投产，1957—1960年蚕茧产量继续增加，1960年产茧1025担，比1956年增加93%。同时，还放养柞蚕和蓖麻蚕，局部地方开展了育苗栽桑和良桑嫁接工作，开展了技术培训。1965年，全县仅有桑树55万株，年产茧量1120担。高县大规模种桑是在党的十一届三中全会以后，在全县广大干部和群众的努力下，高县蚕桑生产有了较大的发展。全县1979年育苗3280亩，产苗2100万株，新栽桑779.5万株，同时秋播育苗700多亩，掀起了高县第三次育苗栽桑高潮。1983年，新栽桑3100多万株。到1987年，金县保存桑已达5000多万株。1988年完成育苗3000亩，全县桑园达到5000亩。2001—2003年，全县共栽植"一步成园"8.6万亩，栽桑7563万株。2007年，高县承担了商务部基地建设项目，由高县立华蚕茧有限公司负责实施，当年全县有栽桑户8347户，新栽"一步成园"18330.3亩，栽桑1639.94万株。2010—2013年，高县承担了宜宾市10万亩蚕桑经济循环产

业带建设项目，夯实蚕桑发展基础，提升企业经济效益的同时，产生了良好的社会效益和生态效益，有力地促进了高县社会主义新农村建设。2013年，实施了"省级2012年支农资金（蚕桑）项目"，内容包括了万亩亿元示范区建设。高县经过6次大育苗大栽桑，形成了现有的规模化、产业化、标准化的蚕桑产业，获得了"蜀南桑海"美誉。

高县桑树资源

四川具有发展蚕桑生产得天独厚的自然生态条件，其地理位置、地貌结构、气象环境、水利资源、劳力资源及桑、蚕品种资源，均为栽桑养蚕提供了最适宜的自然条件。高县属亚热带湿润季风性气候，阳光充足，雨量丰沛，四季分明，土壤肥沃，含有丰富的磷、钾、钙营养元素，土壤呈中性偏碱，具有发展蚕桑生产的得天独厚的自然条件，成为天然的野生小蚕区。

四川地势、地貌、气候复杂多样，桑树品种类型多、分布广，是中国桑品种资源丰富的省份之一。20世纪30年代，四川省蚕丝改良场场长尹良莹与中央大学合作，请赵鸿基对全省桑品种资源做全面调查，确认四川省桑品种分布达130余个县，大体可分三大区域：小川北区、大川北区和川南区。高县属于川南区，主要区域包括成都平原数县和乐山、青神、井研、眉山、夹江、峨眉、犍为、洪雅、丹棱、宜宾、珙县、高县和雅安一带。此区域雨量较多，以白桑系的嘉定桑为主，成都平原及井研一带亦有部分鲁桑系的红皮湖桑和火桑等。高县桑树资源比较丰富，现有保存桑树中，可分为地方品种、引进品种和实生桑3个部分。地方品种主要分布在6个老蚕乡范围，约占总桑树量的1%；引进品种已遍布全县各地，约占总桑树量的20%；其余绝大部分系未经改造的实生桑。

中华人民共和国成立以前，高县蚕农饲养柘蚕（俗名土蚕）以柘叶做主要饲料，一般大蚕期改喂甜桑（桑叶），也有大小蚕都用柘叶的。目前还有零星柘树分布于高县各老蚕乡，因土蚕种灭迹，现在柘树资源没有利用。柘树的根系特别发达，发萌力极强，砍后又能长出新的植株，全身多刺或无刺，叶长椭圆形。柘桑生长势旺，抗干旱能力强，在瘠薄土地上栽植也能长得枝叶繁茂，柘叶桑蚕能食，但不易消化，食后常酿成严重蚕病。柘桑在育种和保留柘蚕品种方面，还有较高的使用价值。

高县地方桑品种已收集的栽培品种有瓢儿桑、上南桑2个品种和高1号、高2号、高3号、高4号、高5号5个单株，均系白桑系品种。此外，在四烈乡双河队还发现野桑品种。据目前观察，瓢儿桑、上南桑、高2号、高5号表现较优。在高县月江镇瓦堆村六组于有平门前的一株乔木桑，生物学特性与瓢儿桑相同，叶质较优，产叶量高，年产叶可达50千克以上，是当地群众所喜爱的优良地方桑品种之一。

在高县胜天镇新和村四组社员黄州甫家门口，有一株高5号树龄达到70年左右。宜宾地区曾于1981年开展全区范围的地方桑品种资源考察，1982年在高县蚕种场建立保存园、品比园，保存有宜宾地区地方品种资源材料49份［包括筠连11份，高县4份（高1~4号），珙县23份，屏山8份，纳溪1份，泸州市2份］，其中栽培型27个、实生型9个、野生半野生型13个。经调查，初步认为筠连5号、筠连9号、珙县4号、珙万年桑等长势旺盛，枝干挺拔，叶大叶厚，颜色深绿，树形优美，因此可以扩大繁殖，逐步推广。整个宜宾地区的地方桑品种资源会聚高县，并建立了品种试验基地，丰富了高县的桑树资源宝库，对高县良桑化进程起到了有力的推动作用。

高县有计划从外地引进良桑品种，是从1973年，即20世纪70年代出现的蚕桑发展高潮开始的，先后从省内各地引进部分良桑品种，在罗场、符江等乡建立起良桑穗条基地，通过3年的努力，基本达到穗条自给。伴随着嫁接技术的逐步革新（由高接到简易芽接到冬接），逐步扩大良桑品种推广的范围和规模。80年代起，由于对品种多样化的需求日益迫切，因而引进了较多的品种，使高县桑品种呈现出繁花盛开的局面。引进品种按其来源，有四川桑品种26个，江浙桑品种28个，广东桑品种4个，日本桑品种2个，共60个品种。

高县蚕区分布

清末民初，四川蚕业主要分布于三大区域：川北以顺庆（今南充市）、保宁（今阆中）、潼川（今三台）3府为中心，主要有南充、西充、南部、盐亭、射洪、三台、中江、绵阳、梓潼、剑阁、阆中、苍溪、仪陇、巴中、营山、蓬安、岳池等县；川南以嘉定府（今乐山市）为中心，主要有乐山、青神、井研、夹江、犍为、眉山、峨眉、洪雅、丹棱等县；川东以重庆府（今重庆市）为中心，主要有巴县、江北、合川、铜梁、大足、潼南、安岳、永川、江津、綦江等县。另有两处天然形成的小蚕区，一是下川东的万县、开县（今开州区）、梁山（今梁平）、达县、忠县等县，一是下川南的宜宾、筠连、高县、珙县、长宁、兴文、庆符等县；川西南的西昌、汉源、荥经等县栽桑养蚕也已不少。1930年前后，蚕业分布70余个县，产茧52万担，嘉陵江上、中游和涪江、渠江流域25个县，年产茧约25万担，占全省产量的48%；岷江、青衣江流域20个县，产茧约10万担，占19%；长江流域和嘉陵江下游21个县，产茧约12万担，占23%；其他区域各县产茧约5万担，占10%。

四川省蚕区分布情况表（1930年）

区域	县名
嘉陵江上、中游	西充、南充、蓬安、蓬溪、岳池、营山、南部、阆中、仪陇、苍溪、广元、剑阁、昭化、武胜
嘉陵江下游	巴县、江北、合川、璧山、铜梁、永川
涪江流域	三台、射洪、盐亭、中江、绵阳、梓潼、潼南、遂宁
渠江流域	渠县、广安、达县
岷江流域	成都、华阳、温江、新津、双流、郫县、灌县、崇庆、乐山、峨眉、青神、彭山、眉山、犍为、荣县、井研、仁寿
青衣江流域	洪雅、夹江、丹棱
长江流域	宜宾、屏山、庆符、高县、珙县、筠连、长宁、兴文、万县、云阳、奉节、忠县、开县、开江、梁山
其他区域	西昌、石棉、汉源、荥经、泸定

——摘自《四川省志·丝绸志》（1998年12月版）

四川盆地蚕桑分区表（1984年）

蚕桑区	县、市名称	县、市数量
盆中北丘陵蚕区	盐亭、三台、中江、射洪、遂宁、蓬溪、梓潼、剑阁、南充市、南充、南部、蓬安、西充、阆中、营山、仪陇、苍溪、内江市、内江、乐至、安岳、威远、资中、资阳、简阳、巴中、平昌、仁寿、井研	29
盆南丘陵蚕区	宜宾市、泸州市、泸县、富顺、隆昌、合江、宜宾、纳溪、南溪、高县、江安、长宁、璧山、江津、綦江、合川、铜梁、永川、大足、潼南、荣昌、岳池、广安、武胜、荣县、自贡市	26
盆东平行岭谷蚕区	达县市、达县、宣汉、开江、邻水、大竹、渠县、万县市、万县、开县、忠县、梁平、云阳、重庆郊区、巴县、长寿、江北、涪陵、垫江、丰都	20
盆西低山平原蚕区	成都市郊、金堂、双流、温江、新津、大邑、崇庆、郫县、新都、灌县、广汉、什邡、邛崃、蒲江、彭县、绵阳市、德阳、绵竹、安县、江油、乐山市、眉山、峨眉、夹江、洪雅、彭山、青神、丹棱、名山、犍为	30
盆周山地蚕区	雅安、荥经、天全、芦山、沐川、屏山、筠连、珙县、兴文、叙永、古蔺、石柱、武隆、南川、彭水、黔江、酉阳、秀山、奉节、巫山、巫溪、万源、城口、通江、南江、旺苍、广元、青川、平武、北川、西昌市、西昌、会理、会东、冕宁、宁南、米易、盐边、德昌、盐源	40

——摘自《四川省志·丝绸志》（1998年12月版）

　　20世纪40年代末，四川省蚕业分布仅30多个县，产茧较多的为南充、西充、南部、阆中、苍溪、仪陇、三台、射洪、盐亭、绵阳、梓潼、剑阁、乐山、井研、青神、犍为、铜梁、合川18个县。50年代后，老蚕区迅速恢复，新蚕区不断扩大，到1965年，蚕区分布达91个县，1978年分布达150个县，1990年分布达19个市、地、州的167个县（市），占全省县（市）总数的77.6%。

　　1979—1984年，四川省对蚕桑自然资源、经济条件和蚕桑生产情况进行了系统考察，编写了《四川蚕桑区划》，将全省蚕桑生产划分为盆中北丘陵蚕区、盆南丘陵蚕区、盆东平行岭谷蚕区和盆西低山、平原蚕区及盆周山地蚕区5个区域。高县属盆南丘陵蚕区，该蚕区包括宜宾地区的大部分、重庆市和南充市少部分共26个县为主，土壤肥沃，自然条件好，蚕桑生育条件较优，栽桑养蚕较普遍，是四川省蚕业主产区之一。1982年该区产茧65.64万担，占全省总产量的33.9%，年产茧万担以上17个县，新蚕区富顺县5万担以上，老蚕区合川县10万担以上。该区丘陵多，自然条件好，可利用栽桑的田边、地边、零星小块土地较多，气候宜桑宜蚕，发展潜力大。

1990年四川省产茧万担以上基地县（市）一览表

重庆市	江北	纳溪	市中区	井研	梁平	江安	营山
江津	长寿	德阳市	内江市	绵阳市	云阳	高县	南部
合川	成都市	中江	资中	市中区	奉节	珙县	阆中
潼南	金堂	广元市	威远	梓潼	巫溪	南充地区	仪陇
铜梁	自贡市	苍溪	隆昌	三台	涪陵地区	南充	达县地区
永川	富顺	剑阁	安岳	盐亭	涪陵市	武胜	达县
大足	荣县	旺苍	乐至	万县地区	垫江	西充	巴中
荣昌	泸州市	遂宁市	乐山市	万县	丰都	岳池	平昌
璧山	泸县	射洪	市中区	开县	宜宾地区	广安	凉山州
巴县	合江	蓬溪	仁寿	忠县	南溪	蓬安	宁南

——摘自《四川省志·丝绸志》（1998年12月版）

1990年，四川省产茧万担以上基地县达到64个，万担基地区45个，3000担以上的基地乡48个，2000担以上的基地乡203个。1990年，高县产茧4万担，名列宜宾地区第一名，第二名为珙县，产茧1.17万担。

1987年以前的高县蚕区分布　根据高县自然条件和社会经济条件，在海拔600米等高线以下地区为高县蚕业发展的最佳条件和最适宜蚕区。在这个适宜区范围内，再根据各地区蚕业发展的历史和现状，自然条件和社会经济条件，发展潜力和存在问题等不同情况，划分主产区、次产区、零星产区。

1987年以前，高县划分为4个一级区，分别命名为罗场怀远蚕区、符江蚕区、来复蚕区、月江沙河蚕区。在区内分别划分主产区、次产区、零星产区以及非蚕区。全县主产区包括龙潭、罗场、落润、陈村、羊田、嘉乐、石门、曲州、瓜芦、来复、庆岭、龙泉、大窝、漤溪、月江、福溪、福汉、胜天、沙河、麻柳、凤翔、复兴22个乡，次产区包括蕉村、籁棚、仁爱、怀远、四烈、贾村、红旗、双河8个乡，零星产区包括宋江、文江、腾龙、云山、趱滩、可久、翻身、世和8个乡，其余非蚕区包括清潭、白庙、红岩3个乡。

各蚕区1983年养蚕基数：22个主产乡发种27327.2张，产茧11485.96担，占全县发种、产茧量的85.22%；8个次产乡发种3225.3张，产茧1355.57担，占全县发种、产茧量的10.05%；8个零星产乡发种1347.5张，产茧566.33担，占全县发种、产茧量的4.20%。

2000年以后的高县蚕区分布　2000年，高县抓住国家西部大开发战略实施的良好机遇，把栽桑列为退耕还林，加强生态环境保护建设的重要内容，调整布局、中心发展、壮大基础、培植基地、依靠科技、挖掘潜力，致力于把高县建设成高产、高质、高效的优质蚕茧基地县，对高县蚕区进行了新的规划和调整。

根据各蚕区所处的地理位置、桑树资源、养蚕规模、养蚕水平、蚕茧流向、发展潜力等，把全县划分成南部蚕区、中部蚕区和北部蚕区。在各蚕区内依据各乡镇发种及蚕茧产量划分基地乡镇和非基地乡镇。

南部蚕区：包括罗场、蕉村、羊田（今属罗场镇）、落润、嘉乐3镇2乡，全部为蚕茧基地乡镇。地处县境南部，东与珙县孝儿、宝山接壤，南与筠连县海瀛接壤，西与云南盐津县保宁、兴隆接壤。有59村，496组，农户25938户，农业人口100530人，田52961亩，土58240亩，投产桑2709万株。1999年养蚕村55个（村均987张），养蚕组405个（组均134张），养蚕户12927户（户均4.2张）。年发种54289.25张（含原种1104.25张），占全县总发种量的43.5%；产茧23902.66担（含种茧779.5担），占全县总产量的45.5%；单产22.01千克，高出全县平均水平0.96千克（含原种）。此区桑树集中，养蚕形成规模，科技养蚕水平相应较高，有发种3000张、产茧1200担以上的基地乡镇5个，发种400张以上的基地村38个，1999年发种第1、第3、第5、第6位，产茧第1、第3、第4、第5位的乡镇以及6个产茧1000担以上村均在此区域。此区是高县当时重要的蚕茧基地。

中部蚕区：包括文江、趱滩（今属嘉乐镇）、仁爱（今属文江镇）、庆符、贾村（今属庆符镇和庆岭镇）、可久、翻身（今属庆符镇）、四烈（今属庆符镇）、濂溪（今属来复镇）、来复、庆岭、大窝（今属来复镇和庆岭镇）、复兴6镇7乡，其中庆符、可久、翻身、濂溪、大窝、复兴为1999年基地乡镇。地处县境中部，东与珙县巡场接壤，西与原宜宾县双龙、凤仪、复龙、义兴、冠英接壤，北部与翠屏区日成接壤。有152村，1248组，农户59868户，农业人口224143人，有田93790亩，土121154亩，投产桑2947万株。1999年养蚕村138个（村均393张），养蚕组1113个（组均48张），养蚕户16872户（户均3.2张）。年发种54188张，占全县总发种量的43.4%；产茧22475.68担（含种茧52.95担），占全县总产量的42.8%；单产20.74千克，比全县平均水平低0.31千克。有基地乡镇6个，基地村64个。此区面积辽阔，桑树基础较南部相对薄弱，发展分散且不平衡，未形成规模，养蚕水平较低，养蚕收益和积极性不稳定，是高县当时蚕桑发展的重点。

北部蚕区：包括沙河、月江、胜天3镇，都为1999年基地镇。地处县境北部，东与长宁花滩、铜鼓、三元、翠屏区云顶、绥庆接壤，南与珙县巡场接壤，西与翠屏区大益接壤，包括57村，467组，25404户农户，农业人口98222人，田58306亩，土27431亩，投产桑844万株。1999年养蚕村45

个（村均358张），养蚕组384个（组均42张），养蚕户6109户（户均2.6张）。年发种16127张，占全县总发种量的12.9%；产茧6130.4担，占全县总产量的11.7%；单产19千克，低于全县年均水平2.05千克。有基地乡镇3个，基地村21个。此区地理位置特殊，离宜宾市区较近，田多地少，是高县重要的水稻、禽类养殖基地。蚕农养蚕量少，养蚕水平不高，产量不稳定，收益不明显，时常因有其他项目而放弃养蚕，养蚕农户稳定性差。

蚕桑龙头企业

高县茧丝绸总公司 中华人民共和国成立之初，高县、庆符县关于蚕桑业的工作都由两县供销社负责。高县、庆符县历届领导班子都高度重视蚕桑产业的发展。1960年两县合并为高县后，更是下大力气抓，蚕桑产业发展很快，逐渐成为农业农村经济的支柱产业之一。为了促进蚕桑产业的更好、更快发展，从而促进高县国民经济的发展，经县委同意，于1980年7月成立了高县蚕茧公司（后改名高县蚕丝公司），把原来由县供销社负责的关于蚕桑产业的全部工作交给高县蚕茧公司负责。

1984年12月19日，根据川府函〔1984〕462号文通知："同意四川省蚕丝公司更名为四川省丝绸公司：各市（地）分公司相应更名。"川丝绸办〔1985〕字第012号文通知："各市（地）分公司相应更名为四川省丝绸公司××市（地区）公司；县（市）公司更名为四川省丝绸公司××县（市）公司。"1985年3月1日，高县人民政府将"四川省蚕丝公司高县公司"更名为"四川省丝绸公司高县公司"。

自1953年以后，高县陆续在各乡镇建设蚕茧收购站。随着高县蚕桑产业的不断发展，在高县所属区和乡镇开始设蚕桑管理机构，负责管理该区域的蚕桑业务，给农民提供种桑养蚕技术服务。1989年3月11日，高县人民政府办公室正式发出通知，撤销县政府茧丝绸办公室，进一步明确蚕丝公司管理体制。经县政府同意，为了搞好蚕桑生产的发展和加快茧丝绸生产加工体系的建设，决定县蚕丝公司为管理全县桑、茧、丝、绸的生产、经营、加工、服务的实体公司。对下统一管理两站、两厂、一场（蚕茧站、蚕桑站、丝厂、绸厂、蚕种场），厂、场的经济核算由公司确定。按政府分工序列隶属农委管理。

1992年5月20日，经高县人民政府批准，将高县蚕桑系所有企业整合组建高县茧丝绸总公司。茧丝绸总公司为生产经营一体化的全民所有制企业，依法从事法定范围内各项产品、商品的生产经营活动，受县政府委托兼有对高县蚕业生产的行政管理职能。

2002年5月20日，高县经济体制改革办公室批准了县丝绸总公司上报的《关于实施体制改革的请示》。原则上建议高县丝绸公司由事业单位改制、重组为有限责任公司，走股份制、规模化、集团化发展的改革思路。新企业股东会、董事会、经营层、监事会严格按照《中华人民共和国公司法》和企业章程组建和产生，履行经营管理监督职能。县政府继续大力支持新企业的发展壮大，新企业继续享受相关的优惠政策，切实做好企业职工思想政治工作，确保改革、生产两不误、两促进。

地方国营高县蚕种场　随着高县蚕桑生产的发展，对蚕种的需求量越来越大。1979年5月19日，高县革命委员会向宜宾地区行政公署上报《关于新建地方国营高县蚕种场的请示》。

那时宜宾地区不能满足蚕种需求，要向外区提种，与高速度发展的蚕桑生产很不适应。为了满足高县蚕桑生产大发展的需要，并多生产部分蚕种支援兄弟县市发展蚕桑生产，高县拟新建一个年产10万张蚕种的地方国营蚕种场。建场地点选在高县陈村农场，高县原有两个农场（符江农场和陈村农场），1979年地区五七干校从符江农场撤走后，高县决定把陈村农场搬至符江农场与符江农科所设在一起，有利于农业科研的协作。因此原陈村农场就可以用来兴建种场。所有国营土地170亩全部可以用来育桑养蚕制种。

1979年12月14日，省农业局川农蚕司〔1979〕036号文件转发省革委批准"关于建立隆昌、眉山等7个蚕种场的批复"的通知同意新建地方国营高县蚕种场。在接到通知后，高县计划建设委员会和高县农业局及时向宜宾地区农业局和计委报送《高县蚕种场基本建设计划任务书》和建设地址调整建议。经县委决定，在高县国营农场符江分场划出150亩土地建立国营蚕种场，除基建占地以外可建桑园120亩，土质属新冲积沙壤和老冲积黄壤土，土质肥美。1980年，高县农科所改为高县蚕种场，为全民事业单位，由省农业厅投资106万元，建设生产房4幢，建筑面积7000平方米，有桑园95亩，设计年产蚕种10万张。1981年生产蚕种15584张，1982年生产蚕种26960张，1983年生产蚕种41530张，1984年生产蚕种6.3万张。桑园内有地、县共同建立的品种保存园、品比园、品种繁殖园12亩，保存地方品种材料36份，省内外品种23个。

高县丝绸厂 1985年2月25日，四川省蚕丝公司高县公司提出了《关于新建高县丝绸厂的可行性研究意见书》。该意见书明确高县丝绸厂由高县蚕丝公司主办。拟引进日本津田纺织机50台，产品以生产真丝绸和真丝交织绸为主。以投放国际市场为主，产品类型为平纹、斜纹、缎纹、提花、各种变化组织的生织。熟织纲、丝麻、丝绢、丝粘绢麻交织绸，也可生产各种人纤、合纤绸。产品用途为服装、旅游、装饰，工业和国防用绸。生产品种机台有12012、12014提花双绉10台，机型KN170或150-2×1 10103乔其纱8台，14101素绉缎8台，11209电力纺8台，70305、70308软缎被面8台，机型KN170-2×2 70311织锦被面（色织）8台。KN170-4×4产品年产量为60.8万米。其中真丝绸（提花双绉、乔其纱、静电纺）为33.6万米，占55.26%；真丝交织绸（素绉缎、软缎被面、织饰被面）272万米，占44.74%，其中，平纹组织绸21.6万米，占36.53%，缎纹组织绸96万米，占15.79%，提花组织绸29.6万米，占48.68%。绉类织物32万米，占5.263%。色织物17.6万米，占28.95%，其他织物11.2万米，占18.42%。

1987年4月22日，经县政府决定，为了加速高县绸厂建设，从即日起成立高县绸厂基本建设指挥部。指挥部下设办公室、基建技术组、后勤设备组，办公地址设在蚕丝公司。6月8日，经县政府批准，为了尽快建设绸厂，振兴高县经济，同意使用怀远乡胜利村大道清村民组土地2.1万平方米。使用期间有关事宜，按《使用土地协议书》办理。7月30日，县政府明确高县绸厂属乡镇企业性质，在技术、原料供应和产品销售以及引进资金等方面，由蚕丝公司负责。高县绸厂建设总投资467.3万元，引资250万元，贷款150万元，自筹67.3万元。该厂于1988年建成投产。

高县丝厂　1985年3月3日，高县提出，高县蚕业具有悠久的历史、优越的自然条件，巨大的发展潜力和发展前景。在党的十一届三中全会精神指引下，高县蚕茧产量继续大幅度增长，成为宜宾地区最大产茧县，也是四川省58个产茧超万担的商品茧基地县之一。拟从兴办小型丝厂开始，迈出高县丝绸工业第一步。

1988年9月8日，继高县绸厂建成投产后，为了加快高县丝厂的筹建工作，高县人民政府成立高县丝厂筹建领导小组。高县丝厂筹建领导小组负责丝厂筹建的领导、规划、协调工作。9月10日，高县人民致府发出《关于建设高县丝厂的通知》，同意修建4800绪丝厂一座。高县丝厂的建设对促进高县茧、丝、绸事业的发展，振兴高县经济，有着积极的作用。高县丝厂筹建领导小组于1988年下半年完成了建厂选址工作，并立即展开建设。经过两年多的建设，于1990年下半年建成投产。

高县立华蚕茧有限公司　成立于2001年5月，是在原国有企业高县丝绸公司、高县蚕种场及集体企业高县丝厂、高县绸厂改制基础上组建的一家以种、蚕、丝、绸生产经营为基础的集团型企业，是四川省蚕业系统桑、蚕、种、茧、丝、绸生产体系健全的蚕桑企业。

高县立华蚕茧有限公司是四川省缫丝行业首批建立ISO 9001国际质量管理体系的企业。2003年12月获得蚕丝类产品自营出口权，2004年获四川省商检二类企业称号，系四川省和宜宾市农业产业化经营重点龙头企业，2007年被商务部批准为"东桑西移"工程项目建设单位。2012年被四川省确认为2012—2013年度"小巨人·成长型"中小企业和2011年度四川省农产品加工示范企业。

高县立华蚕茧有限公司管理机构健全，内部机构设置有办公室、财

务部、营销部、茧丝工程技术中心、综合发展部、蚕种生产部、蚕茧生产部、丝绸生产部。公司拥有14组自动缫丝机、6台粗丝机、80台织机和60台捻线丝加工设备。立足国内、国际两个市场着力建设营销网络，主产品销售率达100%。其中蚕种和蚕茧以内销为主（80%为自用），各种规格的生丝、双宫丝、捻线丝和绸缎以外销为主，主要出口欧美、印度市场。积极发挥产业龙头作用，积极探索建立"公司+蚕桑专合组织+农户"机制，积极推进产业化经营。2001年开始在全县推行蚕桑专业合作社，推广"合同蚕业"，由公司与入社蚕农签订"蚕茧生产收购合同"，承诺中准级保护价。"十三五"期间致力于"两个创新"：一是在经营上建立和蚕农更加紧密的利益联结机制的创新，全面实施"小蚕共育+仪评收购蚕茧"；二是在桑蚕品种、技能环保、智能化设备、信息化管理方面实现技术创新。全面实施"五大战略"，即业务组合战略原则、组织战略、人力资源发展战略、财务战略、企业文化战略，构建现代企业管理制度。

四川新丝路茧丝绸有限公司　成立于2016年12月，经营范围有桑蚕丝的生产、销售，蚕种制种，桑种、蚕种、蚕需物资的生产加工、销售、代购、代销业务，鲜蚕茧收购、生产、加工、销售，绸缎、绢纺及副产品

❀ 四川新丝路茧丝绸有限公司

❋ 智能缫丝车间

的生产、加工、销售，家用纺织制成品制造，蚕桑系列食品生产、加工、销售，工业口罩、民用口罩、特种劳动防护用品的生产、销售，经营本企业所生产的产品出口和所需要设备配件的进出口业务。经营范围涵盖了茧丝绸产业的全产业链。公司承担了全县蚕桑产业的基地发展、蚕业设施建设、科技推广、蚕茧收购和茧丝绸产品的初、精深加工等所有业务。

2018年销售收入15542万元，总资产14788万元，固定资产3400万元；2019年销售收入21981万元，总资产18312万元，固定资产3182万元。2018年企业实现利润总额1794.8万元，企业总资产报酬率13.75%，2019年企业实现利润总额2320.6万元，企业总资产报酬率14.23%。

四川新丝路茧丝绸有限公司注重品牌建设，以高质量发展理念全力打造蚕桑茧丝绸世界品牌。现注册"川丝"商标，涵盖蚕茧、生丝、绸缎、家纺等茧丝绸产业门类。拥有真空负压煮茧系统、煮茧机上茧笼的自动翻盖系统、桑蚕煮茧机加茧系统、煮茧机助剂添加系统、桑蚕煮茧机水温调节系统、复摇机升温加湿系统、一种缫丝机加捻装置、一种缫丝机蒸汽回收装置、一种缫丝机丝杆接头、一种甲醇燃烧加热装置10项实用新型专利，并全部转化到实际生产中。公司生产的"川丝"牌蚕茧质量达到生产

国家《生丝》标准AAAAA级以上生丝产品质量指标要求，其中有60%以上达到生产AAAAAA级以上生丝产品质量指标要求，成为高端蚕茧产品的代表；生产的"川丝"牌生丝质量指标达到AAAAA级质量指标，是高端绸缎生产的首选优质原料，深受客户青睐。公司是全省茧丝绸产业的高端联盟会员和全国高端丝价格联盟30家会员单位之一。

四川新丝路茧丝绸有限公司银行信用等级为A级，积极参与各项公益活动和帮扶贫困户增收脱贫。2017年为高县忠孝文化节捐赠30万元；2018年出资300余万元积极参与承办了"高县与世界的对话——世界著名学府百名精英走进高县南方丝绸之路"大型公益活动；2019年出资300余万元协助县委、县政府承办2019年的全国茧丝市场行情分析会；2018年定点帮扶贫困村高县庆符镇西江村，2019年新增加贫困村高县庆符镇泡桐村为定点帮扶村，通过技术培训、物资资助帮助贫困户建立蚕桑养殖的共育室，共投入帮扶资金10余万元。

四川新丝路茧丝绸有限公司注册的"川丝"商标，在市场有较高知名度。企业生产经营符合国家产业政策及节能、环保和质量管理等方面的要求。通过"公司+共育室+农户""公司+专业大户+农户"等利益联结机制形成产供销全产业链发展。年产能达到缫制国家生丝标准AAAAA级生丝产

❀ 生产车间

✳ 丝绸产品仓库

品以上原料3000吨，生产AAAAA级以上生丝600吨。产能、规模及效益在全省同行业中名列前5位，在全国茧丝绸行业中名列前20位。2018年度，被评为四川省茧丝绸行业"十佳"企业、2018全国茧丝绸行业"年度创新企业"、四川省节水型企业、四川省服务型制造企业、四川省高成长型中小企业、四川省科技型中小企业、宜宾市农业产业化龙头企业。整体实力、产品质量、新产品研发能力和技术创新与成果转化能力居省内同行业领先水平，对区域经济发展有较强的带动能力。营销网络健全，抵御市场风险能力较强。

四川新丝路茧丝绸有限公司在推动现代农业发展、农民持续稳定增收、促进县域经济发展和乡村振兴中都发挥了重要作用，在引领蚕桑茧丝绸产业高质量发展中发挥了龙头企业的作用。中国共产党四川新丝路茧丝绸有限公司委员会是2017年9月在原中国共产党高县立华蚕茧有限公司委员会的基础上成立的，现有党员60余名，下辖6个支部委员会，党员覆盖了蚕桑技术指导、生产及工业生产车间、管理等多个岗位区域，成为产业发展和依托产业带动农户增收的中坚力量，该党委多次被各级党组织评为先进基层党组织。公司以产业发展助农增收，助力乡村振兴，桑园覆盖全县13个镇249个村，主要集中在南部和中部地区，从业人员达10万人，其中50个贫困村中有蚕桑产业的贫困村34个，有1754个建档立卡贫困户依托蚕桑产业脱贫致富。

茶乡高县

　　中国是世界最早开始种茶、制茶、饮茶的国家。巴蜀区域是中国利用茶树和茶叶最早的地区。高县是巴蜀历史上的著名产茶区，中国茶叶原产地之一，著名出口红茶"川红"的故乡，有3000多年的种茶制茶历史。先后荣获全国商品茶基地县、全国休闲农业和乡村旅游示范县、四川省第一批名优茶生产基地县、四川省第二批现代农业产业基地强县（茶叶）、四川省现代农业重点县、全省无公害整体推进县、四川茶叶十大特色优势县、2019中国茶业百强县（序号35）、2019中国茶旅融合十强示范县、2020年四川茶业十强县、2020中国茶业百强县（序号24）、2021年中国茶业百强县（序号9）等荣誉。

茶源巴蜀

　　四川是中国利用茶树和茶叶最早的地区，茶树的原产地之一，是人类种茶、制茶、饮茶的发源地，茶文化发祥地之一。巴蜀先民很早就利用优越的自然环境和茶树资源，开始种茶、制茶、饮茶。高县迄今已有3000多年种茶、制茶史。

　　据古籍载，巴蜀地区自古就有野生茶树群落存在。三国《吴普·本草》引《桐君录》中有"南方有瓜芦木（大茶树）亦似茗，至苦涩，取为屑茶饮，亦可通夜不眠"之说。唐陆羽《茶经》中亦载："巴山、峡川有两人合抱者，伐而掇之。"至今在与云南毗邻的四川盆地边缘地区和古巴国地区仍有大量野生大茶树分布。有的野生大茶树群体可达2000多株。巴蜀地区野生大茶树主要集中成两片，一片是长江及其上游金沙江沿岸，包括涪陵、南川、綦江、江津、合江、叙永、古蔺、宜宾、高县、筠连、雷波、马边等县。这一带与黔北的大茶树分布区和滇东北的大茶树分布区连接成片，位于北纬27°～30°、东经103°～109°。另一片在盆地西部边缘的崇庆（今崇州市）、大邑、彭县（今彭州市）、都江堰、邛崃、荥经等县，位于北纬30°～31°、东经103°～104°。这两片野生大茶树原先是互相连接成月牙形的一个分布区，后来由于气候变迁、植被演替和人为干预等多种原因，其中有些地区的大茶树自然死亡或被砍伐，因而形成了现今的两大片。这里的大茶树是个复杂的群落，既有野生的原始型，也有从乔木演化到灌木的过渡型。宜宾黄山苦茶是四川野生茶树群落中野生的原始型种群。在野生原始型茶树的分布区内往往并生着许多冰川期的孑遗植物——银杉。

　　《华阳国志·蜀志》载，黄帝娶蜀山氏的女子为妃，生下一男婴。男婴长大后是"目纵"（双瞳），居岷山下的石穴里。他善于养蚕，因"教民蚕桑"有功，而被后人称作"蚕丛"，后成为蜀地的首领。汉扬雄《蜀王本纪》载："蜀王之先名蚕丛，后代名曰柏灌，后者名鱼凫。此三代各数百岁，皆神化不死，其民亦颇随王去。鱼凫田于湔山，得仙。今庙祀之于湔。时蜀民稀少。后有一男子，名曰杜宇，从天堕，止朱提（今云南省昭通市）。乃自立为蜀王，号曰望帝。"公元前1046年，杜宇率领部落人马参加了武王伐纣的战争，当时生活在今四川宜宾及云南昭通一带的少数民族，参加了周灭商的战争并立有战功，这一区域被封为"僰侯国"，这一带的少数民族此后被称为僰人。古蜀军队中出现采野生茶叶做祭品、药品和饮品。今高县区域当时属"僰侯国"地。

公元前316年，秦灭开明氏蜀国，蜀王随即南徙。在秦灭蜀国的过程中，秦人才知蜀人饮茶之事。因此，明末清初思想家顾炎武在《日知录》中就有"自秦人取蜀后，始知茗饮之事"的溢美之词。四川茶业发展在中国茶史上占有重要地位，在巴蜀文化发展史上形成了独特的巴蜀茶文化。

历史茶事

隋以前茶事

西周时，巴蜀已出现人工栽培茶树。文献中载有巴蜀地域茶叶发展情况。巴蜀是中国最早种茶、饮茶和市茶的地区之一。《华阳国志·巴志》记载："周武王伐纣，实得巴蜀之师，著乎《尚书》……武王既克殷，以其宗姬封于巴，爵之其子。其地东至鱼复，西至僰道，北接汉中，南极黔、涪。土植五谷，牲具六畜。桑、蚕、麻芝、鱼、盐、铜、铁、丹、漆、茶、蜜……皆纳贡之。其果实之珍者：树有荔芰，蔓有辛蜀，园有芳蒻、香茗、给客橙、葵。"说明僰地（含今高县）有茶叶产出。西汉吴理真在蒙顶山种茶，这是中国茶叶文献中最早有关人工种茶的记载。西汉神爵三年（前59年），王褒（今四川资阳人）的《僮约》文中有"烹茶尽具""武阳买茶"。武阳（今彭山新津一带）地区是西汉时期的茶叶主产区和茶叶商品交易市场。《华阳国志》载："什邡县出好茶，南安（今乐山）、武阳皆出名茶。""峨眉之白芽，以及雅州蒙山之五花茶、云茶、雷鸣茶俱为人所珍，且以诸蕃接壤，博马之用，大半取之于蜀。"此时期，巴蜀所产茶叶已成为重要商品，茶区不断增多，贡茶、名茶不断出现。

公元前316年，秦灭巴、蜀二国后置巴郡和蜀郡。自李冰担任秦国蜀郡太守后，不仅修建了著名的都江堰水利工程，还把处于川、滇、黔交界区域的"僰侯国"置为僰道县（含今高县），采用积薪烧岩的原始办法开凿五尺道。五尺道北起宜宾，途经高县，南至曲靖。因此，高县县城便有"乌蒙西下三千里，僰道南来第一城"之美誉。汉武帝（前141—前87年在位）时，为了攻打南越国和加强对西南少数民族地区的治理，纳唐蒙建议，设置犍为郡（今四川宜宾），征发士卒修筑从僰道（宜宾）至夜郎牂柯江（北盘江）流域的道路，在司马迁的《史记》里称这条路为"南夷道"。五尺道和南夷道的开通，促进了西南贸易通道的形成，这便是今天讲的南方丝绸之路。高县是南方丝绸之路东线的重要节点，贸易通道的形成给高县带来了种茶、制茶、饮茶的各种信息和先进技术，在一定程度上促进了这一区域茶叶的发展。

唐代茶事

唐代，巴蜀地区经济文化呈现繁荣之势。唐代之前，四川一直是全国茶叶经济的中心，种茶、制茶区遍及全川，茶叶初步形成了商品化、区域化和专业化，制茶品质享有盛名，形成四川茶业发展的兴盛时期。四川区域26个州产茶，今高县区域在其中。唐代陆羽所著的中国首部《茶经》中有17处论述巴蜀茶事，多次提及巴蜀产茶之优劣。唐李吉甫《元和郡县图志》、唐李肇《国史补》、唐沈括《梦溪笔谈》、北宋乐史《太平寰宇记》等论著，对巴蜀名茶均赞誉不绝。唐朝初期，为了加强对少数民族地区的治理，在高县区域置羁縻高州，下领3县：峒巴（治今高县可久）、移甫（治今高县龙潭）、徙西（治今筠连镇舟）。羁縻高州隶剑南道（治今成都）泸州都督府。羁縻高州的设置，不仅加强了中央王朝对这一区域的统治，更加强了这一区域的治理，也促进了文化的交流、经济的发展、茶叶产业各种技术水平的提高。

当时，以其制作方法独特而名闻天下的"泸茶"，即僰茶，茶叶生产当时是僰人（僚人）的支柱产业。据《太平寰宇记》卷《剑南东道七·泸州》记载："按《茶经方》，獠常携瓢具穴其侧，每登树采摘芽茶，必含于口，待其展然后置于瓢中，旋塞其窍，归必置于暖处，其味极佳。又有粗者，其味辛而性热，彼人云饮之疗风，通呼为泸茶。"而"每登树采摘芽茶"的记述，亦可见僰人善于培养茶树，历史悠久。在唐代李商隐《请留泸州刺史状》中记载僰人"作业多仰于茗茶，务本不同于秀麦"，也同样说明僰茶的悠久。高县区域（不含原庆符县区域）在唐代与今珙县、长宁、兴文等县较长时期属泸州府管辖，同时又是僰人聚居区。虽然"泸茶"独特的制作方法已经失传，但僰人善于种茶的传统却流传至今。

唐代中期，茶叶种植面积进一步扩大，从中国的西南（主要是巴蜀地区）一带渐渐向长江、淮河流域北移，产茶区域的扩大，加上茶叶加工技术的改进，大大促进唐代茶业经济的繁荣。正是在这种背景下，陆羽《茶经》问世。这是第一部系统介绍茶文化的专著，详细介绍了茶的产地、生态、采摘、制造、加工、煮饮等，是茶文化发展史上的一个重要里程碑。

煎茶是唐代主要的饮茶方式，封演在《封氏闻见记》中记载："开元中，泰山灵岩寺有降魔禅师，大兴禅教……人自怀挟，到处煎饮，从此转相仿效，遂成风俗，自邹、齐、沧、棣渐至京邑城市，多开店铺，煎茶之……"可见唐代煎茶已相当普遍，并出现了以煎茶为行业的商业活动。唐代的煎茶即把茶饼碾碎后，用罗筛筛选茶末，在风炉上架起茶镬，放入水，起火支烧，待镬中的水"沸如鱼目、微有声"（第一沸）时，即加入适量的盐花，待到"缘边如涌泉连珠"（第二沸）时，舀出一瓢水放入熟盂内以备救沸育华用；以竹夹搅拌茶镬中的汤水，然后用茶则量茶末入镬煎煮，等到"势若奔涛溅沫"（第三沸）时，将舀出的茶汤重倒回茶镬中，叫作"救沸育华"，目的是避免鍑中的茶汤过老。此时，即可用茶勺从鍑内舀出茶汤，酌入茶碗饮用。

唐代的茶政与茶马交易，自然是受到规模化的利益驱动，更是使得茶叶堂而皇之地进入政治领域，成为朝廷不可忽视的重要产业和国家战略。并在随后的1000多年里，成为越来越重要的政治、财政、文化、社会及生活领域的多领域重磅产业。唐代茶马交易的繁荣进一步促进了茶马古道的形成。茶之起源的古茶脉孕育了巴蜀茶文化中心（成都茶文化中心），茶与主流文化在江南的相遇及交融，则催生了江南茶文化中心，直至成为世界茶文化之巅！

宋元茶事

北宋时期，四川茶产量创历史新高。《宋史·食货志》记载，宋代中国东南地区的茶叶总产量为1153万千克，地处西南的四川茶叶产量达到1500万千克，占全国一半以上。四川地区的茶法别具一格。宋代，四川茶马贸易较之唐代更加繁荣，四川茶叶经济在宋朝政治、经济、军事上占有重要地位。中央政府正式与藏区建立起了"以茶易马"的互市制度，在今天的宜宾和长宁县就建立了2处茶马互市市场。今高县区域当时归淯井监（今长宁双河镇）管辖，说明当时高县及周边区域茶叶产量已达相当规模。

元朝时期，四川茶业发展不理想。元初，川茶的种植面积扩大，大茶园以成都、夔州（今重庆奉节）、泸州最为有名。元代，因财政需要，朝廷加大对茶叶课赋征收；重视以川茶贸易为主的茶马互市，其"四大茶仓"均设在四川。在榷茶制上，元朝对四川实行了有别于其他地区的"茶法"，推行边茶、腹茶的引岸制度；四川茶叶主要远销西北地区、藏区。此时期，高县茶叶属边茶产区。元代，西藏正式纳入中国版图，为发展西藏与内地之间的交通，元政府在藏区大兴驿站，于朵甘思境内建立19处驿站，从而使四川与西藏间的茶马大道大大延伸。

明代茶事

明朝特别重视茶在安定藏区、促进国家统一中的作用，政府制定了关于藏区用茶的生产销售、贩运、税收、价格、质量、监察的一系列法规和制度，抑制茶商投机倒把。实行"以茶驭番，联番制房"政策，对边销茶采取严格的限制政策，严重影响四川茶叶的种植。明永乐四年（1406年），茶产量从明初的500万千克减至232.5万千克。在茶马互市以及对藏族僧俗上层的赏赐中，明代川茶占有重要地位。陕西、甘肃地区的茶叶主要来自四川。

明洪武二十四年，朱元璋下诏废团茶，兴叶茶。从此贡茶由团饼茶改为芽茶（散茶），促进了炒青散茶的发展。据《明实录太祖实录》卷之七十七中记载："乙未四川茶盐都转运司言：碉门、永宁、筠连诸处所产之茶，名剪刀粗叶，惟西番夷獠用之，自昔日贩未尝出境，既非茶马司巴茶之比，宜别立茶局，徵其税，易红缨、氆衫、米、布、椒、蜡，可资国用。其居民所收之茶，亦宜依江南茶法，于所在官司给引贩卖，公私便之。今拟设永宁茶局一，曰界首镇，岁收茶一十八万八千斤。雅州茶局一，曰碉门，岁收茶四十一万一千六百斤；成都茶局三，曰灌州，岁收茶七千四百三十斤；曰安州，岁收茶万三千一百七十斤；曰筠连州，岁收茶二十九万六千二百八十斤。既收，则徵其什一于官。诏从之。"此段文字译文为：乙未日，四川茶盐都转运司说：碉门（在今天全县）、永宁（今叙永县）、筠连多处所产的茶，名叫剪刀粗叶，只有西番夷僚人饮用，以前的商贩未曾贩卖出境，不能与茶马司管辖的巴茶所比较，适宜另设茶局，征收茶叶税，将红缨、氆衫、米、布、椒、蜡与当地人民作交换，可以增加国家的用度。其当地人民所收的茶，也应依照江南茶法，在所在的衙门发给营业执照，准许其贩卖，这样对国家和个人都很方便。如今拟设永宁茶局，设在界首镇（今叙永县两河镇），每年收茶叶188000斤。设雅州茶局，设在碉门，每年收茶411600斤。设成都茶局，下辖3处：一在灌州

（今都江堰市），每年收茶7430斤；二是在安州（今绵阳市安昌区），每年收茶13170斤；三是在筠连州（今筠连县），每年收茶296280斤。在收茶叶时，征收1/10的税收到官府。皇帝下诏批准了这个建议。从上述这条史料记载来看，明朝初年在叙州府筠连县所征收的茶叶远多于安州、灌州等地。那时筠连县所辖的区域是比较小的，产不出如此多的茶叶，这些征收的茶叶中包括了今高县区域所生产的茶叶，也印证当时宜宾产茶量之高。

据《明太宗实录》卷二百四十四记载，"永乐十九年（1421年）冬十二月丙申……置叙州筠连县三岔口、高县江口、珙县洞门铺三巡检司"，表明永乐十九年分别在筠连、高县、珙县各设了一个巡检司。据清乾隆《大清一统志》卷三百二《叙州府二·关隘》记载："江口镇，在高县南四十里，旧有巡司，今裁。"以后的各种志书都据此引用，可知高县江口巡检司大致在清乾隆年间被撤销。高县江口巡检司位于今高县嘉乐镇趱滩场。趱滩在元朝时被称为"水落寡"，是南广河水势陡急的大滩口，昔日木船从上游到此不能再行船，需要将货物卸下用人挑着走下滩口，并将空船用绳拉着小心放下滩口，在下游装上货物继续行船，称为"搬滩"，这也是其被称为"江口"的由来。趱滩场曾设乡，于2019年并入嘉乐镇。

《明实录英宗实录》明英宗睿皇帝实录卷之一百一十六页记载："正统九年（1444年）五月，四川布政司奏，叙州府高县、筠连茶课司，茶不堪易马，连年收积无用事下。户部覆议以为宜裁革茶课司，其原收茶每一斤折钞一贯，准作官员俸粮，从之。"该卷二百一十又载："丙午，四川筠连、高、珙三县所产茶不堪易马，先命纳钞，民以不便为言，巡抚左金都御史李匡请仍旧徵茶，更请移文乌蒙军民府，民欲纳茶，亦从其便从之。"

清代茶事

《四川通志》记载："蜀自汉唐以来，生齿颇繁，烟火相望。及明末兵燹之后，丁口稀若晨星。"据统计，清顺治十八年（1661年），四川省在籍人丁1.6万户，人口仅存约8万人，全省人口数位列全国倒数第三位。经历大规模战事和频发的灾难后，川南"遗民百不存一"，叙州尤为凋敝，"虽十一县两厅（为宜宾、庆符、高县、筠连、珙县、兴文、长宁、隆昌、富顺、南溪、屏山县11县和马边、雷波2散厅），荒残者十居其八，稍可充邑者一、二处"。清代移民之前，由于人口凋零的原因，茶业衰落，茶叶处于"园荒户绝""农商俱废"的境地，"全线崩溃"，茶叶产业"归零"。移民运动兴起之后，大量移民涌入垦荒兴农，带来了改良后的茶苗和种茶技术。朱兰茶，据传为湖南移民带来的茶苗栽种，距今已有300多年历史。在带来茶苗的同时，移民还带来朱兰茶的制作技术，流传下来口诀："顶古山上阳雀茶，老树九黄当日花。瓦锅文焙叶香出，逐层薄摊把花加。"顶古山位于高县蕉村镇，这里诠释的就是朱兰茶的制作技术。茶叶"东山再起"，并得到了新的发展，"百叠葱茏披盛装，茶叶峥嵘冠众芳"的景象随处可见。

清康乾时期，对四川农业采取休养生息的政策，作为少数民族对汉民族也采取了"怀柔政策"，这种改良和让步，主观上是为了国家稳定，客观上使川茶得以复苏壮大，从而带来茶叶的复兴，对边茶制造业和边茶集散地市场繁荣发挥了重要的历史作用。到清朝末年，四川省的产茶县达到60个。根据翠屏区文史委编撰的《宜宾市翠屏区文史资料汇编》第六辑记载，清宣统年间（1911年），宜宾主要茶商号"复昌栈"就开始销售本地生产的红茶（红散茶）、细毛尖茶、沱茶、绿茶等，同时销往重庆、成都、武汉一带。光绪年间，宜宾形成了栈房街、走马街、土砑子、光复街等宜宾最早的"商业圈"。其间茶馆酒肆，座无虚席，通宵达旦，盛极一时。随着商贸的发展，南来北往的商贾充斥宜宾，商帮抱团，修建会馆，滇、鄂、川、豫、赣、陕、晋、皖、湘、苏、浙、闽等省商帮相继在宜宾建起了会馆约20座。商圈的发展，会馆的建立，皆因宜宾商贸。在宜宾商贸中，茶叶作为重要物资，扮演着"活跃分子"的角色。据史考，在光绪六年（1880年），宜宾茶叶交易已达10万担（1担等于50千克）。宜宾所产的茶叶受到商贾的喜爱，顺长江而下，走向"外面的世界"。

据川红集团资料记载，雷玉详为"川红工夫"红茶传统技艺创始人。清朝宣统年间，在福建省武夷山市星村镇桐木关一带经营茶叶等山货生意的宜宾县敬梓场雷家湾（新湾社）人雷玉详，因躲避战乱回到宜宾老家。同时带回了当时风靡海外的当地特产"正山小种红茶"产品及制作技艺。他回到家乡后，在高县可久镇高岭村和宜宾县观音镇红豆村选择了2个作坊，开始试制红散茶，用"正山小种红茶"工艺制作试销后发现当地四川一带不喜欢"正山小种"的松柴烟味，于是他将松枝加温萎凋改为自然萎凋，改松枝烟熏烘焙为木炭烘焙，形成了"川红工夫"（红散茶），初制工艺的雏形，且加工的茶叶带有特殊的橘糖香，产品一投入市场就备受欢迎、供不应求。

民国茶事

辛亥革命后，四川长期处于地方军阀割据混战局面，导致农村凋敝，茶叶生产不景气，茶农破产、川茶在藏区市场缩小，川茶业衰落。四川茶叶的引岸制几经兴废，但西路及南路边茶贸易仍固守引岸制度，当局均把川茶边贸作为经边措施，视引岸制为控制茶商、确保高税收的手段。民国初年，茶叶的引岸制严重阻碍市场开放及自由贸易，各省均废除引岸制，但四川、西康仍坚持引岸制。1938年，国民政府更改茶课为营业税，四川的引岸制才最终无形废除。该时期，川茶为政府征税的主要项目，地方军阀自行征税、税额变化无常，严重摧残四川茶业。民国初年，四川地方政府取消天全土引，纳入边茶类，边茶、腹茶均每票一张，纳银一两。1915年，西路边茶发放茶票3.6万张、南路边茶10万张、腹茶1.5万张，四川省总计共行茶票15.1万张，征税银11.5万两。繁重的茶税造成茶叶生产萎缩、茶商倒闭。1946年11月，康定直接爆发抗税事件，藏汉商民武装护茶出关，并取得抗税斗争的成功。

民国时期，四川茶叶先稳后衰，产茶县约95个。据国民政府四川省建设厅调查，四川茶园面积约为29.5万亩。《中国实业志》载，四川茶园面积为32.72万亩。四川及西康省政府采取实施茶叶改良计划，组织茶叶合作社，创办茶叶改良场、茶叶制造厂，发放茶叶贷款措施以挽救茶业，但川茶业衰落状况难以挽回。1949年，川茶园面积下降到21万亩，产量降至4950吨。从茶区看，面积有所扩大，按照茶叶品种、销售市场分为五大产区，即西路茶（正西路茶）、北路茶、南路边茶、下河茶（南路边茶）、东路茶。高县属下河茶（南路边茶）产区，此区域以川南的屏山、峨眉、夹江、马边、高县、筠连为主，系腹茶主要产区。据估计，民国时期，全川茶叶产量约为18万担（9000吨）。四川茶园的种植技艺、制茶工艺（烘炒、搓揉、踏袋）基本不变，腹茶边茶制法各异。川茶树的种类大多系大叶种，其形状有枇杷（大叶）、铁甲子（小叶）、绿芽、卵形叶、柳叶等。按制造方法和形态分类，川茶分红茶类（白毫、花白毫、毛尖、熙春红茶、金尖、金玉、金仓）、绿茶类（雀舌、雨前、春茶）、砖茶类（红砖茶、绿砖茶）、初制茶（毛茶、马茶即边茶）。

民国时期四川产茶县分布表

茶区	产茶县
川东区	奉节、巫山、云阳、宣汉、达县、万源、开江、开县、垫江、梁山（今梁平）、彭水、黔江、秀山、万县、涪陵、巴县、綦江、南川、铜梁、大竹、璧山、酉阳、石柱、城口、忠县、巫溪
川南区	隆昌、泸县、富顺、南溪、合江、江安、高县、兴文、珙县、庆符、古蔺、古宋、长宁、筠连、宜宾、威远、荣县、雷波、马边、屏山、峨边、彭山、雅安、名山、西昌、会理、峨眉、洪雅、眉山、丹棱、芦山、天全、青神、蒲江、大邑、夹江、犍为、邛崃、冕宁、乐山、荥经、叙永、宁南、纳溪、盐源、盐边、昭觉
川西区	江油、彰明、绵竹、灌县、彭县、崇宁（郫县的一部分）、什邡、平武、汶川、仁寿、北川、安县、双流
川北区	昭化、广元、通江、南江、广安、岳池、邻水、巴中、大足

——摘自《四川省志·川茶志》（2019年7月版）

20世纪30年代四川省各县茶叶常年产量估计

县名	产量（市担）	县名	产量（担）
北川	10800	犍为	1500
平武	1500	兴文	200
达县	500	筠连	2500
雅安	20000	高县	6000
天全	1700	合江	10000
万源	2000	城口	3000
峨眉	1050	绵竹	300
宣汉	200	屏山	2000
马边	955	邛崃	5000
灌县	16452	南川	500
荣县	214	荥经	10000
梁山	1320	夹江	500
綦江	1500	安县	1600
大邑	12000	合计	222624
青神	1500		

——摘自1937年7月《四川经济月刊》第8卷第38—40页

从上表可以看出，产量高于高县的仅有雅安、灌县、大邑、北川、合江、荥经6个县。

民国二十五年至二十八年（1936—1939年）南路边茶产量一览表

单位：担

县别	1936年	1938年	1939年
邛崃	5000	5000	5000
名山	2000	4500	3000
蒲江	40	—	1000
夹江	500	50	1000
峨眉	1050	2150	7000
犍为	1500	350	5000
马边	950	1600	5000

县别	1936年	1938年	1939年
屏山	2000	3700	3000
雷波	—	1800	2000
宜宾	—	2800	1000
高县	6000	1500	—
筠连	2500	3400	—
总计	21540	26850	33000

——摘自1944年《贸易月刊》

从上表可以看出，1936年，高县位于南路边茶产量第一。

民国三十六年（1947年）四川产茶各县情况调查表

县别	产茶地（亩）		战前每年产额（担）				民国三十五年（1946年）产量（担）			
	山地	平地	红茶	绿茶	外销	内销	红茶	绿茶	外销	内销
崇庆	1000	—	100	—	70	30	80	—	56	24
峨眉	3300	—	850	1200	1800	250	850	1200	1800	250
江油	74	13	9	—	—	9	10	—	—	10
兴文	140	80	54	6	—	60	570	8	—	165
巴县	240	—	100	—	—	100	120	—	—	120
蒲江	25	—	5	15	15	5	5	15	15	5
高县	1632	1467	—	3340	3340	—	2500	2500	—	—
忠县	90	20	—	450	390	60	—	460	410	40
万源	2800	—	—	1450	1200	250	—	1650	1300	350
奉节	100	—	5	—	—	—	5	—	—	—
开江	71	8	—	79	2	59	—	61	15	46
北川	2400	300	3000	—	—	3000	2500	—	—	2000
平武	13000	—	50000	2820	42820	10000	60000	38200	2000	28200
古蔺	2500	1100	—	760	50	710	—	8530	150	68

——摘自1948年《四川经济汇报》第1卷

从上表可以看出，1947年，高县仍是四川主要产茶区县之一。

1917年，四川民政长（省长，时称巡按使）陈廷杰在宜宾、崇庆（今成都崇州市）、筠连3地建茶厂，以宜宾为总厂，以新法制造绿茶，运往上海出售，获得上海人的喜爱。1945年，宜宾宝元通公司创办了宜宾宝兴茶厂，所生产的"宝兴茶"受到热销，除了在国内销售，还远销新加坡、印度。宜宾宝兴茶厂为后来生产"川红工夫"的宜宾茶厂的建设奠定了坚实基础。宜宾茶厂即为今天川红的前身。民国期间，宜宾买卖的茶叶主要有坝茶、沱茶、毛茶、花茶等。坝茶，形状扁如粑粑一样，一个小饼饼，主产于云南景洪县（今景洪市）。沱茶主要有永昌祥、茂延记、茂恒等牌名的沱茶。民国二十六年，王文钞和李声祥在栈房街卖筠连、高县、屏山的茶，第一销售成都，第二重庆，第三江津、泸县，每年销售8000担左右，总名称叫毛茶。

茶业发展

川红的诞生

中华人民共和国成立初期，百废待兴，急需恢复经济建设，毛泽东主席向苏联提出3亿美元贷款的请求。后来由于抗美援朝等支出，实际上，苏联在1950—1955年总共向中国提供的贷款超过13亿美元。贷款协定中规定，苏联将给予中国1%利率的3亿美元贷款，前5年以贷款总额的1/5交付，作为偿付购买苏联机器设备和器材之用，包括电力、金属与机器制造工厂等设备，探煤、探矿等矿坑设备，铁道及其他运输设备，钢轨及其他器材等；10年内以原料、茶、现金和美元偿还贷款及利息。

为统筹全国茶叶生产和管理，办理茶叶用于偿还苏联贷款和出口事宜，1949年11月23日，中国茶叶公司成立。1951年2月初，中国茶叶进出口公司西南区公司选定了筠连县、高县罗场乡、宜宾县古柏乡、万源县清溪乡、白杨庙乡以及贵州仁怀县茅台镇、赤水县黄荆乡7个生产红茶的基地。分别设立了7个红茶推广站，推广种植茶叶新品种，并推广红茶的制作方式，将茶叶制作由"绿"改"红"。可以说当时"川红工夫"茶是为国而制。

在西南区的 7 个红茶推广站中，宜宾就占了 3 个，分别位于筠连县、高县和宜宾县（今叙州区）。罗场乡站和筠连县站的站长都是复旦大学农学院茶叶专科第一届毕业生戴心铺，所以很多时候这两个站的工作都是共同开展的。1951 年 4 月中旬的一天，开始收购生产红茶的第一批鲜叶，戴心铺站长向高县和筠连县的 50 多个茶农演示了红茶制作中的揉捻和发酵过程。在推广红茶相关技术的同时，在高县、宜宾县及珙县、屏山等地大力发展红茶种植，当时生产的是红茶的初级产品红毛茶。1951 年秋天，宜宾各县产出的红毛茶运到宜宾后，在上渡口统一装船运到中茶公司西南区公司的所在地重庆，在重庆经过精加工后，通过水运到武汉上火车，一路北上经郑州、北京、沈阳、哈尔滨、满洲里出口到苏联。于是在 1951 年，一个新

❀ 第一批红茶在宜宾上渡口统一装船运往重庆

的茶叶品牌——"川红"就由此诞生了。

　　高县、庆符（1960年1月，庆符县整体并入高县）两县党委、政府非常重视茶叶生产，在县政府建设科内设茶叶技术推广站，指导茶叶生产，同时设立茶叶收购站，搞活流通。积极发放贷款扶持发展成片茶园，调动农民种茶的积极性，使茶叶生产在原有的基础上有了较大的发展。到1956年，两县茶叶产量达146.24万千克，比1949年增长46%。这个时期茶叶的生产体制是由农业生产合作社统一生产，统一分配。

　　1969年8月14日，高县在清潭公社召开茶叶生产现场会。这是高县第一次茶叶专题会议，共140余人参会，会期3天。会议学习了毛泽东主席"以后山坡上要多多开辟茶园"的指示精神，参观了清潭公社高岭大队联办茶场，提出了全县发展茶叶的初步要求。此次会议的召开，极大推动了高县后来的茶叶大发展。是年11月，罗场区借宜宾地区筠连茶叶会议的召开，组织了区、乡、村、组干部200多人，参加了"两省三县流动现场会"，参会者步行到筠连县和牛寨的东风茶场参观学习。会后，蕉村（当时属罗场区）的青坪村组织了600多人，奋战5天，在云盘顶开辟了100多亩梯式茶园，掀开了大发展的序幕，高县开荒种茶也进入高潮。

　　从1969年开始，高县开始兴办联办茶场（厂），实行分班定茶园面积、定人员、定成本、定贡献的"四定到班生产责任制"，适应了当时生产力和生产关系的发展水平，促进了之后全县茶叶产量和产值的连年大幅度增长，对全县茶叶的快速发展起到了重要作用。1973年，高县革委会成立了茶叶调研组，专门调查研究全县茶叶生产的经营管理、科技推广等一系列问题。10月8—16日，高县革委会在罗场区召开了全县生产队联办茶场（厂）工作会议。会议讨论通过了高县第一个茶叶生产文件《高县革命委员会批转高县农业局、商业局关于全县生产队联办茶场工作会议情况的报告》，从理论、政策、措施上为高县茶叶长期稳定发展奠定了基础。可以说，由公社办、大队办、生产队办等多种形式发展起来的联办茶场是这一轮茶叶大发展中的核心力量。1973年年底，全县有

963个生产队创办了138个茶场，分布在41个公社，有新式茶园1.05万亩，占全县总面积的70%。

当年全县茶园总面积为1.75万亩。在回忆和记载这段历史时，2019年7月出版的《四川省志·川茶志》用了近一页的篇幅记载高县的联办茶场："高县的联办茶场多且管理方式比较典型。1979年，高县建联办茶场166个，联办茶场的茶园面积共18773亩，投产茶园8244.7亩，总产值达164.28万元，亩产细茶和亩平均收入分别达65.5千克和200元……"

到1977年，全县茶园面积发展到3.2万亩，总产量突破2万担，成为全省重点产茶县之一。1982年全面实行联产承包责任制后，在茶场（厂）坚持统一经营和要求分户承包成了当时争论的焦点问题。在新的形势下，根据国家政策的调整，原来联办茶场（厂）的生产体制已不适应调整后的农业生产关系。为了进一步巩固茶叶生产，县委、县政府根据群众要求，组织200多名干部，集中了半年时间，深入调查研究，随后县委、县政府相继制订了关于茶叶生产的文件，对联办茶场（厂）的生产责任制、收益分配、税率等问题作了明确的调整和规定。在茶场经营上，因地制宜，宜统则统，宜分则分，实行统分结合的双层结营形式，并对茶场原来的领导、管理、分配进行"三改一建"：一改过去由村、组集体入股联办为折资计股到户，由拥有茶园股份的股东联办，茶场所有专业技术人员实行按股计劳，保证群众受益基本合理；二改过去以村、组干部主体组成的管理委员会为股东委员会，由股东代表民主选举正副理事长和茶场场长，场长承担经济承包责任，组织生产；三改由联办茶场对村、组分配为按股直接把土地分红、投资分红按规定的比率直接分配到户，专业人员的劳动报酬也直接分配到人，建立和完善集体承包责任制和相应的生产、财务管理制度。茶场生产实行统分结合的双层经营模式后，多数地区茶叶产量逐年增加，收入稳定增长。

高县茶叶生产发展情况统计表

单位：亩、担、万元

年份	茶园		茶叶产量		总产值	茶叶税收
	种植面积	投产面积	合计	其中：细茶		
1968	8000		3969	2557	30.9	12.36
1969	9000	3000	4479	2543	25	10.18
1970	12000	9000	4949	2917	35	14
1971	13000	9000	6527	3794	35.35	14.14
1972	15000	9000	6955	3932	45	17.98
1973	17500	9000	8035	4052	49	19.76
1974	23000	10000	8914	5054	57	29.98
1975	27000	11000	13000	7800	93	37.52
1976	30000	14000	15600	9800	112	44.92
1977	32000	15000	20022	13981	170	59.1
1978	40000	16000	24500	18298	240	80.89
1979	43000	21000	25300	20622	353	116.42
1980	43000	25000	30008	25486	517	137.11
1981	43000	28000	34190	28933	617.2	155.4
1982	43000	28000	38321	32486	670.92	155
1983	45643	30794	44226	33930	644.94	127.4

全国商品茶出口基地县

1958年，四川工夫红茶曾作为罗马尼亚高级礼品茶。1979年，当年生产的早白尖工夫红茶在4月10日即由宜宾茶厂精制成箱运往上海供应出口。5月中旬，沪茶司来电称："你省（9101）（9102）（即宜宾茶厂所制川红一级第一、二批茶）已全部成交，每千克7.32美元和5.65美元，对今年川红快制快运，谨致感谢。"同年，"川红工夫"茶在春季广州国际交易会上，以每吨7320美元成交，超过祁红售价的14%；宜宾"早白尖"工夫红茶品质优异，1985年荣获第24届优质食品评选大会金奖。1986年又在瑞士的第25届世界食品博览会上获得银奖，被评为中国红茶的名茶。

在20世纪70年代末到80年代，宜宾每年调往上海口岸的出口工夫红茶5000吨左右，创汇约500万美元，其中"川红工夫"茶即占80%左右。1985年，全市茶叶出口创汇高达841万美元，创历史最好成绩。1987年，全市外贸系统共收购出口原料茶10.973万担，（其中工夫红茶8.73万担，红碎茶1.76万担），调出口成品茶8.098万担，完成创汇587万美元，为工农业生产作出了积极贡献。宜宾的"川红工夫"茶已成为中国出口三大品牌（"祁红""滇红""川红工夫"）之一，畅销西欧、东欧及苏联等数十个国家。成为当时宜宾地区的创汇产业，宜宾生产的四川工夫红茶占全省80%以上、宜宾被赞誉"川红之乡"。高县生产的四川工夫红茶占宜宾的40%。2014年川红工夫红茶制作技艺成为四川省非物质文化遗产。

1974年4月，高县被四川省确定为拟建设的8个茶叶基地县之一。1982年，高县县委、县政府制定《关于八五年建成茶叶基地县的意见》，并明确了6条工作措施。1984年，县委、县政府决定建立优质红茶商品生产基地，由分管农业的副县长负责，成立茶叶基地县建设办公室，开展组织协调工作，推行产供销一体化，由农工商专业公司负责组织产品营销、筹集建设资金、改进制茶机具，推广科学种茶、制茶，初级加工配套建立精制茶厂，改造低产茶园等工作。1985年2月1日，县委、县政府邀请省内各茶叶科研院校和省地有关部门的专家、学者和领导共20余人到高县参加基地县论证，继专家论证会后，县政府向省农牧厅呈报了《关于请求在"七五"期间将我县列入商品茶叶基地县建设的报告》。1986年4月，高县被确定为四川省商品茶出口基地县，同年9月，高县被确定为全国商品茶出口基地县，当年，四川仅有高县和南川两县获此殊荣。截至1990年，全县茶园总面积达4200公顷，投产面积4066公顷；总产量达4167.95吨，其中细茶3190.95吨；总产值达1728万元，人均增收40.54元，上缴税金357.4万元。

1991年，高县茶叶流通结束了统购统销的经营方式，各生产加工企业依法经营，外来收购者到工商、税务部门办理采购手续，完清规定税费即可经营。茶叶市场放开后，竞争激烈，经营茶叶的个体户，仅罗场区就达45家。1992年，县委、县政府先后派人到省内外一些城市考察，对茶叶市场趋势和高县茶叶生产现状进行综合分析，制定了立足省内、拓宽省外销售市场的策略，分别到福建、湖南、浙江等地寻找市场，建立了购销关系，在新的市场和客商面前以名优茶提高知名度。1993年，高县开始实行"开发名优茶，红、绿并举，内外销结合"的策略，当年生产的绿茶3556.4吨、名优茶150吨全部销售一空。高县茶园面积达4333公顷，产量4628.75吨，总产值2727.8万元。

1994—1998年，受到自然条件、市场条件和生产成本的影响，茶叶市场疲软，高县茶叶产量、产值下降，产销两难，茶叶企业出现大量三角债务。针对这种情况，县委、县政府及时调整相关政策和扶持措施。一是持续推广良种茶园建设和改造低产茶园。二是加大补助措施，除对乡镇实行每担2元的奖励外，对每发展1亩新茶园补助50元，奖乡镇10元；每改造1亩老茶园，补助碳20千克，奖乡镇2元；每育苗1000万株，补助1万元。三是大力推进技术革新，聘请四川农学院、西南农学院、省茶研所等专家组成"高县人民政府茶叶科技高级顾问团"，先后编印《名优茶技术培训》《高县炒青茶绿茶工艺技术规范》《高县烘青绿茶工艺规范》《高县茶园管理规范》等技术培训资料，培训出上千名制茶技术人员，使每个茶厂都能生产1~2种手工名茶。四是加大宣传力度，大力推广名优茶，先后在四川电视台、四川人民广播电台、《四川日报》、《川南工商》、《宜宾日报》、宜宾电视台、宜宾人民广播电台及全国性刊物《茶叶新闻》《茶叶信息》《茶叶行情》上播出、刊登有关高县生产、基地建设等方面的文章、信息，宣传高县茶叶，吸引外地客商到高县采购茶叶。通过县委、县政府政策上的支持和引导，高县茶叶发展走出低谷，特别是各类名优茶畅

销国内外，开创了高县茶叶发展的新局面。

1992年，高县农工商茶厂生产的"翰园绿茶""翰园莹芽"和"菊花早"分别荣获四川省农牧厅"甘露杯"和全国"陆羽杯"名茶奖。怀远区的东山、文江茶厂生产的特级青云绿茶、早白尖朱兰花茶，符江游鱼茶厂生产的早白尖毛峰和沙河大鹅茶厂生产的翠屏玉叶等40余种茶分别被评为省、地名茶。1997年，高县峰顶寺茶业公司生产的"峰顶茗芽""峰顶银毫"均荣获四川省茶学会颁发的"峨眉杯"优质茶奖。1998年，罗场916茶厂生产的"翰笙翠芽"被评为"中华文化名茶"，七五茶厂生产的"金钱草茶"荣获全国"双新"博览会金奖。1999年，高县早白尖茶业公司生产的"早白尖"毛峰系列茶荣获省、市"优质名茶"称号，并通过农业部名优品牌认定。

中国早茶之乡

高县早茶的历史可追溯到唐代，据唐《膳夫经手录》载："惟蜀茶南走百越，北临五湖……自谷雨以后，岁取数百万斤，散落东下。"这里的"蜀茶"主要指川南产的茶叶，因独特的盆地气候，每年茶园开园比其他地方都要早许多。今高县区域（不含原庆符县区域）在唐、宋时期与今珙县、长宁、兴文等县长期属泸州府管辖，同时又是僰人聚居区，是僰茶（泸茶）的主要产区。当时，茶叶是僰人（僚人）特产的支柱产业，在唐宋时期便以其制作方法独特而名闻天下。

2008年、2009年，宜宾市政府连续两年在宜宾、成都、北京举办了"中国·宜宾早茶节"。2009年，中国茶业流通协会授予宜宾"中国宜宾·早茶之乡"的称号，同时，农业部在全国四大重点茶区规划中，将宜宾列入"长江上中游特色出口绿茶"和"西南红茶及特种茶"两个重点主产大茶区规划区域之中，"宜宾早茶"还获得农业部农产品地理标志保护的认证。高县茶业发展主动融入宜宾茶发展战略，并成为宜宾早茶核心产区之一、中国早茶之乡。高县茶园分布在产茶黄金地带——北纬28°，于每年11月封园，次年2月初开园，是同纬度地区开园最早的地方，比江浙一带提早20~30天。高县属亚热带湿润季风性气候，年平均气温18.1℃，降水量1021毫米，土壤pH值4.5~6.5，有机质含量高，80%的茶园分布在海拔600~1000米的丘陵山区，茶叶环保、质优、内含物丰富。

进入21世纪，随着统购统销经营方式的结束和市场的发展需要，高县在茶叶种植、生产、销售方面都需要改变原有方式，以适应茶叶生产发展的需要。县、乡两级都组建了茶叶生产办公室，积极推进民营化进程，注重培育龙头企业，以大连小，梯级联合，实施产业化生产，形成市场带龙头，龙头带基地，基地连农户的发展格局。2000年，高县启动茶叶绿色新产品工程，茶叶生产步入科学化、规范化、无害化的良性发展阶段。2001年5月，县委、县政府组织相关部门到名山县（今名山区）进行考察和调研，对高县茶业的发展提出了新的思路。2002年，引进名茶生产加工设备62台，开展机制名优茶培训15期，培训加工人员500余人次，开展机制名优早茶生产技术研究。通过大量的试制和探索，确保绿茶"三绿"（形绿、色绿、汤绿）生产技术的广泛应用和生产水平的提高。2003年，县政府对茶叶生产加大投入，利用以工代赈资金100万元用于茶园基础设施建设，安排333.33公顷退耕还林指标，享受荒山造林政策，对改造良种茶园和产业化建设给予现金奖励。同年，新建和改造良种茶园1459公顷，良种化率达29.45%。无公害茶园面积达906.67公顷。2004年，开始大力推广茶园机械化采摘技术，在文江镇、罗场镇、落润镇和原羊田乡、贾村乡、翻身乡区域实现机采、机剪，面积达1000公顷，大宗茶叶逐步实现机械采摘。2005年，针对茶叶安全，分别在罗场、羊田等乡镇开展无公害茶叶技术培训，实施茶叶标准化建设150公顷，申报无公害生产基地140公顷。早白尖、林湖茶业实施绿色食品基地建设1333.33公顷，有效地减少了化学农药的污染。

2008年，高县在茶叶基地建设模式上进行创新，以直接支持农户建设为主转变为直接支持企业带动农户建设为主，变政府主导发展为企业主导发展，实现了市场需求与农户生产发展相结合，提高了基地建设项目的质量。同年，早白尖、林湖、科毅茶业投入资金建设生产基地200公顷，全县新发展良种茶园556.67公顷，茶园总面积达6927.27公顷，其中良种茶园面积4127.20公顷，良种化达58%。在生产能力建设方面，县政府投入资金1200多万元，引进大型加工设备14台，名优茶加工设备108台，建立定点加工企业8家，进一步促进了高县名优茶生产。

中国茶业百强县

2013年以后，高县茶产业按"优化布局，强化科技，产业经营，做强基地"的思路，围绕建设现代农业产业基地，抓住打造四川省现代农业（茶叶）产业基地强县提升县的良好机遇，全力壮大区域特色效益茶产业。各茶叶加工企业在通过改制、融资、重组后，经营规模不断扩大，形成了一批专业的大型茶叶生产龙头企业，如早白尖、川红、峰顶寺、科毅等国家、省、市级龙头企业。茶叶生产企业的壮大和生产基地的发展，使高县的茶叶生产初步实现了优质高效，促使部分茶农实现了增收致富，也为地方经济发展作出了重大贡献。

在"品牌培育"方面，早白尖、川红、峰顶寺、云州、龙溪等品牌相继融入省级公共区域品牌和市级区域公共品牌，产品市场知名度不断提高。高县茶产品先后通过农业部无公害农产品、ISO 9001质量管理体系、ISO 22000食品安全管理体系、有机产品认证。有"红茶、绿茶、花茶、白茶"数十个产品在部、省、市多次获奖。

早白尖茶业有限公司的注册商标"早白尖""贵妃红"为"四川省著名商标"，产品先后通过农业部"三品"（无公害农产品、绿色食品、有机产品）认证。"早白尖"品牌曾获"国际茶博会金奖""全国供销合作总社名牌产品""西部名优农产品""第十一届'峨眉杯'金奖""优质品牌农产品""宜宾十大农业产品""四川十大名茶""四川名茶"和"四川名牌产品"等奖项和荣誉，是"天府龙芽"农产品地理标志使用企业，并列入"全国地方名优产品推荐目录"。

　　川红茶业集团有限公司拥有"红贵人""长江红""川红工夫""林湖"等系列产品，涵盖国内市场高、中、低各个消费区间，其中包括非遗技艺红茶、绿茶、花茶、馥香性红茶四大品类100多个产品。"林湖"牌产品被认定为四川省名牌产品；"林湖"商标被认定为四川省著名商标，"林湖"系列产品被认定为"四川省名牌产品"。2021年，公司出品的"川红·红贵人"产品获得"首届全国传统名茶产品质量推选活动特别金奖""四川省十大名茶""第10届四川国际茶业博览会金奖"殊荣。2022年，公司出品的"川红工夫"获得"金熊猫奖"，"川红·红贵人"获评"四川最具影响力茶叶单品"。

❁ 羊田万亩茶叶生产基地

峰顶寺茶业有限公司生产的"峰顶贡芽"在2012年5月一举夺得第一届中国（四川）国际茶业博览会金奖；2013年，"峰顶贡芽"在第三届川茶网购节走进宜宾斗茶活动中荣膺扁形绿茶"茶王"称号，被列入四川省地方名优产品推荐录；"峰顶黄金芽"在第二届国际茶业博览会上获金奖，同年获得"2013第三届中国川茶网购节最值得网友推荐的十款川茶新品"称号及第三届中国川茶网购节宜宾早茶"斗茶"川红工夫红茶季军；同年，高端红茶"千品一红"在第十二届"峨眉杯"优质红茶评比中获得金奖，进入市场后获得广大消费者一致好评；2015年，"峰顶黄金芽"红茶被评为宜宾名优特新农产品，"峰顶寺"品牌被确定为四川省著名商标。高县产"宜宾早茶"获百年世博中国名茶金奖。

云州茶业有限公司生产的"云州牌高县黄金芽"系列产品深受消费者喜爱，于2018—2023年蝉联"中国·四川国际茶业博览会金奖"，并获"2019年世界红茶产品质量推选银奖"和2020年首届"工匠杯"宜宾早茶天府龙芽特别金奖、"2021年四川名茶"、"2022年第十一届四川国际茶业博览会金熊猫奖"等多个奖项。

龙溪茶业有限公司的自主品牌产品"巴蜀金芽""石龙溪"于2017年1月通过了有机产品、绿色食品认定，列入"宜宾造"产品推荐目录。产品相继荣获"首届'工匠杯'天府龙芽·宜宾早茶评比特别金奖""第二届'工匠杯'天府龙芽宜宾早茶金奖""第三届'工匠杯'天府龙芽宜宾秋茶评比特别金奖"和"第四届'工匠杯'天府龙芽宜宾早茶评比特别金奖"。

2013年，全县茶园面积24.1万亩，其中良种茶园面积22万亩，良种化率达91%，茶叶总产量达9520吨。茶业总产值达11.5879亿元。其中，第一产业（农业）产值达3.9455亿元，第二产业（工业）产值达5.6244亿元，第三产业（商贸服务业）产值2.018亿元。茶品种不断优化，主要有福鼎大白、巴渝特早、名山131、乌牛早等品种，同时新推广安吉白茶、中茶108、中茶302、黄芽早、早白尖5号。建成1个年出圃优质茶苗2亿株的茶树

✿ 大雁岭
乡村振兴示范区

良繁基地、3个茶叶"万亩现代农业产业示范区"、1个全国"一村一品"（茶叶）示范乡；万亩以上乡镇5个，茶叶专业村26个，茶业产值千万元村7个。全县有4.5万户15万名茶农参与发展茶产业。全县有103家茶叶加工企业，其中省级龙头企业2家、市级龙头企业2家、县级龙头企业5家，有25个茶叶专业合作社、90户茶叶营销大户。

2022年，全县稳定茶园面积33万亩，产量2.78万吨，综合产值73.24亿元。已建成6个茶叶产业带、8个茶叶万亩亿元示范区、5个茶叶现代农业园区，以高标准园区引领茶产业健康发展。建成茶叶专业交易平台1个（长江源国际茶贸城），茶叶加工企业108家，其中国家级龙头企业1家（四川早白尖茶业有限公司）、省级龙头企业4家（宜宾川红茶业集团有限公司、四川峰顶寺茶业有限公司、四川龙溪茶业有限公司、四川云州茶业有限公司）。

2019年，高县获评中国茶业百强县（序号35）；2020年，高县获评中国茶业百强县（序号24）；2021年，高县获评中国茶业百强县（序号9）。

全国茶旅融合十强示范县

高县茶产业在决胜全面小康中作出了巨大贡献，也实现了产业的发展和升级。在乡村振兴中，高县茶产业也必将大有可为，作出新的贡献，同时实现产业新突破。坚持"科技领先、文化引路、政府引导、政策扶持、市场运作、龙头带动、精品市场"的指导方针，重点建设生态茶园基地和现代加工龙头企业，不断拓展市场、打造品牌，弘扬高县茶文化。以茶叶产业为载体，不断探索和突破影响现代农业发展的资本、技术、规模、人力等核心要素，大力发展茶旅结合，促进一、二、三产业融合发展，通过创新驱动，加速高县农业从传统产业向现代农业的转化，实现高县茶产业的"大整合、大改造、大扩展"，成为全省茶叶重要集散地和全国早茶产业中心。

突出"品种改良"，打造一流茶叶基地。在推进茶园良种化方面，以

✿ 部分茶企荣誉牌

农业部茶树良种苗木繁育基地建设项目为基础，以罗场镇中心村为中心，建设1个200亩的茶树无性系良种母本园及年产1.5亿株无性系良种茶苗的良繁基地。坚持外引与自繁相结合，加大对良种的培育、改良和推广。把主产区茶园基地建设纳入全县现代农业建设整体规划，安排专项资金，加大投入力度，确保新植茶园的种苗供应。发展一批5亩以上的专业户，50亩以上的专业组，500亩以上的专业村，1万亩以上的重点乡镇，鼓励各龙头企业都建立起自有的标准化基地，确保优质原料实现自给自足。加强茶园生态环境保护，推广"茶+杉""茶+桂""茶+银杏"等生态栽培模式，发展生态循环茶叶经济。建立茶叶投入品目录，严格规范茶园投入品的使用，全面推行茶园病虫无公害防治技术、统防统治技术，建立可追溯的农事记录，强化茶叶从业人员生态环保意识。

突出"品质提升"，打造一流茶叶产品。完善质量安全体系，把茶叶生产、加工、销售全过程纳入食品安全监管领域，实施质量安全风险监控，实现茶叶质量全程监管。建立健全全县乡（镇）级茶叶检验机构，建立茶叶质量全程追溯体系，推行"企业自检、主动送检、部门抽检"检测机制，加大产品抽检力度，防范和化解农药残留、重金属超标等问题。不断壮大龙头企业规模，加大对龙头企业的支持力度，使龙头企业成为沟通

农户与市场之间的桥梁和纽带，以"早白尖茶业"和"川红茶业集团"为核心，培育茶叶加工集群。积极引导、推动企业进行技术创新和产品创新，加快扩大全县茶叶龙头企业的生产规模，逐步提高其销售收入，实现龙头企业年销售收入不断递增。不断开发多元化茶产品，以市场需求为导向，不断研制新品种和新产品，根据不同的消费区域、消费群体和消费层次，积极开发高、中、低档的保健茶、茶饮品、茶点心等系列产品。

突出"品牌培育"，打造一流茶叶品牌。按照政府引导、市场运作的原则，支持优势企业创牌，擦亮茶叶商标名片，引导茶叶加工企业逐步从以量取胜的竞争中走出来，向以质取胜的方向迈进。积极参加全国早茶节和西博会，全方位塑造"早白尖茶"和"川红"等品牌，积极对外展示高县绿茶和"川红工夫"茶的独特功效和魅力，提升高县茶品牌的知名度。不断扩宽茶叶销路，鼓励茶叶企业和茶叶经销商开拓省内外市场。大力发

❋ 峰顶寺茶业基地

展各类流通和服务中介机构，培育壮大茶叶经纪人队伍，建立完善的茶叶销售网络，积极探索电子商务、代理、批发等新型流通业态。

突出"服务保障"，打造一流发展环境。成立了由县政府主要领导挂帅的组织协调机构，有力协调和解决产业基地建设等重大问题，整合各级财政投入资金，定期召开会议、分析情况、研究目标任务、制订具体方案和措施，致力于茶产业做大做强。充分利用林业用地开发茶园，积极引导茶园使用权流转，适度向专业大户集中。按照农机补贴政策，认真落实茶叶机械补助。新建茶园符合政策的可享受国家退耕还林补助。对新发展无性系良种茶园的茶农及茶叶企业适当给予种苗补贴，对从事茶叶生产、加工、销售的企业在申报农业产业化龙头企业时予以优先考虑。鼓励专业合作、股份合作、专业服务等多种形式的茶叶服务组织，为茶产业生产、加工、销售提供全过程服务。特别是考虑到农民在产业利润分配中获利少的现实，引导鼓励发展了一批专业合作社实行产业配套，确保了农民能够从茶叶产业化经营中真正受益。

大力发展茶文化旅游，积极推出以"观羊田万亩生态茶，走茶马古道；悟中国茶道，品早白尖绿茶"为主题的茶文化旅游品牌，将高县茶产业与休闲农业、旅游业有机结合，以观光茶园为基础，以茶区自然景观和历史文化景观为依托，以茶文化和民风民俗为内容，科学规划，精心打造，充实丰富观光、体验、习艺、娱乐、休闲等多种形式的茶文化旅游功能。2014—2019年，围绕精准扶贫、精准脱贫，科学规划，整合项目资金，打造了高县百里茶叶产业长廊、大雁岭田园综合体、蜀山茶海等以茶为主题的景区。各景区结合实际开发了观光茶园、采摘体验园、特色茶园、餐饮民宿等项目。2019年，高县获得全国茶旅融合十强示范县荣誉。2020年，蜀山茶海成功创建为国家AAA级旅游景区，大雁岭成功创建为国家AAAA级旅游景区。

茶区分布

　　高县属亚热带湿润季风性气候，阳光充足，雨量丰沛，四季分明；地形属丘陵地带，以低山、丘陵、平坝、中山为主，土壤肥沃、含有丰富的磷、钾、钙营养元素，土壤呈中性偏碱，具有茶生产的得天独厚的自然生态，高县大部分区域都适宜茶的种植。根据高县是农业部《全国茶叶重点区域发展规划（2009—2015年）》中"长江中上游特色名优早茶区域"的重点县，四川省委、省政府《优势特色农产品布局规划（2009—2015）》"川南名优早茶区"最大的基地县，2011年，制订了《高县"十二五"茶叶产业发展规划》，合理化布局高县茶产业。当时，全县茶园面积达到21.13万亩，已建成6个规模化的茶叶产业带和羊田万亩茶叶核心示范区，全县茶叶发展呈现1心带6带、6带驱1心的发展格局。

"916"茶叶产业带

　　"916"茶叶产业带主体部分位于罗场镇林湖村。中华人民共和国成立前，主要是采摘野生茶叶制作手工茶。1952年，全乡有茶树约8万窝，年产茶约4000千克。1956年，每户发展茶1000窝。1957年，每户发展茶1500窝。1962年，全乡产茶产量达7500千克。1972年，罗场举办"为革命种茶，用科学种茶"的培训班，培训班从茶叶特征、新茶园建立、茶园管理以及茶叶采制进行系统培训。1973年10月8—16日，县革委在罗场召开了全县生产队联办茶场工作会议。1975年11月，高县在罗场召开全县茶叶工作经验总结交流会。1976年4月24日，宜宾地区在罗场召开茶叶采摘技术经验交流会。1979年，产量达11.65万千克，其中细茶9.25万千克。新建茶园1000亩。1982年，时任四川省省长杨析宗参观指导罗场乡九一六茶场。

　　1987年，该区域的林湖、天堂、金塘、兴场、桐林、团结、新塘、走马等村大力开山种茶，促进茶业发展，产量成倍增加，并由手工改为半机械式作业，产量相应大幅度提高。1989年，茶叶总产量达18.01万千克，其中细茶1.69万千克。到1994年，该区域的茶叶生产企业有七五茶厂、九一六总茶厂、九一六分场、罗场民政茶厂，村办茶厂有林湖茶厂、天堂茶厂、金塘茶厂、兴场茶厂、桐林茶厂、团结茶厂、白云茶厂、新塘茶厂、走马茶厂，联办企业有宋源茶厂。1995年，茶叶总产量达46万千克，其中细茶31.9万千克。

2004年以后，由集体茶厂改制组建的四川早白尖茶业有限公司一年一个台阶，迅速发展壮大。公司下属有3个子公司和8个茶叶加工厂，员工710人，是农业产业化经营重点龙头企业，遍布全国20多个省、市，销售网点

500多个，产品远销俄罗斯、波兰等国家。2009年，该经济带联结农户2万余户，生态茶园基地达2.7万亩。对农户实行订单收购茶叶，收购鲜茶叶1000万余千克，实现销售1亿元，茶农年增收6000余万元。2013年以后，该区域主要的茶叶生产企业有四川早白尖茶业有限公司和四川高县林湖茶业有限公司及万贵茶叶产销经营部等近10家个体茶叶生产经销企业。自2014年开展精准扶贫以来，该区域坚持以茶带旅、以旅促茶、茶旅融合的发展思路，依托百里茶桑旅特色优势产业的发展，围绕茶业品种改良、品质提升和品牌打造，茶产业与旅游业相得益彰的茶旅一体化茶园已基本形成。

蕉村茶叶产业带

　　蕉村茶叶产业带位于蕉村镇境内。该区域多雨、多露，适宜茶叶生长，自古产茶，种茶历史悠久。民国时期，镇境农民多有种茶习惯，采摘茶叶初制毛茶，供城乡人民饮用。但多种于地边、洼地、沟埂、荒坡，规模小，品种单一，管理粗放，产量不高。茶产业大发展是在中华人民共和国成立后。

❖ 蕉村茶叶产业带

　　1955年，全乡（蕉潭乡）有茶树80万窝，年产茶叶3万多千克，产值5万多元，成立了19个制茶组，有茶农1126户。1956年5月20日，蕉潭乡开展半机械化茶场粗制茶，建立5个半手工半机械茶坊。当年茶品质提高12%，比上年增加14320千克，其中红茶原料3500多千克。1960年，茶园面积达960亩，产茶32043千克，收入42349.62元。1973年后，各生产队开始兴办联办茶场。1977年，成片种植梯级规格化茶园，成为全县重点产茶乡之一。1986年，茶叶产量达到5000担。茶叶品种主要有四川中、小叶和本地野生大茶树，以后引进云南大叶、茶梅占茶、蜀永号、福云三号、福云十号、榴顶大白茶。1989年，茶叶产量达到6972担，其中细茶6232担，产值247.9万元。1990年，蕉村全乡共有茶树5190万株，茶厂4个（青云、青坪、文治、石盘各1个），茶叶年产量310吨，其中细茶290吨。

　　2006年，全镇新引进乌牛早、平阳特早等优质茶品种，改造和新发展良种茶园。把该镇青云村作为最主要的茶叶良种繁育基地打造，整治青云村14千米村道公路，招商引资建名优茶厂，采用"公司+协会+基地+农户"的经营发展模式，加快茶产业发展。2008年3月28日，在成都召开的四川省首届茶产业科技发展峰会上，高县蕉村镇等10个乡镇被评为"四川省十大绿茶名镇（乡）"。

　　蕉村良种茶园示范基地以海拔800米的青云山为中心，辐射巩固、青坪、石盘、龙潭、万古村等。2009年改良老茶园2000亩；2010年改良老茶园2000亩，全镇茶园达到1.2万亩，全面实施标准化生产管理，平均亩产值达5000元以上，综合产值达1亿元。2013年，全镇茶叶面积达3.21万亩，产茶634吨。全镇16个村143个村民小组中有15个村106个村民小组种茶，茶农2.3万余人，茶叶已成为蕉村镇最大的农村支柱产业。

落润茶叶产业带

落润茶叶产业带位于高县落润镇境内，沿豆子山山脉的普照、振武、大楠、公益等几个村。中华人民共和国成立前，境内茶叶较少，主要是采摘野生茶叶手工制茶。

❈ 落润茶叶产业带

1959年，落润公社开始兴办集体茶厂。1963年，年产茶叶1025千克，其中红毛茶660千克；1968年，茶叶产量达1700千克。1975年，购进茶叶生产设备6台。1980年，全乡茶园506亩，投产434亩，产茶33720千克，其中毛红茶17180千克，毛绿茶1150千克，粗茶7045千克。1992年，该区域有茶叶生产企业4家。1995年，茶园面积1264亩，其中集体茶园346亩，户营茶园718亩，新建茶厂1家。从事茶叶生产人员700人，集中性劳动力251人，制茶人员60人，管理人员17人。从事茶叶生产的劳动力人均收入600元。生产能力150～250吨。1998年，振武村茶厂研发出了新茶"女山玉茶"投放市场，得到广大消费者好评。2004年，全乡有投产茶园1200亩，年产茶150吨。2006年，该区域加大对茶叶的深加工，新建精制茶厂1个、粗制茶厂10个，全乡茶叶产量160吨，产值280万元。2009年10月，四川峰顶寺茶业有限公司与公益村王道先茶厂共同投资140万元在公益村新建3条茶叶精加工线。2014年11月，四川龙溪茶业有限公司租赁公益村集体茶园150亩，开工新建茶厂，2016年8月建成投入运行。2016年，全乡茶叶产量560吨，产值9000万元。

2017—2022年，该区域利用位于高县"百里茶桑旅产业长廊"核心示范区的优势，依托四川龙溪茶业和四川峰顶寺茶业2家省级农业产业化重点龙头企业和7500亩有机生态茶园，大力推进茶旅融合发展，创建蜀山茶海风景区。景区以茶叶为主、生态立本、山水展色、文化作魂，将茶文化的精髓、采摘制茶的体验、品茗游赏的惬意、湿地康养的功效，潜移默化到茶园生态休闲的景观中，现已建成龙溪茶业科技园、茶业服务中心、巴蜀茶人、峰顶寺有机生态观光园、五朵云茶园、追梦亭、落印山文化广场、打儿窝、正光台等景观景点。

蜀山茶海茶业服务中心位于蜀山茶海核心区，占地面积4.5亩，建筑面积1200平方米，总投资650万元。茶业服务中心建筑以开敞三合院布局，呈现建筑景观一体化。主体建筑以综合服务、展览展示为主，涵盖党群服务中心、游客中心、现代农业智慧大数据管理中心、公益村史馆、茶文化馆，左右两侧布局农产品展销中心、电商直播平台、人大代表联络站、党课书房等综合服务功能。景区坚持现代农业、乡村振兴示范、旅游"三区"融合发展思路，对标省级星级现代农业园区创建要素，加快推进园区

❀ 蜀山茶海茶业服务中心

规模化、标准化、信息化建设，不断丰富加工、娱乐、民宿、康养等业态，正逐步呈现宜居宜业和美乡村新面貌。2020年，蜀山茶海成功创建为国家AAA级旅游景区和宜宾市现代农业园区。

文江茶叶产业带

文江茶叶产业带位于文江镇，覆盖石龙、文江、云山、凉村、新胜、黄泥、腾然、花庄、大桥、七宝、棕树、腾龙12个村，面积达3.5万余亩，是文江镇主导产业之一。该区域自然条件优越，气候温和、四季分明、雨量充沛，地貌为低深山区，有机质含量丰富，微量元素适度，良好的自然条件非常适宜茶叶发展。文江茶叶产业带主要集中在镇域内海拔600～1200米的山上。

文江茶产业历史源远流长，是五尺道的必经之地和茶马古道覆盖区域。自宜宾出发往云南的道路穿过石门关，进入文江镇区域，经过剑南十三关向云南方向延伸。文江镇历来就有茶叶种植的传统，大面积推广种植是在1950年以后。政府鼓励种茶，陆续引进新品种种植，20世纪90年代，茶叶发展突破1万亩。2010年以后，进一步引进良种茶叶进行种植，面积突破2.1万亩，成为四川十大名优茶生态保护重镇。

该区域围绕黄草坪，以"高县黄金芽"为核心，建成"万亩特色茶产业园"，配套建有产品检验检测中心、生产服务中心、游客接待中心、品牌建设营销中心，全面配套冷库、电商平台、社会化服务平台。黄草坪位于高县文江镇云山村和凉村，由芙蓉山支脉和乌蒙山支脉南北挤压，南广河从中间穿过冲蚀而成，形成了四大山体、八大山梁、九山屏障、多冈棋布的格局。海拔800～1200米，属亚热带季风性湿润气候，年平均气温18.1℃，无霜期360天，气候温和，雨量适中，光照充足。这里土壤肥沃，所产茶叶回味甘甜，独具特色。

高县黄金芽是高县重点引进的珍稀优良茶树品种，是国内目前培育成功的唯一黄色变异茶种，其性状稳定，叶片呈金黄色，一年三季均可采

制，因其干茶亮黄、汤色明黄、叶底纯黄而得名，素有"茶中大熊猫"之称。2014年，云州茶业公司从浙江引进7万株黄金芽苗，在海拔800～1000米的高县文江镇黄草坪试种成功，几年后，种植面积达1250余亩，辐射面积5000余亩。

庆符茶叶产业带

庆符茶叶产业带位于庆符镇，主要集中在镇域内二半环山以上，覆盖白岩、河心、金鱼、水鸭、五公、水塘、水井、苗儿、小靖、瓜芦、游鱼、永联、葛藤、清溪、黄荆、二龙等22个村，是高县的茶叶老基地之一，面积达2.7万余亩，是庆符镇主要产业之一，该区域属于高县茶叶万亩亿元核心示范区，茶叶远销全国各地。

庆符茶叶产业带茶叶种植历史悠久，茶文化源远流长。明清时期，庆符境内就有野生茶树，主要为野生大叶元茶。民国时期，政府引导种茶，庆符引进部分茶苗种植，开始真正意义种茶，但茶树较少，分散零星，茶叶产量少。1950年以后，政府鼓励种茶，陆续引进种植。1970年后，庆符茶叶种植真正起步，随后逐年发展，80年代先后建成翻身茶场、曲州茶场、苊芦茶场、四烈茶场、贾村茶场等茶叶种植和生产企业。90年代，茶叶发展突破8000亩。2000年以后，先后引进良种茶叶进行种植，良种茶种植基地不断扩大。

2022年，该区域茶园面积达2.73万亩，建成白岩、苗儿、小靖、永联、清溪茶叶产业核心示范区。区域内现有宜宾川红茶叶集团有限公司、四川林湖茶叶有限公司、贡茗茶厂、翠悦茶厂、白岩茶厂、葛藤茶厂、永联茶厂等10余个茶叶生产企业。长江源国际茶贸城位于庆符镇正大路。

来复茶叶产业带

来复茶叶产业带位于来复镇境内，主要包括原漤溪乡区域和位于七星山脉中段的大屋社区。该区域多雨、多露，适宜茶叶生长，自古产茶，种茶历史悠久。中华人民共和国成立以前，农民多有种茶习惯，采摘茶叶初制毛茶。但多种沟边、路边、地边、屋边，称为"四边茶"，规模小，品种单一，管理粗放，产量低。

1986年，漆溪乡对原有联办茶场开展治理，进一步巩固了联产承包责任制，充分调动了生产积极性。1987年，全乡产茶350担。随着农业结构调整，茶叶成为该区域主要经济作物。1998—1999年，全乡新发展良种茶园200亩，管理老茶园300亩。2006年，全乡茶园达652亩，产茶5万千克。2011年，全乡茶园发展到2500亩。2012年，漆溪被列为乌蒙山万亩茶叶连片扶贫开发项目区，全乡新发展优质茶园7500亩，涉及青杠、高石、新房、大山、二河、石梯、金村7个村，涉及茶农2000户。全乡茶园突破1万亩，成为全县茶叶生产重点乡镇之一。2013年起，推行生物防控、标准化管理。采用太阳能杀虫灯以及黄板杀虫技术对有害昆虫进行生物防治，不断提升茶叶产量和品质。2014年，全乡新发展茶园575亩。到2016年底，全乡有7个村41个村民小组种茶，茶农5200人，茶园1.1万亩，年产茶2万担，产值2500万元。

该区域在2012年引进宜宾川红茶业集团以后，以"公司+基地+农户"的经营发展模式，建设万亩生态观光茶叶基地。基地以金村村柏杨湖库区和鸡爪山及其周边林地所覆盖的1000亩区域为核心区，集茶叶生产与加

❀ 来复茶叶产业带

工、茶文化、生态旅游为一体。着力打造为宜宾市唯一的"川红工夫"茶文化主题生态旅游观光景区，林茶文化主题旅游长廊把茶产业与生态旅游产业紧密结合起来，形成"茶叶种植—茶叶加工—茶叶销售—茶叶消费—茶文化传播—茶叶反哺林茶生态旅游"的产业链条。

大屋社区为原大屋村，原是重点贫困村，自成功引进四川早白尖茶业有限公司后，充分利用该村区域全部位于七星山山脉，利于发展茶叶种植，同时靠近宜宾市区的优势，以茶产业为突破口，大力发展茶叶种植，推进茶旅融合发展。成功打造了1000亩茶叶科技示范园，连片发展茶叶7000亩，配套种植柑橘300亩。同时，投资3000万元，发展茶叶精深加工，新建年产1000吨茶叶加工基地1个。2022年底，该区域已建成8000余亩茶叶核心示范区，茶叶产值达10130万元。

该区域依托七星山山脉中段的佛现山和南广河的资源优势，大力发展休闲康养、乡村旅游。依托高县"茶叶+N"特色产业发展理念，培育新型农业经营主体74家，其中国家级龙头企业1家、市级龙头企业3家、台商农业企业1家。建成"林峰山庄""云锋山庄""云海农庄"等星级农家乐，有专业合作社12家，农家乐15家，各组均有农户家庭农场。大屋社区2016年被评为全国"一村一品"示范村、省级文明村，2017年被评为省级就业扶贫示范村、四川省森林康养基地，2018年被评为四川省旅游精品村寨、四川省十佳生态宜居村，2019年被评为省级乡村振兴示范村，2021年被评为全国乡村特色产业亿元村、全国乡村治理示范村、四川天府旅游名村。2022年，覆盖该区域的大雁岭风景区成功创建为国家AAAA级旅游景区。

羊田万亩茶叶核心示范区

羊田茶叶万亩核心示范区位于原羊田乡（今属罗场镇），是高县的茶叶老基地，面积达1.6万余亩，主要分布在华丰、中心、光辉、羊田、前哨5个村。原羊田乡全乡约65%的群众从事茶叶生产，人均茶园达1亩以上，茶苗远销云南、贵州、陕西、重庆等地。该区域是四川省第二大良种茶苗繁育基地，承担了农业部茶叶标准化生产示范基地"两园一圃"建设项目，面积1050亩，现有优质良种茶叶品种17个。区域内有11个国家级、省级优良品种，同时有自主创建并被国家工商总局批准的"华选一号"品种。属于高县茶叶万亩亿元核心示范区，是全国第三批"一村一品"茶叶示范村镇，农业部茶叶标准示范园、四川省现代农业万亩生态茶叶核心示范区。

羊田茶叶产业带茶叶种植历史悠久，是"川南早茶第一乡"，茶文化源远流长。明清时期，羊田境内就有野生茶树，主要为野生大叶元茶。民国时期，政府引导种茶，羊田引进部分茶苗种植，开始真正意义上的种茶，但茶树较少，分散零星，茶叶产量少。1950年以后，政府鼓励种茶，陆续引进种植。1960年建成境内第一个茶园——羊田公社茶园，自此，羊田茶叶种植真正起步，随后逐年发展，先后建成羊田中心茶场、羊田华丰茶场、羊田光辉茶场。1977年，全境茶园突破1000亩，达到1123亩。1985年，茶园面积突破2000亩，达到2085亩。1988年，茶园面积2209亩，其中采摘面积2184亩、新增25亩。1989年，茶园面积2219亩，其中采摘面积2209亩。1991年，区域内有羊田乡精制茶厂、阳光茶厂、光辉茶厂、华丰茶厂、仁和茶厂、云丰茶厂、李兴财茶厂、叶久宣茶厂、羊田分厂和钟国武茶厂大小茶厂10个。1993年11月，从福建引进福顶大白茶苗栽种。1996年，实有茶园面积2219亩，培育、扦插福顶大白良种茶240万株。1997年，实有茶园面积2223亩，茶园采摘面积2219亩。1998年，引进良种茶早白尖，良种茶繁殖基地初具规模。运用无性扦插技术，大面积移栽，取缔老、劣、低产茶园，茶叶生产走出低谷。

2003年6月，羊田乡建成宜宾市最大的良种茶苗基地。2004年4月，大力发展茶叶生产，改造茶园1万亩，建成优质良种茶基地8000亩、良种茶繁育基地600亩。同年成立高县华丰茶叶协会，引进乌牛早、平阳特早等良种

茶品种4个。2005年，在华丰、光辉、中心、羊田等村新栽、改造茶园3000余亩。开始发展立体农业——茶套梨1500亩，良种茶园面积10050亩。2007年开始，以制茗茶为龙头，逐步优化品种结构。同年，在华丰、光辉、中心、羊田、前哨5个村新栽改造茶园2000亩，发展立体农业——茶套梨1000亩，良种茶园面积1.2万亩。良种茶苗繁育350亩，进一步巩固了四川省第二大良种茶苗繁育基地。2008年，利用恢复生产资金和茶园建设资金18万元，新发展茶园1500亩，茶园面积达1.3万亩。9月，华丰茶叶专业合作社成立；10月，原羊田乡建成四川省省级农业标准化示范乡。2009年，新建茶园2000亩，建成良种茶苗繁殖基地面积350亩，茶梨套种立体经济园6500余亩，新成立茶叶专业合作社1个。2010年，巩固良种茶园1.5万亩，新发展良种茶园1200余亩，实施茶园立体开发3900余亩，产茶苗8000万株。发挥茶叶专业合作社和茶叶专业市场的引领和辐射作用，实现产、供、销一体化。

2011年，中心村、华丰村成为高县重点打造的1万亩茶叶核心示范片。新建良种茶园1000亩，优质良种茶园1.6万亩。建成良种茶苗木繁育基地800亩，茶梨立体经济园6500亩。2012年，巩固优质良种茶园1.5万亩，新

❈ 羊田万亩茶叶核心示范区

发展良种茶园750余亩，实施茶园立体开发6000余亩。茶叶品种有福鼎大白、名山131、福选九号等。建成茶叶产业万亩核心示范区1个，建成农业部茶树良种苗木繁育基地两园一圃，即品比园、母本园、良种繁育苗圃。面积达495亩，年繁育优质良种茶苗1亿余株。2013年，农业技术推广早茶项目竣工，进一步做大做强了万亩亿元茶叶基地。引进业主在中心村实施新品种示范园100亩，在羊田村、光辉村和中心村新发展优质良种茶园1000亩。良种茶苗繁殖基地200亩，培育优质茶苗6000万余株，茶园总面积达1.6万亩。培育的国家级、省级优良品种产品远销省内外，农业部认定原羊田乡（华早茶叶）为第三批全国"一村一品"示范乡镇。2014年，以推进早茶项目建设为契机，推进绿色无公害生态茶叶发展进程，在光辉村、中心村和羊田村打造有机茶园3000亩。发展茶苗新品种示范园94亩、良种茶苗繁育基地400亩，培育优质茶苗8000万余株，光辉村茶叶母本园升级改造150亩。

2015年，依托一村一品示范村镇、国家级良种茶苗繁育基地和高县万亩茶叶核心示范区独特优势，实施良种繁育、基地生产、品牌加工战略，建设两园一圃500亩，培育优质茶苗1亿余株。全年产茗茶500万千克，实现产值1.5亿元，茶农人均收入超1万元。良种茶园全部选种11个国家级、省级优良品种，并自主培育了"华选一号"等优良品种。独创的良种茶苗无性繁育扦插技术获得"宜宾市科技进步奖三等奖"。广泛采用频振太阳能杀虫灯、黄板色诱等物理杀虫设备，利用生物多样性防治方法，以及通过茶叶专业合作社实施统防统治，确保在生产、加工环节无污染、无公害。区域内有茶叶加工企业12家，有叙府龙芽等龙头企业和江浙客商长驻，茶叶产品销往省内外。有川南第一家茶叶专业交易市场，为本地茶叶龙头企业原材料提供了便捷的交易平台。不断创新生产和销售模式，实行"龙头企业+专业合作社+基地+农户"模式，以茶叶专业合作社为依托，外连市场，内连基地。引进了宜宾满园春色茶业有限公司发展有机茶，成立了郁茗香茶叶专业合作社。2016—2018年，原羊田乡党委、政府响亮提出"把

质量安全作为茶叶生产的生命线"，坚持绿色发展理念，打造无公害茶叶基地。组织多次专题培训，对茶叶生产企业开展食品安全意识、农药残留检测技术等培训，对茶农开展茶叶安全意义、绿色防控技术等培训。组建安全监察队伍，对茶叶生产企业开展不定期抽测，对农药残留不达标的产品进行销毁；茶叶收购商对收购的每宗茶叶进行检测，拒收农药残留超标的鲜叶。鼓励企业以土地流转形式规模经营茶园，倡导"公司+专合社+茶农"的方式统防统治，从根本上解决茶园分散管控难的问题。

2019年，原羊田乡整体并入罗场镇。该区域坚持以茶带旅、以旅促茶、茶旅融合的发展思路，依托百里茶桑旅特色优势产业的发展，围绕茶业品种改良、品质提升和品牌打造，基本形成茶产业与旅游业相得益彰的茶旅一体化茶园。

茶叶品类

主产茶类

中国茶叶，按传统分类有六大茶类，分别是绿茶、红茶、青茶（乌龙茶）、白茶、黑茶和黄茶。其中绿茶是所有茶中历史最悠久的。高县所产茶叶主要有绿茶、红茶、黑茶、白茶、黄茶。

绿茶 绿茶是中国的主要茶类之一。高县绿茶采取茶树的新叶或芽，未经发酵，经杀青、整形、烘干等工艺而制作的，保留了鲜叶的天然物质，含有茶多酚、儿茶素、叶绿素、咖啡碱、氨基酸、维生素等营养成分。绿化色泽和茶汤较多保存了鲜茶叶的绿色格调。常饮绿茶能防癌、降脂和减肥，对吸烟者也可减轻其受到的尼古丁伤害。绿茶多作内销素茶以及加工花茶、沱茶的配料用。条索圆直紧细，色泽青绿，香味清高浓烈，汤色绿中带黄，叶底鲜绿明亮。

红茶 红茶，英文为black tea。红茶在加工过程中发生以茶多酚酶促氧化为中心的化学反应，鲜叶成分变化较大，茶多酚减少90%以上，产生了茶黄素、茶红素等新成分和香气物质，具有红茶、红汤、红叶、香甜味醇的特征。红茶属全发酵茶，高县产红茶是以适宜的茶树新芽叶为原料，经萎凋、揉捻（切）、发酵、干燥等一系列工艺过程精制而成的茶。萎凋是红茶初制的重要工艺，红茶在初制时称为"乌茶"。红茶因其干茶冲泡后的茶汤和叶底色呈红色而得名。四川是传统的红茶产区，主要生产的红茶种类包括工夫红茶和红碎茶。20世纪70年代，四川工夫红茶集中在宜宾地区生产，高县是四川红茶主产区，尤以工夫红茶最有特色。生产的工夫红茶在国际市场上以外形秀美，香高味醇，而且产茶季节较早，博得良好声誉。

黑茶　因成品茶的外观呈黑色，故得名。黑茶属于六大茶类之一，属后发酵茶，主产区为广西、四川、云南、湖北、湖南、陕西、安徽等地。传统黑茶采用的黑毛茶原料成熟度较高，是压制紧压茶的主要原料。黑毛茶制茶工艺一般包括杀青、揉捻、渥堆和干燥4道工序。黑茶按地域分布，主要分类为湖南黑茶（茯茶、千两茶、黑砖茶、三尖等）、湖北青砖茶、四川藏茶（边茶）、安徽古黟黑茶（安茶）、云南黑茶（普洱熟茶）、广西六堡茶及陕西黑一。四川黑茶的发展演变，据《宋史·食货志》记载：南宋绍熙元年（1190年），四川茶叶年产量达1.25万吨，占当时全国产量的50%左右。这里的茶叶，主要指四川边茶。四川自宋代便与藏族开展茶马贸易，用不定额包装的茶进行交换。明正德十年（1515年），朝廷以每年招蕃易马，"蕃人不辨秤衡，只订篦中马，篦大则官亏，小则商病"，令（巡茶御史王汝舟）酌中为制，"每一千斤定三百三十篦，以六斤四两为准，作正茶三斤，篦绳三斤四两"。高县历史上是四川南路边茶的主产区之一。

黄茶　黄茶是中国特产，其按鲜叶老嫩芽叶大小又分为黄芽茶、黄小茶、黄大茶等。黄茶属轻发酵茶类，加工工艺近似绿茶，只是在干燥过程的前或后，增加一道"闷黄"的工艺，促使其多酚叶绿素等物质部分氧化。黄茶的杀青、揉捻、干燥等工序均与绿茶制法相似，其最重要的工序

在于闷黄，这是形成黄茶特点的关键，主要做法是将杀青和揉捻后的茶叶用纸包好，或堆积后以湿布盖之，时间以几十分钟或几个小时不等，促使茶坯在水热作用下进行非酶性的自动氧化，形成黄色。

白茶　白茶属微发酵茶，是中国茶类中的特殊珍品。因成品茶多为芽头，满披白毫，如银似雪而得名。白茶不经杀青或揉捻，只经过晒或文火干燥后加工的茶，具有外形芽毫完整，满身披毫，毫香清鲜，汤色黄绿清澈，滋味清淡回甘的品质特点。基本工艺包括萎凋、烘焙（或阴干）、拣剔、复火等工序。萎凋是形成白茶品质的关键工序。白茶因茶树品种和原料要求的不同，分为白毫银针、白牡丹、寿眉、贡眉4种产品。高县茶树品种中可用于生产白茶的品种有奶白茶和福鼎大白等，现有的白茶产品有早白尖茶业有限公司和峰顶寺茶业有限公司生产的白茶等。

历史茗品

唐、宋时期，以其制作方法独特而名闻天下的"泸茶"，即僰茶，当时茶叶是僰人（僚人）的支柱产业。高县当时是僰茶主产区之一。虽然"泸茶"独特的制作方法已经失传，但僰人善于种茶的传统却流传至今。明末清初，在"湖广填四川"的大移民中，湖南移民带来的朱兰茶茶苗栽种和制茶技术，距今已有300多年历史。流传下来口诀："顶古山上阳雀茶，老树九黄当日花。瓦锅文焙叶香出，逐层薄摊把花加。"顶古山位于高县蕉村镇，是高县、珙县、筠连3县交界处，这里诠释的就是朱兰茶的制作技术。

中华人民共和国成立后，高县为中茶公司确定的西南7个生产红茶的基地之一。生产的"川红工夫"茶成为中国出口三大品牌（"祁红""滇红""川红工夫"）之一，畅销西欧、东欧及苏联等数十个国家。1958年，四川工夫红茶曾作为罗马尼亚高级礼品茶。"早白尖"工夫红茶品质优异，1985年荣获第24届优质食品大会金奖，1986年又在瑞士的第25届世界食品博览会上获得银奖，被评为中国红茶的名茶。1992年，高县农工商茶厂生产的"翰园绿茶""翰园莹芽"和"菊花早"分别荣获四川省农牧厅"甘露杯"和全国"陆羽杯"名茶奖。怀远区的东山、文江茶厂生产的特级青云绿茶、早白尖朱兰花茶，符江游鱼茶厂生产的早白尖毛峰和沙河大鹅茶厂生产的翠屏玉叶等40余种茶分别评为省、地名茶。1993年，高县手工名优茶"早白尖银毫"荣获"四川省名茶"称号。1997年，高县峰顶寺茶业公司生产的"峰顶茗芽""峰顶银毫"均荣获四川省茶学会颁发的"峨眉杯"优质茶奖。1998年，罗场916茶厂生产的"翰笙翠芽"被评为"中华文化名茶"，七五茶厂生产的"金钱草茶"荣获全国"双新"博览会金奖。1999年，高县早白尖茶业公司生产的"早白尖"毛峰系列茶荣获省、市"优质名茶"称号，并通过农业部名优品牌认定。

当代精品

早白尖优质红、绿茶

序号	茶类	产品名称	产品特点	该产品的茶树品种	备注
1	绿茶	早白尖	茶选早春鲜嫩茶芽，精工制作而成，起外形扁平挺直，色泽嫩绿油润，香气鲜灵悠长	乌蒙早	
2	红茶	贵妃红	早春茶芽精制而成，外表条索肥壮圆紧，显金毫，色泽乌黑油润，内质香气清鲜带橘糖香，滋味醇厚鲜爽，汤色浓亮	福鼎大白	
3	绿茶	高县黄金芽	早春芽叶精制而成，色泽金黄色润，茶香嫩香持久，滋味鲜甜，叶底纯黄	黄金芽	
4	白茶	乌蒙白茶	外形芽毫完整，满身披毫，毫香清鲜，汤色黄绿清澈，滋味清淡回甘	奶白茶	
5	黑茶	黑茶	外形色泽黑带褐，香气纯正，滋味醇和，汤色稍橙黄，叶底黄褐带暗	乌蒙早、福鼎大白、福选9号	
6	拼配产品	江南雪	早春茶芽精制而成，香气鲜浓、持久、纯正，汤色浅黄、清澈明亮，滋味醇厚鲜爽，叶底嫩匀明亮	福鼎大白	茉莉花

注：1. 茶类指红、绿、青、黄、黑、白，不仅限于红、绿；2. 若该茶产品为拼配产品，则在备注内写明品种。

川红茶业优质红、绿茶

序号	茶类	产品名称	产品特点	该产品的茶树品种	备注
1	红茶	长江红	严选五大产区高山优质茶芽，采用双萎凋工艺，由非遗传承大师监制。每500克长江红，精选20万粒茶芽。长江红滋味醇甜鲜爽，香气馥郁，花香、果香、甜香、烘焙香等协调统一，恰到好处。	四川中小叶种	
2	红茶	香歌·馥调	双花复窨工艺，每一杯茶同时拥有两种花香的复合香味，每一口都能品尝到花与茶的完美融合，让你拥有饮茶的全新体验。融合了花香和红茶香的混合香味，还能喝出果香，是嗅觉和味觉的双重满足。	四川中小叶种	
3	红茶	红贵人（金奖红）	采摘自海拔800~1200米高山生态茶园，精选明前独芽，复原1985年世界食品博览会金奖红茶传统制茶工艺。全芽紧细、满披金毫，香气高雅，汤色红艳明亮，滋味鲜醇甜爽，叶底鲜亮完整。	四川中小叶种	
4	红茶	川红工夫	结合国粹京剧文化中的脸谱文化，主色采用金色，映衬着百年"川红工夫"辉煌，彰显高贵品质。干茶乌润显金毫，紧细显锋苗；花香和蜜香的融合，散发着四川红茶特有的橘糖香；汤色红艳明亮，滋味醇厚甘爽，层次丰富，喉韵悠长。	四川中小叶种	

峰顶寺茶业优质红、绿茶

序号	茶类	产品名称	产品特点	该产品的茶树品种	备注
1	绿茶	峰顶贡芽	产品采用国家级名优茶树品种"中茶302"优质独芽精制而成。具有外形扁、平、挺直、色泽嫩绿，嫩香持久，汤色黄绿明亮，滋味鲜爽回甘等特点。	中茶302	乌牛早
2	绿茶	峰顶茗芽	产品采用"福选九号"优质独芽精制而成。具有外形扁、平、直、色泽黄绿，香高气醇，汤色黄绿明亮，滋味鲜爽等特点。	福选九号	131
3	绿茶	宜宾早茶	产品采用茶树新品种"宜早一号"优质独芽精制而成。具有外形扁、平、直、色泽嫩绿，香高气醇，汤色黄绿明亮，滋味鲜爽等特点。	宜早一号	乌牛早

序号	茶类	产品名称	产品特点	该产品的茶树品种	备注
4	红茶	千品一红	产品采用国家级名优茶树品种"乌牛早"优质芽叶多工序精制而成。具有外形条索紧细、色泽乌润，气味香甜，汤色红亮等特点。	乌牛早	中茶108
5	红茶	川红工夫	产品采用国家级名优茶树品种"乌牛早"优质独芽多工序精制而成。具有外形条索紧细、色泽乌润有光泽，香气橘糖香，汤色红艳明亮等特点。	川小叶	梅占
6	红茶	峰顶黄金芽	产品采用茶树新品种"天府红1号"优质独芽多工序精制而成。具有外形条索紧细、色泽满披金毫，气味香甜，汤色红浓明亮等特点。	天府红1号	

龙溪茶业优质红、绿茶

序号	茶类	产品名称	产品特点	该产品的茶树品种	备注
1	绿茶	龙溪碧芽	茶叶原料采自鲜嫩茶芽芽心，干茶外形扁直平滑，两头尖细，内质香气高鲜，汤色清明，滋味醇浓，叶底嫩绿均匀。	雀舌乌牛早茶	
2	绿茶	黄观音绿茶	茶叶原料采自黄观音茶树鲜嫩茶芽一芽一叶制成，干茶色泽褐黄油润，香气馥郁芬芳，具有"透天香"的特征，滋味醇厚甘爽。	黄观音	
3	红茶	黄观音红茶	茶叶原料采自黄观音茶树鲜嫩茶芽一芽一叶制成，干茶色泽油润乌黑，香气馥郁芬芳，具有"透天香"的特征，滋味醇厚鲜爽，叶底厚软红匀。	黄观音	
4	红茶	龙溪姜小红	茶叶原料采自鲜嫩茶芽芽心，干茶外形条索卷曲圆紧，显金毫，色泽油润，内质香气清鲜，滋味醇厚鲜爽，汤色浓亮，叶底厚软红匀。加入生姜后，具有驱寒、减肥、活血的功效。	福鼎大白茶+生姜	
5	红茶	巴蜀金芽	茶叶原料采自鲜嫩茶芽芽心，干茶外形条索卷曲圆紧，显金毫，色泽油润，内质香气清鲜，滋味醇厚鲜爽，汤色浓亮，叶底厚软红匀。	福鼎大白茶	

云州茶业优质红、绿茶

序号	茶类	产品名称	产品特点	该产品的茶树品种	备注
1	绿茶	云州·高县黄金芽	特选海拔800~1000米的云州黄草坪生态茶叶园区的黄金芽茶树芽叶为原料,以绿茶工艺精制加工而成,干茶亮黄、汤色明黄、叶底纯黄,是目前国内呈黄色形态的茶叶新品种。	黄金芽	
2	绿茶	云州天芽	特选山峦层叠、云雾起伏缭绕的云州生态茶园的优质茶芽为原料精制加工而成。其外形挺直,茶芽饱满,色泽鲜绿光润,香气清雅隽永,汤色碧绿清澈,滋味鲜醇爽口,遇水绽放,颗颗鲜活的茶芽徐徐而立,翩跹起舞。观之赏心悦目,品之心旷神怡。	乌牛早	
3	红茶	云州·高县黄金芽	特选海拔800~1000米的云州黄草坪生态茶叶园区的黄金芽茶树芽叶为原料,以红茶工艺精制加工而成,色泽乌润,滋味醇和,汤色红亮,叶底红润,气味香甜。	黄金芽	
4	红茶	云州漫红	一叶红艳露凝香,一饮精妙世无双。云州"川红工夫"以云州生态茶园优质茶叶为原料,经专利工艺精制加工而成。成茶色泽乌润,条索肥壮圆紧,汤色红亮,滋味醇厚回甘,香气浓郁持久带花果香。	福选九号(小叶种)	

创新产品

黄金芽茶 黄金芽的科名是山茶科,属名是山茶属,黄金芽属于光照敏感型、黄色系变异绿茶新品种,因品种稀缺、培植难度大、管护成本高而被业界誉为"茶中大熊猫"。印象中的新鲜茶树叶子都是绿色的。黄金芽现已被列入国家科技支撑项目。黄金芽因一年四季均为黄色,干茶亮黄,汤色明黄,味道鲜美,又贵如黄金而得名。它是珍稀白化茶树资源品种,是国内培育成的唯一黄色变异茶种。根据测定,黄金芽氨基酸含量高达9%,而白茶的氨基酸含量为5%~7%,普通茶的氨基酸含量为3%~4%;黄金芽性状稳定,叶片呈金黄色,而白茶气温达到25℃时叶片由白转绿,性状不稳定。由于夏季光照强烈,茶叶当中茶多酚含量较多,而氨基酸却很少。高县种植最多的是云州茶业、其他茶企均有种植该品种。

奶白茶　奶白茶是珍稀奶白茶树种，最早发现于浙江省安吉县杨家山山顶后山。1997年茶季，安吉某茶场茶农在竹林野山茶园巡山时，无意间发现一株特殊茶树，嫩芽奶白如玉，叶片薄如蝉翼，有淡淡奶香味，即奶白茶。奶白茶一般制成绿茶皇金芽。该茶树品种与安吉白茶树类似，属于"低温敏感型"，阈值约在23℃。每年清明前萌发的嫩芽为乳白色，白化期通常在1个月左右，白化度比安吉白茶还要高；之后随气温升高，白色会慢慢变绿，最后全绿。奶白茶鲜叶采制之后，一般制成皇金芽，注意不是黄金芽，因按照绿茶工艺制成，所以属绿茶类。高县引进该品种后，与高县气候、土壤较适应。

"乌蒙早"茶　"乌蒙早"是由四川早白尖茶业有限公司培育的茶树品种。1995年，从高县乌蒙山野生大茶树群体中选择优良单株，经系统选育而成。小乔木型，中叶类，特早生种。植株主干明显，树枝直立，分枝密；叶长椭圆形，叶面较平整，叶缘微波，叶色绿，叶片厚，持嫩性强；发芽整齐，芽形肥大，满披白毫；抗寒性强，抗旱性中等，休止期晚，年发4～5轮；一芽二叶初展，百芽重50克。该品种内含物丰富，经农业部茶叶质量监督检验测试中心（杭州）检验，茶多酚、水浸出物、儿茶素总

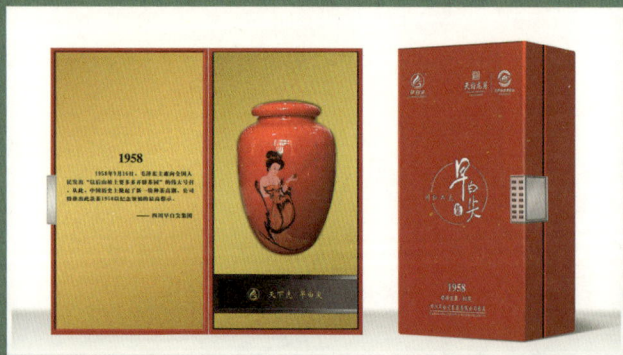

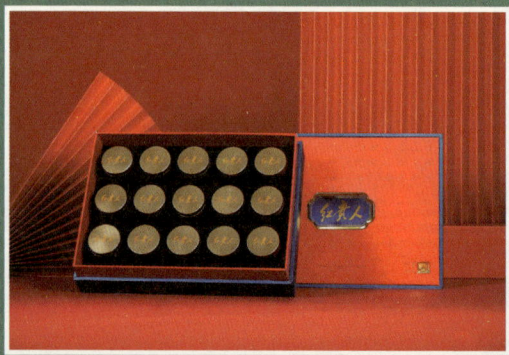

量、咖啡碱含量分别为22.4%、
51.8%、16.07%和4.0%，均比福
鼎大白茶高，游离氨基酸、可溶
性糖含量分别为4.2%和3.2%，比
对照低；酚氨比为5.33，适宜加
工高香显毫型扁形名茶。

❊ "川红红贵人"茶

"川红红贵人"茶　红贵
人红茶采摘自"西南核心早茶
产区"海拔800～1200米的高山云雾茶园，传承百年"川红工夫"红茶传统
制作技艺，是川红茶业集团精致茶礼。芽茶细紧，条索秀美，金毫显露油
润，金、黄、黑3色相间相得益彰，是玫瑰花香和蜜香的融合。

颗粒工夫红茶　即红茶分为小种红茶、工夫红茶和红碎茶，所谓红碎
茶，指的是在加工过程中要将条形茶切成短细的碎茶，因此成品茶呈现颗
粒形状，是红碎茶的主体产品。红碎茶的出口量约占四川茶叶总出口量的
80%。

"龙溪碧芽"茶　独特的地貌与气候环境，形成了龙溪茶鲜、香、
韵、锐特色。手工采摘优质茶箐，经传统工艺精制而成，滋味醇厚润滑，

❀ "龙溪碧芽" 绿茶

韵味足。茶条卷曲，肥壮圆结，沉重匀整，色泽砂绿，整体形状似蜻蜓头。有天然馥郁的兰花香，滋味醇厚甘鲜，口感甘醇，回甘悠久，俗称有"音韵"。曾荣获第六届中国·四川国际茶业博览会银奖，产品销售遍布四川、重庆、云南、广州、陕西、福建等省市。

新茶饮

调味茶　主要以红茶为主要原料，红茶的特色是带有厚度的甘甜和淡淡的焦糖香气，茶叶中再加入天然的水果香料，称为调味茶，也叫香薰茶或风味茶。调味茶中最为著名的当属伯爵茶，伯爵茶是以中国茶为基茶，加入佛手柑调制而成。香气特殊，风行于欧洲的上流社会。现代科学研究表明，茶叶中的化学成分已鉴定的就有300多种，包括水溶性维生素和脂溶性维生素两大类，具有抗脂肪肝的功能，可预防动脉硬化，提高人体对工业化学毒物（如重金属）及放射性伤害的抵御能力，促使脂肪氧化，排出胆固醇，防止血压升高引起的动脉硬化，有扩张血管、松弛支气管和平滑肌，以及强心利尿的作用。

茉香绿茶　茉莉花原产于印度，属常绿灌木，夏秋之间会开白色小花，散发出浓郁的芬芳。用茉莉花和绿茶条制成的茉香绿茶，清香爽口，回味悠长。提神解郁，安定神经，能减轻肠胃不适及痛经，滋润肌肤，美容养颜。

茉香红茶　用红茶条和茉莉花制成的茉香红茶，茶汤具有香浓的红色，清淳宜人，散发淡淡的茉莉清香，是富含能消除自由基、具有抗酸化作用的黄酮类化合物的饮料，能够使心肌梗死的发病率降低，具一定抗菌作用，能预防感冒。红茶中黄酮类化合物具有杀除食物有毒菌，使流感病毒失去传染力等抗菌作用。除预防感冒之外，还有人在因感冒而喉咙痛的时候用红茶漱口。

茶膏 茶膏始于南唐，成于宋，兴于清，盛于当代，经过了漫长的演变过程，有着悠久的历史。在清朝的时候更是成为皇室养生的专享品进贡皇室。南唐时的《十国春秋》、宋徽宗《大观茶论》、清朝医学家赵学敏《本草纲目拾遗》等文献上均有茶膏的相关记载。现代茶膏的制作工艺是在清代宫廷制作工艺的基础上发展起来的。这种方式模仿了清代茶膏制作的气候、温度、环境，在更加繁复、细致的工序下，把茶汤的提取和浓缩，控制在常温40℃左右。利用芳香物质和活性成分必须在一定温度下挥发和析出的特性，最大限度地将这些茶叶的原有物质有效地溶解到茶汤中，再收敛成膏。

茶粉 把茶采用瞬间粉碎法，粉碎成600目以上的茶粉末，最大限度地保持茶叶原有的天然绿色以及营养、药理成分，不含任何化学添加剂。速溶茶是一种能迅速溶解于水的固体饮料茶。速溶茶有纯茶与调配茶两类，纯茶常见的有速溶红茶、速溶乌龙茶、速溶茉莉花茶等。

茶食品

茶叶粑 茶叶不仅可以冲泡成饮料，也可以做成各式各样的农家美食。茶叶粑是用茶叶、糯米粉和水等原料制作的美食。制作方法比较简单，将新鲜的茶叶洗净切碎，加入糯米粉和水，搅拌揉搓捏成面团，就可以下锅煎炸了。炸茶叶粑，火候是关键，火大了容易炸煳，火小了又炸不出来茶叶的清香。经过一番煎炸，再撒上一点盐，茶叶粑就出锅了。浓浓的茶香扑鼻而来，咬上一口，绵柔软糯，回味无穷。

茶叶熏肉 是用茶叶和腊肉等原料制作的美食。一般的做法是先将肉煮熟捞出后再熏，而不是先熏后煮。用火把腊肉皮烧焦，然后用温水清洗干净，用刀切成两截放锅里加水没过肉块，大火烧开后15分钟捞起。将肉煮熟后，熏锅（铁锅）中加入白糖和茶叶，然后将肉放篦子上，篦子放锅上，盖上锅盖，开火，待锅盖缝隙中冒出黄色浓烟后即可关火，焖制2分钟左右即可。这时有三种做法：一是捞起后趁热切片来一碗米饭直接开吃；二是捞起后切片，锅里放少许油开火，加入蒜末炒香后，加入切好的腊肉片，翻炒2分钟，再放适量辣椒面和葱花即装盘；三是将捞起后的腊肉切片，锅里放入适量的油，开火，油温七成热时放入蒜蓉和酸辣酱，炒香后放入500克水，煮开后倒入准备好的腊肉片搅拌一下，煮2分钟即可享用（用一个碗放入辣椒面、葱花、酱油，再放入适量汤汁）。

茶水鸡　是用茶叶和鸡肉等原料制作的美食。做茶水鸡最好选择嫩鸡，鸡肉比较容易熟，而且肉质吃起来很嫩。首先将嫩鸡洗干净，剪掉鸡屁股，将鸡头和鸡脚都折进鸡肚子里。取一个大容器，倒入适量的黄酒，加一点生抽、老抽和盐，将香叶、桂皮、八角、花椒、茶叶一起倒进去，加一点五香粉搅拌均匀。将鸡肉放进酱汁里面，给鸡肉按摩一会儿，然后把鸡肉放在酱汁里浸泡1小时（中间记住把鸡肉来回翻面，使鸡肉每个地方都浸泡到酱汁，泡的时间越长，鸡肉越入味）。鸡腌制好后，在锅内垫上一层藕片，放入一点葱和姜片，再放入鸡肉，将腌制鸡肉的酱汁也一起倒进锅内，经过蒸煮即成美食。

茶味糖　是用茶叶和制糖原料制成的，一种有着茶味道的糖，甜而不腻，略带茶香。一般有红茶奶糖、绿茶奶糖、红绿茶夹心糖、红绿茶饴、绿茶胶姆糖、红茶巧克力和红绿茶颗粒硬糖等。茶糖的加工，主要是利用糖果工业的设备和工艺，将茶叶提取出来的有效成分与糖、奶、果汁、巧克力、淀粉、维生素和各带有保健性的植物添加剂等结合在一起，形成独特的风味，使人们在享受美味糖果时又能尝到茶叶的滋味，同时具有一定的保健作用。

茶香红烧肉　是用茶叶和五花肉制作的美食，带着茶香的五花肉，香而不腻。把五花肉放沸水里焯去血水后切成麻将大小的方块，茶包用开水泡成一杯浓茶水备用，茶包捞起扔掉。柠檬皮切成细丝，油烧热后，把姜、蒜头爆香，然后把五花肉倒进锅里，加入盐、酱油、少许冰糖、八角、柠檬皮，把五花肉炒至出油后，把红茶水倒进锅里，大火烧开后，转中小火继续焖50分钟左右，等汤汁变浓稠后就可以食用。

茶香三文鱼 是用茶叶和三文鱼制作的美食。三文鱼用胡椒、盐抹匀腌制10分钟，沥干水分。炒锅烧热，铺上锡纸，倒入拌匀的红糖和茶叶。烧至微冒烟的时候放上箅子，把三文鱼放在上面，正反面各盖焖5～8分钟即可。

茶香牛肉 是用茶叶和牛肉制作的美食。烧牛肉时放点茶叶，牛肉不仅烂得快，而且有股茶叶的清香，茶香肉酥，开胃下酒。牛肉洗净切小块，放清水锅中煮，水开后撇去浮沫，用小火煮半个小时后捞出洗净；葱、姜洗净后分别切成段、片；辣椒洗净切片；往锅里放油，下葱、姜、牛肉略加煸炒后加料酒、酱油、糖、盐、绿茶、桂皮、大料、红枣、水，用大火烧开后改小火，焖烧约1.5小时，至牛肉熟烂、茶香扑鼻时放入辣椒，改大火收汁即可。

❀ 茶食品

茶粥 也叫茗粥，唐代起就有"茗粥"的说法。茶粥有两种意思，一是煮制的浓茶，因其表面凝结成一层似粥模样的薄膜而称之为茶粥，二是以茶汁煮成的粥。关于茶粥的典故有晋傅咸"闻南方有蜀妪，作茶粥卖之"，唐储光羲《吃茗粥作》诗"淹留膳茶粥，共我饭蕨薇"，参见"粥面"等。经典茶粥有龙井茶泡饭、使君子茶叶粥、茉莉花茶粥、普洱冬茶粥、金公双叶粥、普通茶叶粥、青山绿水、陈茗粥、甜茶粥、姜茶粥、茶饭粥等。

历史茶企

在2013年前，高县几乎产茶乡镇及部分产茶村均办有茶厂，总数逾100家。随着历史变迁，这些茶厂有的发展壮大，有的衰败消亡，但不可否认的是，它们的存在为高县茶业发展作出了积极贡献。

高县茶叶公司

1978年2月1日，由当时的县革委批准正式成立高县茶叶公司，归县供销社领导。高县茶叶公司在县农业局、县供销社的具体领导下，对全县茶叶生产、收购、销售、名优茶开发等方面做了长期的卓有成效的工作。1991年，县供销社茶叶公司生产的"早白尖绿茶"获四川省首届"峨眉杯"高级绿茶优秀奖。1993年，高县手工名优茶"早白尖银毫"荣获"四川省名茶"称号。1995年，在高县羊田乡华丰村引进良种茶苗短穗扦插繁育技术，建设茶树良种繁育基地。1998年2月改制，以原高县茶叶公司及茶厂为主体，成立高县茶叶集团公司（国营），联合基层供销社12个茶厂，承包了乡镇共30个茶厂和1万余亩茶园，主要产品为"早白尖"牌绿茶。

九一六茶厂

20世纪60年代末，当时的罗场公社为贯彻落实中央"9·16"会议精神，即毛泽东关于"以后山坡上要多多开辟茶园"的号召，决定以山区发

展茶叶为主，坝区发展为辅。当时全公社的行政区划为13个大队，即河东6个大队为坝区，河西7个大队为山区。为认真贯彻落实中央和县委关于发展茶叶的精神，公社决定把河西7个大队作为发展茶叶的重点，每个大队集体开辟茶山、修建茶厂。1985年，在今罗场镇林湖村金堂组注册成立了高县九一六茶场。为了对茶叶进行加工，茶场办起了九一六茶厂。到90年代中期，九一六茶厂规模壮大，茶园近万亩，发展成为茶叶精加工的基地。

林湖茶厂

四川省高县林湖茶厂是宜宾建中兴业工贸有限公司的下属企业。四川林湖茶业有限公司位于四川省宜宾市高县境内林湖农场，公司主要从事茶树种植、茶园栽培管理、茶叶生产加工及国内外贸易等经营业务，是市级产业化经营重点龙头企业，是四川省集中扶持的20家出口型茶叶企业之一。1977年建厂，有员工60余人，其中有大学本科学历人员8人，大专学历16人，具有多年的茶叶生产管理经验，公司和茶园的管理十分规范。公司是专业从事茶叶生产、加工、销售、茶园栽培管理。茶园区平均海拔1010米，属中亚热带的湿润气候区，气候温和，无霜期长，常年云雾缭绕，细雨蒙蒙，加之山高土肥，富含各种矿物质，特别适合茶树生长，是生产优质茶叶的良好环境。

高县七五茶厂

高县七五茶厂前身为民营企业"高县章堂茶厂"，除生产绿茶外，还生产"菊花苦丁茶"和"金钱草"茶。"菊花苦丁茶"和"金钱草茶"是价廉物美的大众化保健茶。1996年，产品正式通过专家鉴定取得国家专利并获1997年四川省乡镇局"科技进步"奖。后来，厂名更名为"高县七五茶厂"。现存的高县七五茶厂于2005年注册在四川宜宾高县罗场镇顺江村，至2024年已成立19年，主要经营茶叶生产与销售。

高县文江茶厂

高县文江茶厂位于文江镇黄泥坳。1988年，由县供销社茶叶公司投资105万元兴办，1989年建成投产。设计规模年产精制茶1000吨。茶叶粗加工和精加工全部机械化生产，名优茶生产设备齐全。主要产品有烘青茶、炒青茶、工夫红茶、精坯茶、"早白尖"系列绿茶、茉莉花茶、朱兰花茶、高级绿茶等10余个品种。高级绿茶曾荣获四川省茶叶进出口公司首届"峨眉杯"优质奖。以高县红茶为主要原料生产的"早白尖"工夫茶，在1985年里斯本世界博览会荣获食品金奖。1990年有固定资产原值632万元，职工300人。

高县羊田乡茶厂

原羊田乡的茶叶生产企业主要有高县羊田乡香茗茶厂、高县羊田梦宣茶厂、高县羊田乡正华茶厂等。高县羊田乡香茗茶厂成立于2015年1月15日，经营范围包括茶叶粗加工和销售。高县羊田梦宣茶厂成立于2011年1月19日，位于四川省宜宾市高县羊田乡华光村冲口头组50号，经营范围包括茶叶种植加工销售，农副产品购销，农副食品加工业。高县羊田乡正华茶厂成立于2008年7月8日，位于四川省宜宾市高县羊田乡羊田村三足湾组，所属行业为零售业，经营范围包括茶叶种植、加工、销售。

龙头企业

四川早白尖茶业有限公司

四川早白尖茶业有限公司是农业产业化国家重点龙头企业，成立于2002年，是一家集茶叶种植、加工、销售为一体的股份制民营企业。现有员工349人，茶叶年生产能力3500吨，总资产2.24亿元。公司主营茶叶制造和销售、乡村旅游等。

公司拥有乌蒙山、大雁岭、七仙湖3个茶叶基地，有生态茶园基地5.8万亩，辐射10万亩，覆盖高县11个乡镇，联结农户2.32万户。有茶叶加工厂2座。办公楼、研发中心等附属设施总共1.5万余平方米。研制、引进了国内领先的红茶、绿茶生产线，建成省级技术中心，专注对茶叶、茶树的研究、培育、生产。2019年销售收入2.3亿元。2020年生产加工茶叶1800余吨，实现产值2.7亿元，净利润0.33亿元。

公司拥有"早白尖"等商标知识产权54个、版权3件、技术发明专利1个、实用新型专利15个、外观设计专利3个、计算机软件著作权2个。开发产品有"早白尖""白尖早韵"等绿茶系列，"贵妃红""千秋红"等红茶系列，"江南雪"花茶系列，"沙漠之春""沙漠之夏""沙漠之秋""沙漠之冬"等代用茶系列。精制茶占比为30%，初制茶占比为70%。其中绿茶占比48%、红茶占比45%、花茶占比5%、代用茶占比2%。注册商标"早白尖""贵妃红"为"四川省著名商标"，产品先后通过农业部"三品"（无公害农产品、绿色食品、有机产品）认证；销售辐射国内20多个省、市，出口俄罗斯、波兰等地；"早白尖"品牌曾获"国际茶博会金奖""全国供销合作总社名牌产品""西部名优农产品""第十一届'峨眉杯'金奖""优质品牌农产品""宜宾十大农业产品""四川十大名茶""四川名茶"和"四川名牌产品"等奖项和荣誉，是"天府龙芽"农产品地理标志使用企业，并被列入"全国861家涉及菜篮子产品的国家重点龙头企业"和"全国地方名优产品推荐目录"。

早白尖品牌文化包括早白尖品牌历史、早白尖商标、早白尖logo、《早白尖赋》、早白尖生产工艺、早白尖茶艺、早白尖品牌荣誉和价值等等。公司创作的《杨贵妃与早白尖》《陆羽誉名早白尖》《茶马古道早白尖》《早白尖出使西域》《早白尖东渡扶桑》等历史故事家喻户晓。《早白尖赋》曰："早，为人之先，勤也；白，为净之至，德也；尖，为峰之顶，锐也；茶，道也，为茶者为人。"又曰：早白尖"生于乌蒙、成于天工、得于圣誉、宠于百家"。

公司坚持"自主创新、产业化经营、品牌化发展、服务'三农'"的发展理念，坚持"公司+基地+专合社+家庭农场+农户"的产业化经营模式，踏实工作、积极进取，企业的生产规模、管理能力、科技水平、品牌和文化建设以及产品市场占有率不断提高。公司通过了ISO 9001质量管理体系和ISO 22000食品安全体系认证。2011年，企业通过了四川省"农业产业化经营省级重点龙头企业"认定，建成了"省级企业技术中心"。先后获得"宜宾市2018年百强民营企业""宜宾市优秀民营企业""四川省十大最美茶乡""四川省质量管理先进企业""四川省知识产权试点企业""四川省建设创新型企业培育企业""四川省科普示范企业""四川省精制川茶自动化清洁化加工示范企业""四川省扶贫龙头企业""省级示范农业主题公园""四川省森林康养基地""四川省带动脱贫攻坚明星农业产业化龙头企业""全国质量无投诉，诚信示范企业""全国食品工业优秀龙头企业""国家高新技术企业""中国茶叶行业百强""全国科普惠农兴村先进单位"和"全国绿色

❀ 茶博会展台

❀ 四川早白尖茶业有限公司
生产基地

❀ 早茶采摘

食品示范企业"等荣誉，被列入"2020年四川省上市后备企业资源库名单"。2019年被认定为"农业产业化国家重点龙头企业"。

公司坚持"科学技术是企业的核心竞争力"理念，走"自主创新、产业化经营、品牌化发展、服务'三农'"的道路。坚持自主创新、科研合作，公司与宜宾职业技术学院、省农科院茶叶研究所以及西南大学建立了长期合作关系，并在2011年建成了省级企业技术中心。依托企业技术中心和"产学研"合作机制，不断加大科技投入，致力于科技水平和创新能力建设，科技成果应用、转化和示范，进行新产品研发、茶树新品种繁育、茶叶科技创新、科技成果转化与应用、科技交流与培训、科技项目的实施等，取得了丰硕的成果。2010年成功创建"宜宾市科普示范企业"。2011年获高县"2010年度县级科技进步奖三等奖"。2012年通过县级"科技型企业"认定，获"2011年度县级科技进步奖一等奖"，荣获"全国惠农兴村先进单位"称号。2013年获"宜宾市科技进步奖一等奖"，成功创建"四川省科普示范企业"。2014年5月，早白尖技术中心获评"宜宾市2013年优秀企业技术中心"，7月，早白尖乌蒙山基地获"全国巾帼现代农业科技示范基地"称号。2019年获"农业部丰收奖"。2012

❋ 中国红茶第一庄园

年，公司自主选育的茶树新品种"乌蒙早"通过了国家农作物新品种认定，填补了"宜宾早茶"本土品种资源空白，为宜宾的茶产业发展作出重大的贡献。

宜宾川红茶业集团有限公司

宜宾川红茶业集团有限公司组建于2010年12月，注册资本1.35亿元。公司前身是1952年成立的宜宾茶厂，是新中国最早成立的中国红茶外贸出口五大骨干企业之一。至20世纪90年代，宜宾茶厂生产的"川红工夫"茶大量出口到苏联和东欧，出口量占据四川茶叶出口的80%。1958年，宜宾"川红工夫"被罗马尼亚政府指定为当年的国庆礼宾专用茶，1985年，宜宾茶厂生产的"川红工夫"在葡萄牙举行的第二十四届世界优质食品博览会上获得了金质奖章，成为四川茶叶的骄傲。

宜宾川红茶业集团有限公司是一家集茶叶科研、种植、加工、贸易为一体的现代化茶业企业，为国家级林业重点龙头企业、省级农业产业化经营重点龙头企业。目前拥有占地面积近100亩，建筑面积达2.5万平方米的生产车间，分别坐落于高县庆符镇、高县月江福溪工业园区及高县来复镇3个区域。主要生产厂区位于高县庆符镇，交通区位优势明显，配套设施完善，环境优美无污染，适宜建设茶叶精深加工集中区厂房及配套设施。

公司现有员工181人，其中研究生学历及以上9人（占5%），大学本科学历90人（占50%），专科学历63人（占35%）。拥有国家万人计划领军人才、国茶工匠·制茶大师（红茶类）1人、中国农业技术能手1人、四川省茶业优秀工作者1人、四川工匠1人、四川省茶业优秀青年工作者1人，其他省级以上专业职称或称号的专业技术人才5人。拥有"长江红""红贵人""川红工夫""林湖"等知名茶叶品牌，涵盖以红茶为核心，黑茶、绿茶、花茶为辅的多个茶叶品类。

川红集团秉持"实心干事、科学作为、守正固本、融合创新"的发展思路，围绕省、市做大做强"川红工夫"品牌，聚焦红茶、凸显主业，借力五粮液集团平台资源，传承"川红工夫"非遗技艺，发挥宜宾长江上游地区生态环境优势，科技支撑，做强品牌，快速发展成为国家级龙头茶企，擦亮"川红工夫"金字招牌，助力乡村振兴。

公司目前拥有"红贵人""长江红""川红工夫""林湖"等系列产品，涵盖国内市场高、中、低各个消费区间，其中包括非遗技艺红茶、绿茶、花茶、馥香性红茶等四大品类100多个产品。其中"林湖"牌产品被认定为四川省名牌产品，"林湖"商标被认定为四川省著名商标，"林湖"系列产品被认定为"四川省名牌产品"。公司在售产品均通过了ISO 9001（2000标准）国际质量体系认证。先后获得"全国电子商务示范企业""国家级林业龙头企业""农业产业化省级重点龙头企业""中国林业产业创新奖""四川省农产品加工示范企业""四川省非物质文化遗产保护单位"等殊荣。2018年，川红茶业集团获"四川茶业最具影响力十大品牌和四川茶业十大优秀茶企"荣誉称号，2019年获"四川省十大茶叶企业"荣誉称号，2020年获"四川省清洁生产示范单位"荣誉称号。2021年，公司出品的"川红·红贵人"产品被授予"首届全国传统名茶产品质量推选活动特别金奖""四川省十大名茶""第10届四川国际茶业博览会金奖"殊荣。2022年，公司出品的"川红工夫"获得"金熊猫奖"，"川红·红贵人"获评"四川最具影响力茶叶单品"。

川红茶业集团推行"传统+科技"两手抓创新策略，以省级企业技术中心作为主要研发机构，与中国农业科学院茶叶研究所、四川农业大学、西南大学、宜宾学院等大专院校形成联合研发机构，以科技创新加速企业发展，建立了长期的"产学研"合作关系，共同研发新工艺和新产品。近3年的科技成果主要有"川红名优红茶关键技术集成创新及产业化示范项目"，通过省级成果鉴定，荣获宜宾市科技进步奖一等奖。公司建立了检测分析中心，已通过省级企业技术中心认证，可对国家农药残留标准中的14项农药残留指标进行全检测，在2014年底完成了国家标准中28项农药残留指标的建标、检测工作。除公司自检外，定期将茶样分批次送往合作的第三方权威检测机构，进行比对试验。2019年与五粮液国家级检测中心建立良好的合作关系。拥有国家专利局已授权的专利28项。其中，国家发明专利10项，实用新型专利9项，外观设计9项。

在茶园基地建设和管理方面，川红茶业集团通过土地、林权流转的方式，将分散在农民手里的荒芜、低效土地、林地流转到公司，公司与地方政府合作将其打造成标准化的高效生态示范茶园基地，再返包给种植大户，由种植大户按照家庭农场方式对茶园实行经营管理，实现土地的集约化利用。同时，公司在茶园管理上为种植大户提供技术指导和培训服务，定期发布茶叶市场信息，用保护价的订单模式解决茶农鲜叶的收购问题，确保生产的连续性和可追溯性。

川红茶业集团采用线上线下相融合销售模式。线下销售渠道实行的

❋ 川红茶业集团

是直营、经销商、商超相结合的全渠道覆盖，以宜宾为根据地，四川为重点，建立以专卖店、商超、茶叶专营店、名烟名酒店、土特产店为主体的线下全渠道销售网络。积极拓展国内市场，已成功覆盖北京、上海、广东、内蒙古、重庆等省外市场。于2012年11月正式成立电商部，2014年9月28日工商注册电子商务公司，全面进入网络渠道，构建了既懂茶又懂电商的专业团队，从年轻人的角度去解读、品味茶本身，让茶叶"自己讲故事"。在淘宝、天猫、京东商城、苏宁云商、工商银行、建行商城、交行商城等多家主流综合电商平台都开设了专营店和旗舰店，曾先后将林湖雀舌、"川红工夫"、茉莉花茶、苦丁茶都运营到类目第一。开发出很多具备互联网思维的电商产品，如定位于年轻白领女性的"香歌"，这些产品都是颠覆传统茶行业和独具创新的产品，得到了广大消费者的关注好评，实现了传统茶企融入互联网电商的全面转型。

川红茶业集团推行从茶园到茶杯全产业链放心工程，把茶园建设作为战略基础，以"公司+专业合作社（或者企业）+农户（家庭农场或单户农民）""公司+农户+基地+订单"的多级茶叶基地组合模式，强化原料供应链，形成稳定的利益联结机制，确保产品安全可追溯。在基地管理中，川红茶业集团创新"龙头企业与专业合作社（或者企业）、农户（或家庭农场）"的利益联结机制，通过建设生态景观茶园和生产示范园，与专合社共同建设标准化的茶叶初制生产车间，实现茶产业的加工增值收益，形成从"生态茶园打造—茶园标准化种植—茶叶初精加工及包装—市场销售—茶旅结合"的全产业链的新型农业产业化运行模式和利益联结新机制，让产业链的每一个环节都能分享农业产业化的经营成果。通过与专合社、农户共建核心茶园基地4万亩，年产茶鲜叶1.6万吨，带动茶叶合作社13家，家庭农场6个。完善茶叶产业链条和创新茶农、家庭农场和专业合作社等多方利益联结机制，直接带动农户22890户，辐射带动农户22880余户发展茶产业。

四川峰顶寺茶业有限公司

四川峰顶寺茶业有限公司是四川省省级农业产业重点龙头企业，高成长型中小企业，高新技术企业。四川省省级技术中心、宜宾市工程技术研究中心、宜宾市领军人才在该公司设有专家工作站。公司产品获得四川省著名商标、四川名牌、四川诚信产品、四川名茶等多项荣誉。主要从事茶叶种植和"峰顶寺"牌系列茶叶生产、加工、销售。

公司现位于高县长江源国际茶贸城4幢，注册资本4000万元，拥有职工133人。拥有绿色生态茶园面积约4万亩，辐射面积8万亩，覆盖高县罗场、可久、羊田、蕉村、落润、文江、复兴、沙河等乡镇，是宜宾优质早茶的主要生产基地之一。有名优茶生产车间3个（分别位于文江镇、落润镇、复兴镇），年加工茶叶能力2000吨。

公司秉持质量第一的发展理念，走发展安全无公害绿色食品之路，严格把关产品质量，在"优"字上下功夫，以科技和基地做支撑，人才和信誉为财富，生产条件和制度为保证，使"峰顶寺"品牌茶叶在不断进取中做大做强。已开发"峰顶寺"牌红茶、绿茶、花茶、白茶新产品数十个，产品在部、省、市多次获奖。公司先后通过农业部无公害农产品、ISO 9001质量管理体系、ISO 22000食品安全管理体系、有机产品认证。公司组织机构健全，企业管理制度完善，先后在淘宝、天猫、京东、阿里巴巴等互联网电商交易平台开设旗舰店，形成直销、代理、加盟、经销商、电商融合的销售链，与全国30余个省市100多家经销公司建立了合作关系。

公司深信"科学技术是企业的核心竞争力"，不断加大科技投入，致力于科技水平和创新能力提高，科技成果的转化应用和示范，取得了丰硕的成果。峰顶寺茶业采取"引进来"的方式，高薪聘请峨眉竹叶青茶厂资深技师担任技术指导，对公司茶技师进行现场培训指导。公司被高县人民政府授予"2015年高县科技创新先进集体"称号。2016年，研究成果中茶

108和中茶302技术规程通过宜宾市科技成果鉴定；同年10月，选育新品种"天府红一号"通过省级农作物新品种审定。2017年获得宜宾市科技进步奖，同年被确定为宜宾新型职业农民实训基地。2019年12月获中华人民共和国农业农村部"全国农牧渔业丰收奖"三等奖。2021年被确定为国家高新技术企业。

四川峰顶寺茶业有限公司十分注重品牌建设，以高质量发展理念全力打造茶叶品牌。早在公司成立前的四川高县恒鑫名优茶厂时，即1998年5月就注册了"峰顶寺"这个商标，如今已发展成为"峰顶寺"牌系列茶叶产品。随着早茶节在成都、北京、浙江等地举办，"峰顶寺"茶叶也逐步走向更大舞台。2012年第五届早茶节期间，公司生产的峰顶贡芽茶品由中国人民对外友好协会作为地方土特产转赠给了全球48位驻华大使，茶品获得了大使们的高度称赞。

四川峰顶寺茶业有限公司在推动现代农业发展、农民持续稳定增收、促进县域经济发展和乡村振兴中都发挥了重要作用，在引领宜宾早茶产业高质量发展中发挥了龙头企业的作用。在公司不断发展壮大的过程中，不

❀ 峰顶寺茶业有机茶园

忘回馈社会。在夯实企业发展基础的同时，致力于帮助农村、农民发展生产，促进农民增收致富，真正做到以企业发展带动农户增收，带动广大农民群众提高生活水平，努力树立公司良好的外在形象。从2003年开始，四川峰顶寺茶业复兴、落润、长田三大茶叶基地相继投产，形成了以三大茶叶基地为中心的辐射带，带动了当地茶农5000余户，辐射茶园面积近3万亩。茶农的人均收入由2003年的2000元增加到了8000多元。在2013年，四川峰顶寺茶业固定资产总值达3346万元，年销售额7887.4万元，缴纳税金108万元。四川峰顶寺茶业更与高县残联合作，为400多户残疾人种茶户免费提供优良茶苗和技术指导，使他们有了固定收入。

四川云州茶业有限公司

四川云州茶业有限公司原名四川高县科毅茶业有限公司，成立于1999年11月2日，注册资本600万元，是"省级农业产业化经营重点龙头企业""省级科普示范企业""守合同重信用企业"和市级"新型职业农民暨基层农技人员知识更新实训基地"。

公司以茶叶制品生产、食品销售、林木种子生产经营、茶叶种植、农业专业及辅助性活动经营为主。现有员工300人（其中季节性用工280人），总资产4853.47万元，产值8813.6万元，现有厂房总建筑面积6525平方米，其中加工车间5143平方米、办公及附属设施1382平方米。拥有绿茶、红茶、茉莉花茶生产线3条，年生产能力可达800吨。注册商标有"云州""云州天芽""云州漫红"。公司产品获得了有机产品认证，绿色食品认证。自主创新产品"云州·川红工夫"颗粒红茶加工工艺于2014年8月获国家技术发明专利，2016年获高县科学技术进步奖二等奖。2017年和四川省农业科学院茶叶研究所共同创新研发出的"云州牌高县黄金芽"系列产品深受消费者喜爱。该系列产品于2018—2023年蝉联"中国·四川国际茶业博览会金奖"，并获"2019年世界红茶产品质量推选银奖"和2020年首届"工匠杯"宜宾早茶天府龙芽特别金奖、"2021四川名茶"、"2022

年第十一届四川国际茶业博览会金熊猫奖"等多个奖项。

公司自有高品质茶园基地1250亩，其中高品质有机茶园418亩，专属茶叶基地（云岭茶叶专业合作社）2000亩，辐射茶园面积1万亩。公司有3个自有茶园基地：文江镇云山村云岭腹地的彩茶园、嘉乐镇龙旺村的黄草坪基地、文江镇七星山的凉村黄草坪基地。基地基础设施设备基本完善并分别被评为"国家茶叶技术体系特色绿茶加工示范基地""四川省茶叶技术创新团队科研示范基地"等。公司凭借基地承接并顺利验收"高品质茶叶安全标准化示范基地"科技扶贫（产业类）项目。

长期以来，公司坚持"公司+基地+家庭农场+专合社+农户"的发展模式，践行"茶园生态化、加工规范化、产品标准化"的绿色发展道路，高度重视产学研协同创新

❋ 黄草坪茶叶生产基地

的生态构建。公司与四川省农业科学院茶叶研究所、宜宾学院等科研院校长期保持紧密合作关系，联合创建了国家农业（茶）产业技术体系特色绿茶加工示范基地、四川省茶叶技术创新团队科研示范基地、四川省科普示范基地各1个，申报省、市级课题5项，开发"云州牌高县黄金芽"等省级金奖产品5个，授权发明专利2项，参与制定有机茶黄金芽系列地方执行标准4部，示范带动了地方茶产业高质量、可持续发展。2021年，公司率先实行区块链智慧化可溯平台，从茶园种植管理到生产加工到包装出厂全都有迹可循，从而实现了基地、产品、市场、品牌的协调发展。

四川龙溪茶业有限公司

四川龙溪茶业有限公司是四川省农业产业化重点龙头企业，主营茶叶生产和销售。公司成立于2012年，位于高县庆符镇凯华路188号。主营业务有茶叶制品生产、销售和茶叶种植、林木种子生产经营等。现有员工153人、专家技术人员9人，茶叶加工厂房5700多平方米，年产能2000吨。曾获得"2018年度宜宾市十大茶叶企业"、2019年"四川省诚信民营企业"、2020年"四川省扶贫龙头企业"、"四川省'专精特新'企业"、2021年"四川省高成长型中小企业"等荣誉称号。

公司有文江镇石龙村和落润镇公益村两个茶园基地。文江镇石龙村基地平均海拔约420米，年均气温16℃～23℃，森林覆盖率达82%；茶园面积12.93公顷，种植品种有"福鼎大白""早白尖5号""川小叶""中茶302"，最早树龄约21年，正值壮年期。落润镇公益村基地平均海拔约840米，年均气温15℃～21℃，森林覆盖率达66%；茶园面积150亩，种植品种为"黄观音"，正值丰产期。企业目前主要茶树品种有"黄观音""乌牛早""福选9号""川小叶"。该基地是宜宾市优质早茶主产区之一，是宜宾市重点培育的"蜀山茶海"现代农业茶叶示范园区和四川省乡村振兴示范区。两个茶园基地均相对独立、封闭性较好，没有工业和生活污染源。两个基地都建立了绿色防控措施，按照有机产品基地技术要求进行管理，

通过有机产品基地认定。

2017年1月，公司被认定为宜宾市农业产业化重点龙头企业，12月建成高县"非公企业四星级党组织"。企业主要产品增加到绿茶、红茶和花茶3个系列。"巴蜀金芽""石龙溪"2个自主品牌产品通过了有机产品、绿色食品认定，列入"宜宾造"产品推荐目录。产品相继荣获第一届至第四届"工匠杯"天府龙芽宜宾早茶评比特别金奖。销售网络不断扩大，遍及四川、北京、上海、重庆、广东、江苏、山东、河北、浙江、湖南等20多个省市，取得较好的经济效益和社会效益。

公司不断加大科技创新能力的培育和建设，先后自主开展了"珠兰红茶""生姜红茶""木姜红碎茶"等产品研发。2015年引进种植特色花香型茶树新品种"黄观音"150亩，实施了"茶树新品种'黄观音'适制性研究""茶树新品种'黄观音'推广示范""'黄观音'工夫红茶生产集成技术研究"等科技项目。2021年，完成企业技术中心主体工程建设，依托与宜宾学院、宜宾职业技术学院、宜宾茶产业研究院的"产学研"合作机制，通过省级企业技术中心创建，开展茶叶特色品种研发与繁育，进行茶叶新产品开发、新技术应用示范和推广，进一步推进茶叶科技成果转化，不断增强了科技创新能力，提升了企业核心竞争力，促进茶产业可持续发展。公司现有特色"黄观音"茶叶产品2个、实用新型专利授权4个。

公司秉持"兴茶惠农、专注品质、融合创新"的发展理念。明确食品安全法主体责任，致力标准化管理、清洁化生产。明确龙头企业的社会责任，致力助农增收、促进集体经济发展。先后通过宜宾市十大茶叶企业、四川省"专精特新"企业、四川省诚信民营企业、四川省扶贫龙头企业、四川省高成长型企业和四川省重点龙头企业认定。2015年，公司入驻公益村开启"龙溪茶业科技园"项目建设以来，在党委、政府的坚强领导下，积极投身脱贫攻坚和乡村振兴事业，致力于助农增收。至2022年底，公司已建成自有茶园基地2000亩，建成有机茶园344亩，带动发展茶园3.5万亩，联结2.2万农户年增收2600元。依托重点项目建设承担了7个镇298户351个特殊贫困人口的帮扶任务。

公司联合村集体公司创新利益联结机制，整合资源、共同投资打造"蜀山茶海服务联盟"，提升"蜀山茶海"市场知名度，提升"蜀山茶海"服务能力、规模和品质，提高茶旅融合项目效益，将茶旅融合引向深入。依托建筑面积4600平米的"龙隐酒店"发展餐饮、住宿、服务等产业，推进茶旅融合发展，三产联动。实施"特色家禽养殖基地合作开发"项目，丰富乡村业态，强化村企联结，壮大集体经济，助农增收致富，在乡村振兴中作出积极贡献。

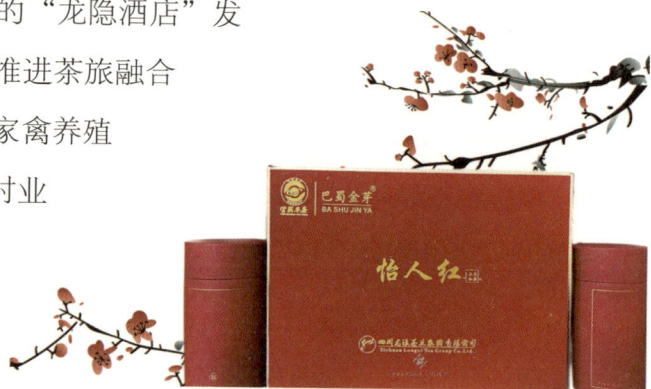

❋ 蜀山茶海AAA风景区核心区

红色高县

　　1919年爆发的五四运动揭开了中国新民主主义革命的序幕。1921年7月，中国共产党在上海成立，一个崭新的政党从此登上了中国的舞台。李硕勋、阳翰笙、张锡龙、陈伯华、邹必诚是高县最早一批入党的中国共产党党员。1927年8月，高县第一个党组织"中国共产党高县党团特支"成立；1938年9月，中共庆符县委建立。在党组织的领导下，高县、庆符县人民开展了轰轰烈烈的工农运动，积极策应"中国工农红军川滇黔边区游击纵队"转战高县的战斗。高县的汉王山地区成为"四川工农革命军独立团"转战的根据地。1949年12月17日，高县武装起义取得成功，高县解放。2003年，宜宾市人民政府批准高县等七县为革命老区县，同时确定高县的12个乡镇为革命老区乡镇。2010年9月，高县被四川省人民政府认定为革命老区县。

党组织的建立和发展

高县最早的中国共产党党员

陈伯华，高县麻柳乡（今属高县沙河镇）人，又名陈适华、陈次华、陈熏、陈如君、陈文盛，1923年加入中国共产党，是高县籍第一个中国共产党党员。

李硕勋，高县庆符镇人，原名李开灼，字叔薰，又名李陶，化名石心、心仁，1924年5月在上海大学由共青团员转为中国共产党党员。

阳翰笙，高县罗场镇人，姓欧阳，名本义，字继修，1925年在上海大学由共青团员转为中国共产党党员。

张锡龙，高县庆符镇人，又名张希铭，1926年在重庆中法大学加入中国共产党。

邹必诚，高县蕉村乡（今高县蕉村镇）人，字家信，1926年在高县加入中国共产党，是在高县本地入党的第一个中国共产党党员。

高县第一个团组织的成立

1925年5月30日，五卅运动在上海爆发。五卅运动推动了中国大革命高潮的到来，也推动了包括四川宜宾党团组织的建设。五卅运动后，在上海大学执教的恽代英（时任团中央局执委、宣传部部长），指派在上海大学社会系读书的宜宾籍青年尹敦哲、郑则龙回到宜宾开展党团组织建设工作。

1925年8月中旬，具有地方组织性质的中国共产主义青年团（简称"共青团"）宜宾特别支部正式成立，尹敦哲为书记，直属团中央领导，同时向泸县团地委汇报工作并受其指导。中国共产主义青年团宜宾特支成立时，中共宜宾地方组织尚未建立，中共中央的方针政策主要由团组织来贯彻执行，宜宾团特支是这个时期领导和发动民众反帝反封建运动的核心力

量。同年秋天，宜宾团特支创办了"简易师范学校"，主要用于培养发展团员。12月，宜宾团特支向团中央汇报工作，报告中谈到在宜宾若干团员中有"住在高县的李竹君"，说明那时在高县已经有了共青团员。1926年1月，宜宾特支召开党务工作会，讨论了涉及南六县（庆符县、高县、珙县、筠连县、长宁县、兴文县）开展团的工作的问题。

之后，宜宾党组织建立，进一步促进了团组织的发展。当时宜宾团特支团员达40余人，成立团地委的条件已具备，就在城区武庙街召开团员代表大会，选举产生了地方执委和书记郑则龙。宜宾团组织建立后，高县相继建立了团的组织。1926年秋天，共产党员邹必诚在高县县城水东门严树田的家，首先发展严树田为中国共产主义青年团团员，之后又发展李孝廉、周树基、邹以南、闵裕厚、刘秉刚、高鹏久、阳本江、赵彰先、李顺文等（均为高县人）为团员。这是高县发展的第一批团员。同年冬，在成都法专学校读书、已加入中国共产党的窦采繁寒假回到高县，同叙联中读书回乡的共产党员邹永斌、团员龙世舜商议，并报上级团组织批准，在高县县城建立"中国共产主义青年团高县支部"（简称共青团支部），选举窦采繁任支部书记，隶属共青团宜宾地方执委会领导。这是高县的第一个共青团组织。支部设在县城水东门严树田家。李孝廉在街上开的中药铺作为团组织联系、碰头和传递信息的秘密联络点。高县团支部成立后，按照上级党团组织的指示，积极开展工农运动和其他群众运动，宣传国共合作、进步思想和马列主义。同年底，根据形势发展和工作需要，中国共产主义青年团高县支部改名为"中国共青团高县特支"，隶属共青团宜宾特支领导。

高县第一个党组织的成立

在大革命时期，宜宾最早的共产党人陈宣三等人来到宜宾，宣传马列主义和革命新思想，开始从事党的地下活动。陈宣三等人于1926年春来到高县，发展邹必诚加入了中国共产党，邹必诚成为第一个在高县本地入党的中国共产党党员。

1927年8月，高县第一个党组织诞生，全称为"中国共产党高县党团特支"，直接受自贡特委领导。1927年4月，由外地回乡、在城区第一初小任教的嘉乐乡（今属嘉乐镇）人邹永斌介绍闵德厚在严树田家入党。先由本人填写入党志愿书，然后在严树田画的马克思画像前宣誓。当时支部的党员有李孝廉（医生）、闵裕厚（教师）、周树基（职员）、窦光汉（字采繁，法专学生），随后又吸收李孝兰（女，后改名李晓南）、闵琼厚（女，学生）二人入党。8月，报经自贡特委同意，建立"中国共产党高县党团特支"，窦采繁任书记，邹永斌、闵椿厚、刘秉刚等人为支委，邹永斌负责对外联络工作。同年冬，支部书记窦采繁离县，经中共川南特委批准，高县党团特支改建后支部书记为严树田，李孝廉、周树基、邹永斌任支部委员。为了保密，他们称共产党组织为"CP"，支部称党员为"大哥"，称团员为"二哥"。支部规定，每星期日晚在支部书记严树田家开一次会议，主要是讨论分析当前国家的政治形势和对付国民党的措施办法。有时也开"读书会"，由到会的每个人谈一周以来看书学习的体会，提出书中不理解的问题，然后由大家一起探讨和阐释。当时供学习的书籍和刊物有《社会史》《阶级斗争》《新青年》等，有时还读马恩原著《资本论》。后来，高县的农民协会、工人协会等许多群众活动都是在支部的领导和推动下进行的。

陈野苹筹建中共庆符县委

1937年8月，省工委决定廖寒非调自贡，由省工委委员韩天石任宜宾中心县委书记，王世焕任组织委员，甘道生任宣传委员，冯愚庸、曾冕庄、赵利群、陈野苹任委员。当时，庆符县党员发展很快，有30多人。宜宾中心县委决定，将庆符支部改建为中共庆符特别支部，曹仲郤任书记，侯仁宗任组织委员，邓介人任宣传委员。8月，省工委派陈野苹到庆符接替了曹仲郤的工作，积极筹建庆符县委。

陈野苹准备到庆符之时，省工委书记周凤平与他谈话和交流情况，说："省委决定派你到川南庆符地下党去工作。"陈野苹接受任务后，从成都起身到泸州。到泸州后，他和川南特委书记李亚群接上了头。李亚群说："川南特委根据省委的意见叫你到庆符县去任县委书记。"还说，"庆符县委书记曹仲郊有点历史问题，不宜在那里工作，要撤换他。"根据上级领导的意见，陈野苹从泸州乘船到了宜宾，到宜宾后和宜宾中心县委书记廖寒非接上了头。到宜的第二天就动身到庆符，一共走了两天。第一天到来复渡（今来复镇，当时是个区），区长王以道（共产党员）接待他。第二天，过了一条河（南广河），来到了庆符县城，和曹仲郊接头后随即办了移交。之后，韩天石和廖寒非又来庆符接洽和商谈有关事宜。

事实上，陈野苹到庆符之前，庆符已成立了中共庆符特支，即特别支部（不够成立县委的条件），特支书记是曹仲郊。当时，国民党县政府有个支部，党员有王臣藩（县政府秘书）、陈德尊（司法处科员）、廖培刚（督学）、张道亨等，县政府这个心脏几乎被共产党掌握和控制了。县长是邓介人（隆昌人），也是共产党员，时年28岁，是四川刘湘办的县职训练班的毕业生。因为他有上层关系，便于开展统战工作，因而组织派他到庆符县。为了开展地下工作，陈野苹要找个职业作掩护，邓介人以县长身份，派陈野苹到来复渡任区委委员，因为常到县里开会很不方便，又改调到南屏乡（后叫石门乡，今已并入庆符镇）去当教员。他每次去庆符开会、开展抗日救亡活动，都吃住在王臣藩家里。

通过积极筹备，1938年9月，中共庆符县委正式建立，隶属宜宾中心县委领导。陈野苹任县委书记，王臣藩任组织委员，邓介人任宣传委员。廖寒非和韩天石从宜宾来庆符传达省委决定，认为邓介人是国民政府县长，不宜在党内任职务，应退出县委职务，去做别的联系工作，以利开展统战工作。邓介人根据上级组织的意见退出县委工作。后接替邓介人宣传工作的是李伯群（贵州桐梓人）。当时来的还有赵里平，后到龙洞学校任教。

在以陈野苹为书记的庆符县委的领导下，因为有邓介人的大力支持配合，城乡抗日救亡运动形势非常好，工运、农运、学运广泛开展。召开各种会议，公开排演文艺节目宣传抗日，组织民众捐物捐款，民众抗日积极性十分高涨。但由于缺乏斗争经验，过于暴露目标，国民党庆符县党部向四川省政府告密称"邓介人赤化庆符"，随后邓介人被撤换，接替邓介人的是复兴社分子王子谦。邓介人被撤职后，于1939年1月，陈野苹也离开了庆符，同他一起走的还有赵里平。他们一起到了重庆。接替陈野苹工作的是川东特委派来的黄觉奄。因为"环境很坏，没法待下去"，黄觉奄只到了宜宾未到庆符。邓介人离开庆符后，到重庆见到了董必武，要求到解放区。因他有上层关系，便于做统战工作，董必武没有同意。后自找职业，脱离了组织关系。中华人民共和国成立后，邓介人任隆昌县政协常委，搞文史工作。1982年冬，已是中央组织部部长的陈野苹到隆昌县见到了邓介人。陈野苹对他评价很高，说"这个人当时对革命很有贡献"，"邓介人表现是很好的，他在庆符搞得很红"，"邓介人做策反工作，是一个功绩，说明他没有忘记自己是一个共产党员"。在谈到邓介人脱离组织关系和为他落实政策时，陈野苹还说："邓介人最后还是有功绩的，对自动脱离党的组织要具体分析，每个人的情况千差万别，要分析他为什么脱离党的组织，搞清楚当时的情况……"

陈野苹和邓介人领导庆符抗日救亡运动作出了贡献，在庆符人民心中留下了深刻印象，庆符人民永远怀念他们。

中共高县县委的成立

1949年12月，高县武装起义取得成功，高县解放。1950年1月5日，中共高县县委成立。1956年5月16—19日，中共高县第一次代表大会召开，鲍春志任第一书记。1960年，庆符县并入高县，彭景琮任第一书记。

中共庆符县委的成立

1950年1月4日，庆符县解放，5日，中共庆符县委成立。1956年5月16—21日，中共庆符县第一次代表大会召开，彭景琮任第一书记。

重大的革命事件

工农运动在高县

大革命时期，宜宾党组织十分重视工人农民运动，早年派李竹君、石非祥、郑宏到广州农民运动讲习所学习，后返回宜宾开展工农运动。随着国共合作在宜宾地区基本格局的形成，宜宾共产党人与国民党左派团结合作，利用当时国民党在社会上的公开组织，大力开展国民革命宣传和组织工作。在宜宾的共产党员和共青团员，根据党的指示，都以国民党左派身份从事公开的革命活动，凡是有国民党左派活动的地方，也就是共产党员和共青团员活动的地方。江子能、陈宣三等来到宜宾后，又在宜宾地区大力开展工农运动和其他群众运动，把国民革命运动扩展到工人、农民、士兵、青年、学生、妇女和商人中去。在广泛宣传的同时，对旧农会、旧工会进行调查改组，宜宾工农协会一度发展到13个行业计4000多人。

1927年8月，党的八七会议召开。高县党团组织成立后，在中共川南特委的直接领导下，积极开展农民运动。10月，高县城关镇（现文江镇）的严树田、窦采繁、李孝廉、刘绍修，罗场的阳本江（阳翰笙之弟，党员，1933年病逝）、刘秉刚、颜文藻、高鹏九，羊田的肖同光、肖同华、龙世舜，蕉村的钟守常、罗孝庆等党团员和青年农民骨干几十人在罗场召开会议，着重讨论以罗场为重点开展农民运动，以蕉村附近的芭茅坡碗厂为重点开展工人运动。决定在罗场、蕉村、龙潭、嘉乐、羊田、老王场建立农民协会。县农会组织由中共高县党团特支领导，刘秉刚担任农会主席，开展工农运动。同时，庆符县（现属高县）汉王山的祭天坝（今胜天镇）、沙河、月江、复兴、黄沙漕（今庆岭镇）等地也秘密成立了农会组织，并与南溪县农民协会取得联系，积极参与筹备南溪"农暴"。

到1927年底，高县有农会会员500余人，庆符县有农会会员700余人，秘密组织参加了南溪"农暴"运动。羊田乡农会负责人龙世舜（党员）、肖同华（党员）受地下党组织委派赴南溪参加"农暴"被反动当局逮捕，龙世舜被害。1928年8月，中共川南特委扩大会议通过《农民运动问题决议案》，把高县、庆符、南溪、宜宾、长宁、古宋（今兴文县）的农民运动划定为第二中心区域，明确指出，在农村，农民运动就是党的中心工作，要求进一步严密组织，继续吸收雇农、贫农、中农加入农民协会，实行土地革命，打倒地主阶级。

高县农会组织在党组织的领导下，于1928年冬月二十八，由仁爱乡（今属文江镇）农会会员杨炳云、何炳兴等30余名农会会员和进步群众通过严密组织，在特支书记严树田的带领下一举捣毁了国民党高县党部，打伤党部书记秦仲英。1935—1936年，中国工农红军川滇黔边区游击纵队转战高县、庆符县时，两县农会组织在中共川南特委的领导下，主动开展工作，积极配合红军游击纵队宣传红军长征的目的、意义，红军的纲领、性质、任务、路线、方针、政策等，张贴标语，砍断国民党高县县府电线杆，切断其电话联络，书写"坚决拥护苏维埃政府""红军是穷人的队伍"等标语。有不少农会会员还参加了中国工农红军川滇黔边区游击纵队，继续与国民党反动派作斗争。

汉王山的武装斗争

1928年5月，南溪农民暴动失败后，中共川南特委决定以汉王山地区为中心开展武装斗争，派南溪农会的袁敦厚、王泽嘉同志在沙河场上一家中药铺设立联络点，在庆符县农会组织的秘密协助下继续筹组农民武装。

1928年6月，"川南工农革命军独立团"在长宁太平场正式建立，王泽嘉任团长，袁敦厚任政委。这是中共川南特支工委领导下的一支人民革命武装。独立团的行动纲领是"打倒贪官污吏、夺取乡镇民团枪支、发展革命武装"。同年秋天，在当地农会组织的密切配合下，王泽嘉率部袭击了高县趱滩乡（今属嘉乐镇）、长宁县三元乡乡公所，夺得"洋台枪"2支。工农革命军独立团在趱滩乡把一些土豪劣绅的财物分给了当地的贫苦农

民，组织他们开展抗租抗捐斗争。一批青年参加了工农革命军队伍，走上了革命的道路。

1929年6月，"川南工农革命军独立团"更名为"南方红军第四路游击队"，部队由100余人迅速扩大到1000余人，转战在庆符县汉王山地区的沙河、复兴、月江、胜天，高县的趱滩、仁爱、白庙等地，活动地带包括珙县、兴文、江安等川南8县和云南、贵州边区一带。

1897年出生在庆符县（今高县）沙河镇的郭洪发，是川南工农革命军独立团游击队的领导人之一。郭洪发出身贫苦，幼时父母双亡，以乞讨为生，10岁当放牛娃，后在沙河街上茶馆当过小工、跑堂，靠做长工和打短工度日。二十五六岁时与一姓唐的姑娘结婚。为求生计，郭洪发曾在本地团总手下当义勇丁和家丁。他爱好玩枪，有手好枪法，被乡里百姓誉为"百发百中的神枪手"。当地豪绅谢二瞎子欣赏他的武艺，常叫他随同外

汉王山

出催租收税，地主豪绅们的横征暴敛和鱼肉乡民的劣行，引起他对剥削阶级的仇视和不满。

1927年春，郭洪发去长宁县铜鼓乡帮人，受到共产党人王泽嘉的影响和教育，萌发了"拿起枪杆子打富济贫、为穷苦人打天下"的思想。为了拿谢二瞎子开刀，干他一场，郭洪发主动为其当家丁和保镖。在谢二瞎子去宜宾返回的路上，郭洪发带领一个班的家丁突然掉转了枪口，从此，他拉起了绿林队伍，并把队伍拉到燕头山和汉王山打富济贫。同年秋，王泽嘉和卢良华在沙河驿十字路口设秘密联络点，特意对郭洪发进行思想教育，使郭洪发及其队伍靠近革命队伍。1928年农历七月，王泽嘉与郭洪发等人在长宁县太平乡杀猪祭旗。8月，王泽嘉、袁敦厚、郭洪发、王世方等8个游击队领导人在长宁县三元乡集会，共饮血酒，对天盟誓"生死相依，患难同当，打倒国民党反动派，把革命进行到底"，并制订了八条铁的纪律，这便是川南工农革命军游击队的"老底子"。郭洪发从此彻底改变了绿林习气，成为中共川南特委领导下的革命武装的重要领导人之一，率领队伍长期转战在环境险恶、反动势力猖狂的长宁、兴文、珙县、高县、庆符一带，使当地贪官污吏和土豪劣绅闻风丧胆。

1928年9月，郭洪发和袁敦厚、袁廷扬、黄凤江、张国忠、张富安等人参加听取了"川南扩大会议"精神，计划月底暴动，收缴地主黄绥珊的枪和夺取团防局的武器，然后配合高县、兴文、长宁、威信郭家坟的暴动，后因叛徒告密，袁廷扬被捕牺牲。同年冬，王泽嘉率队突击高县趱滩乡公所，夺得土枪2支和一些财物，并获悉珙县县政府要押送税银去宜宾，即派郭洪发、李友成、罗子均、王殿成4名骨干乔装成商人，混进珙县县城侦察情况，4人扮成赶帮商贩，跟随在押送税银人员与保镖后面。当行至沙河驿密林深处的"打儿窝"时，早已在此埋伏的游击队突然冲出，击毙其保镖，其他押送人员举手投降，此战缴获税银4挑（每挑银圆120元）、生丝3挑和一批枪弹，以此付清了购买魏弼舟枪弹的欠款，队伍迅速转移。事后还使当地反动当局闹了一场内讧：宜宾当局追查珙县，珙县说是在庆符县境内丢的，要庆符县赔偿。

1929年8月，游击队领导人在兴文县大石盘开会，研究扩大红军队伍和争取田海云绿林武装的问题。会后，郭洪发受命去见田海云，田迫于王泽嘉、郭洪发游击队的正义和威力，表示拥护并投靠游击队，后受命进驻长宁县铜鼓寺，并与敌激战，脱围后转移到敌人防卫薄弱的兴文建武休整部队，以利再战。此时游击队发展到上千人，被当地百姓誉为"神兵"，不仅在宜宾有重大影响，在四川的农民武装建设上也受到高度重视。1930年6月，中共四川省委致中共中央报告中说"宜宾特支有红军游击队四路，人在一千以上，枪在八百以上"。

建武休整期间，王泽嘉、郭洪发在毓秀大庙开会，决定在珙县、兴文、长宁三县交界处的凌霄山建立革命根据地，以利长期坚守。上山之前，由王泽嘉、郭洪发、田海云等率队轮番征粮，筹粮200多担、煤炭数万斤，并由郭洪发领导开展"三操两讲"活动，大搞军事训练和进行思想教育，提高游击队的战斗力。1930年2月7日（农历正月初二），王泽嘉、袁敦厚、郭洪发率队，冒着雨雪和寒风进入凌霄山（又名凌霄城）。

革命根据地的建立发展，引起了反动地方政府的极度恐慌，川南6个县集合地方武装合力进行围剿，由于郭洪发等人的顽强抵抗，敌人久攻不下，地方团防局局长陈高方急切向四川大军阀刘湘求援。1930年2月初，宜宾反动当局调来两个配有迫击炮的正规营，纠集周围7个县团防、民团数千人，由师参谋长兼宜宾县县长的沈眉荪统一指挥，在山下设指挥部，重点把守要道关口，密布岗哨，用竹签和"铁脚板"封锁道口。4月7日开始发起攻击。先后采用炮轰、强攻、偷袭，组织"敢死队""诱降""安抚"等阴谋诡计，均未得逞，游击队多次打退敌人进攻。但由于长期坚守，缺粮缺盐，天气寒冷，敌众我寡等多种因素，部队损失很大。5月9日，游击队组织突围，冲出重围后，为了缩小目标，减少伤亡，采取分散行动。当晚王泽嘉、郭洪发带领6名队员撤到蜂桶坳时，被团防200多人包围。此时所带队员已被打散，躲藏在大树湾罗解氏家里的郭洪发只身一人，被周家乡伪乡长罗秉钧告密。敌人铁桶般包围了罗家房屋，郭洪发不得已冲出屋边猛跳下坎去，躲在一侧的敌人用枪托击中其头部，使其昏倒在地。随即，敌人蜂拥而上，将其捆绑，戴上脚镣手铐，被捆在滑竿上送到珙县。6月13日，敌人将郭洪发、李海荣等5人杀害于珙县南门外，郭洪发时年33岁。

1930年七八月，第四路红军游击队支队长王学勤、王世方等联系幸存的战士20余人到庆符县汉王山地区隐蔽，在庆符县党组织和农会组织的协助下，以汉王山为中心，在南溪、长宁等地发动群众，继续筹组革命武装。9月22日，在汉王山袁龙沟农会会员田少成家里，王学勤、王吉成、王瑞华、王世方、颜衡清、李子清、王华清、李友志、金银发、颜树云、王正南、邓少伯、袁绍华等21名秘密农会会员，饮酒盟誓，结拜为兄弟，决定成立秘密的革命武装，由王吉成负责军事指挥，王学勤负责政治工作。他们决定，暂时不打出红军游击队的旗号，在秘密的农会组织领导下，采取分散隐蔽，个别串联，发动群众，必要时集中武装行动。他们先后动员了一批参加过南溪农民暴动的农会骨干与积极分子，参加到游击队里来。同时，做当地民团工作，争取他们的中立，减少阻力，还派人渗透附近的绿林队伍中去，争取其配合行动。

1931年9月，王学勤率领队伍继续在长宁、庆符、高县、南溪边境等地，在当地农会组织的配合下开展武装斗争，进行游击活动。11月，王学勤率领隐蔽在汉王山的农民武装联合绿林武装队伍，在庆符县月江至沙河的必经之地打儿窝拦截了沙河驿大恶霸王法舜的布匹洋纱数十挑。后来，在1935—1936年，中国工农红军川滇黔边区游击纵队转战川南8县和云南、贵州边区一带时，许多失散的"南方红军第四路游击队"队员又相继参加了中国工农红军川滇黔边区游击纵队和支援红军的游击斗争，在高县人民革命斗争的历史上写下了光辉一页。

红军长征与高县

1935年1月，中共中央在贵州遵义召开政治局扩大会议，结束了王明"左"倾机会主义路线在党中央的统治，重新确立了毛泽东在中共中央和红军中的领导地位，在极端危急的关头挽救了党和红军，为红军北上抗日奠定了基础。为了摆脱敌人的围追堵截，中央红军整编为16个团，目的是由黔北地域经四川北渡长江，与红四方面军会师，寻机建立新的根据地。同时以二、六军团在川黔湘鄂之间活动，牵制四川东南会剿之敌，配合中央红军粉碎敌人新的围攻。

国民党军队妄图消灭中央红军于川南、黔北而精心策划了新的"围剿计划"，总共投入兵力150多个团、30多万人。刘湘命令川南的南溪、纳溪、江安、长宁、庆符、高县、珙县、筠连、兴文、叙永、古蔺、古宋12县团防队为临时办事处，召开防务会议，拟定"防务公约"，并以古蔺、叙永为前方第一线，由古蔺、叙永、兴文、古宋四县团防队"择隘防堵"，高县、珙县、兴文三县"酌量协助"。

1935年2月10日，中央红军在云南扎西召开会议，中共中央和中央军委决定选派一批干部，留下一些武器装备，与泸县中心县委组织的叙永游击队合并，成立中国工农红军川滇黔边区游击纵队（后改为中国工农红军川南游击纵队）。中央指定徐策、余泽鸿、戴元怀、夏采曦、邹凤平5人组成中共川南特委，徐策任书记。军委还抽调国家政治保卫局5个连，1个警卫通信排（电台一部）、1个运输排、1个卫生排和多名修枪工人加强游击纵队力量，要求红军中掉队的伤病员留下来参加游击纵队。

扎西会议后，新编的游击纵队随中央红军进入川南，在川南与主力红军告别。之后，折向叙永县五龙山与王逸涛的游击队会合，正式成立了"中国工农红军川南游击纵队"，有游击队员600多人，编为5个大队，每个大队建立一个党支部，指导员任支部书记，设司、政、后三大部门，政治部设组织部、宣传部、地方工作团（又叫没收委员会，主要是搞宣传，没收地主土豪劣绅的财物分给群众）。按照中央军委决定，王逸涛任纵队司令员，徐策任政治委员兼政治部主任，曾春鉴任副司令员，余泽鸿任宣传部部长，戴元怀任组织部部长，刘干臣任参谋长，杨德胜任供给处处长，张梅风任地方工作团主任，龙厚生任特派员，李桂红（后改名李桂英）任司令部指导员。下设5个大队，分别由董玉清、曾正南、杨登学、梁亚伯、黄虎山任大队长。

据李桂英回忆，川南游击纵队自从和中央红军告别后，长期战斗在川、滇、黔和川南六县，先后参加了配合中央红军"四渡赤水"，袭占上罗、洛表、梅硐，抗击敌人，反击"三省会剿"等许多战斗，条件异常艰苦，战斗十分频繁，"连续两个多月，游击队几乎每天都要打仗，有时甚至一天要打两三仗"，"一直打到三六年底"，大量地牵制了敌人，有力地配合了中央红军北上抗日。5月15日，川南游击纵队攻占珙县上罗后又打下底洞，将团总梁子云盘剥农民的地契、账册当众烧毁，没收两家土豪的盐巴分给农民，高县政府督练长郭简文奉命率所谓"模范四分队"到孝儿堵截，被川南游击纵队袭击，打跑了人称"坐地虎"的洛表团总、代行保商大队长李腾骧。

6月28日，由边区特委书记兼纵队政委的徐策，率部队从珙县上罗穿越石家岩、椅子山进入高县乐义乡（今属筠连县），甩掉高县团防周化成部的追击，在高县维新乡（今属筠连县）粑粑店，击溃了团总应学三堵截红军之民团，直取新场（维新乡治所）。29日，红军游击纵队乘胜挺进，冒着倾盆大雨，趁敌不备，采用正面佯攻，主力过河包抄，三面夹攻的战术，攻克沐爱镇（今属筠连县），歼灭沐爱团防分队和警察大队，击溃了从落木柔（今属筠连县）增援的高县两个民团，并扫通了筠连县团防一大队堵截平寨的通道。30日，红军游击纵队撤出沐爱转移到云南大雪山休整，沿途击溃了镇舟、落木柔两地民团的阻击。7月13日，徐策在率领红军游击纵队反击川滇黔三省"围剿"中壮烈牺牲。

新任特委书记兼游击纵队政委的余泽鸿与司令员刘干臣，于7月21日从云南彝良县小草坝取道高县蒿坝、落木柔、镇舟、吴家坝等场镇，击败民团。次日，占领筠连县巡司场。7月23日，红军纵队撤回云南，在大雪山做短暂停留。7月26日，再次进入高县蒿坝，挥军南下，一举攻克筠连县城。7—8月，红军游击纵队休整之后，再从珙县恒丰进入高县的趱滩、仁爱等地，打土豪，宣传红军和党的政策、方针。所到之处召开贫民会议，张贴标语，砍断国民党高县县政府通信电杆，切断反动当局的电话通信联系。红军勇敢作战，严守纪律，给高县广大劳苦大众留下了深刻的印象。今高县城南3千米处石门子岩壁上曾有"坚决拥护苏维埃政府万岁""红军是穷人的队伍"等标语，仁爱乡群众也留下红军石刻碑文以示怀念。

中国工农红军川南游击纵队，由徐策、余泽鸿、戴元怀等优秀干部组成的特委，领导和率领游击纵队指战员和地方数千名游击队队员，坚决听从党的指挥，以无私无畏的坚强党性和救国救民之心、顽强的斗争精神和铁的纪律，紧紧团结和依靠广大人民群众，不畏艰难困苦，不怕流血牺牲，与数十倍的敌军周旋，付出了重大牺牲，胜利完成了配合中央红军战略转移的光荣使命。

中央红军北上后，由于电台损失，失去了和中央的联系，加之王逸涛投敌叛变（开除党籍，撤销其游击纵队司令员职务），组织和带领反动当局及地方民团等反动武装，实施"三省会剿"，疯狂反扑屠杀游击队队员、革命群众和共产党人，游击纵队在极其艰苦恶劣的条件下孤军作战，前赴后继、转战川滇黔20多个县，坚持游击战争达两年之久，广泛宣传中国共产党的主张，播下了革命的火种。在战斗中，徐策、余泽鸿、戴元怀、刘干臣、张凤光、陈宏、龙厚生、曾春鉴、李青云等一批优秀共产党员、领导干部以及众多红军战士、游击队队员壮烈牺牲，把自己的青春热血洒在了川南边区的崇山峻岭之中，为高县人民的解放、红军长征胜利、中国革命事业的成功立下了丰功伟绩，谱写了一曲可歌可泣的英勇颂歌。

党组织对抗日救亡运动的领导

抗日战争是在中国共产党倡导和坚持的抗日民族统一战线旗帜下，以国共合作为基础，由全国工农商学兵各界、各族人民、各民主党派、各抗日团体、社会各阶层爱国人士和海外侨胞广泛参加的一次全民族抗战。中共中央制订了《抗日救国十大纲领》，提出了"放手发动群众，壮大人民力量，在中国共产党的领导下，打败日本侵略者，解放全国人民，建立一个新民主主义的中国"的正确方针，取得了抗日战争的全面胜利。抗日战争的全面胜利，有力地支持了世界反法西斯战争的胜利，团结教育和锻炼了大后方的人民，加速了中国新民主主义革命胜利的进程。在前方，将士们英勇杀敌、浴血奋战、流血牺牲、捐躯疆场，可歌可泣；在后方，军民合作、除奸生产、捐钱捐物、支援前线，功不可没。

1931年九一八事变后，日本军国主义打着"大东亚共荣"的幌子，对中国大举进攻。4个月侵吞东北三省后，又于1937年7月、8月制造了七七事变和上海八一三事变，同年12月在南京实施惨绝人寰的大屠杀，1938年10月攻占武汉，迫使国民党政府迁都至四川重庆。日本军国主义挥动屠刀，所到之处实行烧光、杀光和抢光的"三光政策"，侵华战争中，杀害无辜中国人民3500万人。四川重庆多次遭到日机狂轰滥炸，就连弹丸之地的宜宾城区和部分县也遭到日本飞机的轰炸。史载，自1939年1月至1944年12月，日军飞机多次临空宜宾，宜宾拉响警报257次。其中，日机先后11次侵袭宜宾上空，7次对宜宾城区投弹轰炸和实施空中扫射。特别严重的是1941年8月11日（"八一一"空袭惨案），给宜宾人民造成极大恐慌和痛苦。当天凌晨4时24分，首次拉响警报，直至下午4时2分才解除，在长达11时38分钟的时间里，宜宾人民跑警报5次。市民、学生、工人、商人、男女老少扶老携幼，潮水一般往翠屏山和真武山两山奔跑，伤者不计其数，有的老弱病残被活活地拖死、踩死在路上，惨不忍睹。在长不足千米、宽不过几十米的山沟里，挤压着两万多人，市民们痛苦万分。当日，27架日机分两次临空，对城区进行轰炸。在小小的宜宾城投弹总计546枚，炸死128人，炸伤200余人，炸毁房屋400余间，给宜宾人民带来了极大灾难，更加激起了宜宾人民抗日救亡的义愤和决心。

高县与宜宾城相距不远，虽未受到日机轰炸，但国民党地方反动势力在蒋介石不抵抗政策、汪精卫投降政策蛊惑下，一次又一次地掀起反共高潮。其间，汪精卫等亲日派、汉奸和地方反动势力，互相勾结，狼狈为奸，迫害共产党员、共青团员、进步学生和抗日积极分子，解散摧毁抗日团体。有的共产党员和共青团员被抓被关，为躲避敌人迫害，他们背井离乡，改名换姓，被迫隐潜外地，停止抗日活动，对高县（含庆符县）的后方抗日救亡运动造成严重损失，给大后方的抗战人民留下了深深的隐痛和悲愤，同时也大大激发了广大人民的抗战热情。

七七事变后的第二天，即1937年7月8日，中国共产党通电全国，进行全民族抗战的总动员，提出了"不让日本帝国主义占领中国寸土"的口号。22—25日，中共中央在陕北洛川召开政治局扩大会议，制订了《抗日救国十大纲领》，又明确提出了"全国军事的总动员"和"全国人民的总动员"的行动口号。具有爱国光荣传统的庆符县人民积极响应党中央和中央军委的号召，在当地党组织的领导和县长邓介人（中共地下党员）的掩护下，充分发动民众，组织各种民众团体及社会各阶层民众，在城乡开展了有工人、农民、学生、教师、商人、妇女、儿童、公务人员、文艺工作者等参加的抗日救亡运动，其规模、声势和效果在宜宾地区都很突出。

动员委员会由时任中共庆符县委书记的陈野苹任秘书，胡某某和省里派来的两名宣传员、南城学社宣传员等若干人组成。办公室设在庆符县政府的一间简陋房间里，两旁各放一张桌凳，墙壁正中贴着"严肃、活泼、前进、紧张"八个大字的"室训"和一些抗战宣传标语，办理抗日救亡运动的日常事务。抗敌后援会是奉上级命令成立的，一切抗日救亡活动都在这块合法的招牌下进行。各乡镇和机关团体都成立协会，宣传共产党的抗日主张，形成抗日统一战线，使党的抗日主张合法化和公开化。1937年，曾征募过一批棉衣、军鞋送往前方，支援将士抗战。1938年春，由县政府秘书、中共地下党员刘松生（夹江人）发起成立抗敌文艺座谈会，目的是团结社会各界人士，特别是知识分子和机关职员，通过座谈会的形式，宣传发动群众，坚持抗战活动。座谈会每月召开一次，主要内容是讲述全国抗战的新形势。由刘松生任主编，会员自发投稿，油印出版小型刊物《抗敌文艺》，经费由县政府补助。刘松生、张道亨等负责收集资料、刻印、装订和免费送阅。刊物共出了三期，对全县全民动员抗日起了一定作用。

为了壮大党的阶级队伍，团结工人抗日，指派南城学社成员郑云骧（共产党员），把城中泥、木、石、铁、缝等行业的工人，选出代表，成立工人协会，取名为"庆符泥木石铁缝职业工人协会"，推选郑云骧为理事主席，罗某某（老石匠）为副主席，会员约100人。凡是会员，都佩戴由工人协会统一制发的胸章。胸章由石印布质制成，绘有锯子、斧头图案。

为了发动广大农民和妇女参加抗日救亡运动，党组织在庆符县南屏乡成立了农会，在庆符女子小学成立了妇女会，分别选出会长，结合形势开展工作，既宣传抗日，又维护农民和妇女的权益。例如，双河场一名年轻妇女，受到丈夫的虐待，被打伤致残，来到县城告状，要求解决。南城学社党组织的同志见该妇女孤苦无依，愤愤不平，主动出面帮她写诉状和向法庭起诉，组织城中女子声援，同时向她讲解封建思想对妇女的危害和妇女也要参加抗日运动的道理，使其十分感动。在妇女会的帮助下，官司打赢，判决离婚，并获得60元大洋的离婚费。儿童团由县长邓介人当名誉团长，分别在南屏乡和县城组建青少年抗日儿童团，团长由地下党员担任。主要任务是教青少年和儿童唱抗日歌曲、喊抗战口号，为他们讲革命道理，宣传抗日的形势和意义。当时编写了一些紧密结合抗日形势、朗朗上口、喜闻乐见的儿歌，并印刷发放全县，组织儿童团员四处传唱，内容好听、好记、好唱，宣传作用不小。

高县抗日救亡运动

1926年和1927年高县党团组织相继建立，抗战爆发后，在党团组织的领导下，高县抗日救亡运动如火如荼开展起来。1931年，日本帝国主义入侵东北，在中国大肆推销日货，高县党团组织组织人员多次参加宜宾人民的抵制日货和反"仇油"斗争，并取得胜利。1937年，日本帝国主义相继制造七七事变、上海八一三事变和南京大屠杀，日本飞机多次飞临宜宾，对宜宾进行狂轰滥炸和机枪扫射，庆、高两县人民同宜宾人民一起同仇敌忾，高举抗日救国的旗帜，有钱出钱，有力出力。庆符县人民成立"抗敌后援会"，捐钱捐物送往前方。阳翰笙、王侠夫、何雪松、李晓南等人怀着对日本帝国主义侵略者的刻骨仇恨，投身抗日队伍，直接从事民族抗日活动并立下不朽功勋。在高县、庆符县，抗日宣传如火如荼。减租减息大力开展。优待抗属，收容难民态度积极。"父母送儿上战场，妻子送郎打东洋"蔚然成风。史载，在抗战中，高县、庆符县先后三批向抗日前线输送兵员12732人，黄谷39000担，在前线阵亡将士220名。1942—1944年，大量认购"同盟公债""战时公债"基金，此外"义务献金""寒衣募捐""武器费""劳军款""赈灾款""募集飞机款"等，高县、庆符县人民都毫不吝惜，大力支持。

为了纪念为抗战流血捐躯的将士们，1938年，高县国民政府时任县长肖天柱在高县县城文江镇金线岭下马鞍山旁的柳湖公园广场内修建了"抗战阵亡将士纪念碑"。碑体呈四边形，攒尖顶，碑身用砖逐层叠砌而成，高15米，碑座基石高50厘米，边长2.2米，碑身正反面隶书"抗战阵亡将士纪念碑"，左、右分别手草"舍身救国抗战到底""成仁取义声播全球"。碑四周有围栏，是庆符县和高县人民祭奠出征抗日阵亡将士的基地和进行爱国主义教育的场所。1985年和2007年，高县人民政府拨款对纪念碑进行了维修，纪念碑是县级保护文物。

1939—1943年，蒋介石采取"消极抗日，积极反共"的政策，先后发动了三次反共高潮。高县、庆符县人民坚持中国共产党提出的"坚持抗战，反对投降；坚持团结，反对分裂；坚持进步，反对倒退"的正确方针，认真执行中共长江局、南方局、川工委、川南工（特）委、川东特委和川康特委以及宜宾党组织的指示，发展壮大组织，坚持抗日活动。仅在庆符就有中共党员180余人，建立15个党支部和6个党小组，在城乡广泛开展了农运、工运和学运等抗日救亡运动。

复兴社分子王子谦接任庆符县县长后，公开打出反共旗号，大肆迫害中国共产党人和抗日积极分子，解散抗日团体，逮捕共产党员。特别是皖南事变后，国民党掀起反共高潮，高县党组织坚决贯彻"隐蔽精干、长期埋伏、积蓄力量、以待时机"的方针，对暴露身份的党员暂时转移，停止、割断关系，有的组织暂时停止活动，保存了党的力量，继续领导了抗日救亡运动。同时，也有力地打击了国民党的反共势力，使中国共产党在庆、高两县人民中深深扎下了根，始终领导着庆、高两县的抗日斗争。

1945年7月26日，中、美、英三国发表波茨坦公告促令日本投降。8月6日和9日，美国先后在日本广岛和长崎各投下一枚原子弹；8月8日，苏联对日宣战；9日，苏军进入中国东北；10日，日本政府对中、苏、美、英四国同盟发出照会，要求投降；8月15日，日本天皇裕仁广播"终战诏书"，宣布无条件投降。消息传来，饱受战争折磨的全县民众欣喜若狂。当晚，高县城区的工人、商人、教师、市民及附近的农民涌上街头，来到柳湖公园，燃放鞭炮，欢呼世界反法西斯战争和中国抗日战争的伟大胜利。

县外赤子积极投入抗日救亡运动

抗战期间，高县、庆符县籍在外赤子们同县内民众一样，在中国共产党的领导下，以各种不同的身份，采取不同的方式，投入抗日救亡运动中，为民族的解放立下了不朽的功勋。

抗日战争爆发后，高县籍的阳翰笙在周恩来和郭沫若的领导下一直从事着民族抗日统一战线中的文艺工作，以笔作投枪斗敌顽。他把抗战中的第三厅和文工委作为国统区抗日民族统一战线的堡垒。在撤退武汉、辗转桂林、迁移重庆期间，积极组织、参与和承办了"抗日宣传周""七七献金""抗日宣传队""孩子剧团""抗敌协会""全国慰劳总工会""战地服务处""对日和国际宣传"，领导中国电影制片厂等10件事，既表现了他的艺术才华，又反映了他的爱国思想和民族精神，为揭露蒋汪卖国求荣的"攘外必先安内"政策作出了贡献。他冒着杀头的生命危险，在敌人的白色恐怖之下，废寝忘食，夜以继日地赶写了许多火药味很浓、斗争性很强、艺术性很高的文艺作品，像钢刀一样刺入敌人心脏。他创作的历史话剧《李秀成之死》，揭露反动派假抗日、真投降的真面目；用电影剧本《逃亡》，喊出了塞北人民"投身义勇军，打回老家去"的心声；用历史剧《天国春秋》和电影剧本《草莽英雄》，揭露反动当局制造皖南事变的罪行，号召人民"有刀的拿刀，有枪的拿枪，没有刀枪的拿锄头也行，和他们干"。

1941年皖南事变后，为避开敌人的锋芒，根据周恩来的安排，阳翰笙回到了老家高县。他从高县返回重庆后，全身心地投入抗日统一战线工作和文艺创作。这期间，政治环境十分恶劣，他经济生活十分困难，几个孩子接连生病，经济和精神上承受着极大的负担，但他不畏政治风险，舍弃个人利益，从不放弃创作和抗战工作。他的8部话剧，一半是在重庆抗战期间写成的，还写成了3部电影剧本。他以太平天国为素材仅用40天就写成了6幕历史话剧《天国春秋》，深刻地揭露了反动派制造内乱的事实，反映和揭示了皖南事变后人民大众的呼声。在审查历史话剧《草莽英雄》时，一些特务攻击阳翰笙搞"专门暴动"，是"暴动专家"。在特务和反动文人的干预破坏下，这部话剧以鼓励四川人民起来推翻政府的"罪名"，被禁锢达4年之久，直到抗战胜利，日本投降，国共双方签订《双十协定》，才得以解禁上演。

1918年，出生在高县罗场的何雪松（又名何永柏、何柏林），名蜀英，乳名"毛四儿"。1932年在罗场小学毕业后考入叙联中，1934年加入中国共产主义青年团。1936年春，中学毕业的何雪松，去泸州参加统考。他和欧阳齐修（阳翰笙的哥哥）、王侠夫、严树吉等人一起考入四川军阀开办的川康公署陆军教导总队，他被分配在第三大队学军事。当时教导总队设在成都包家巷。

九一八事变后，日本大举进攻中国。蒋介石真投降假抗日，积极"剿共"和消灭异己。1935年派参谋团入川，企图借"剿共"为名吃掉刘湘部队。同时，借口中央统一，不准地方势力办军官学校，致使刘湘招收的400余名青年学生入不了学。本想为己培养训练军事骨干的教导总队，经地下党的统战工作，结果办成了以抗日救国为宗旨的学校。为了加强抗日宣传，特别加强了政治教育课，聘请政治教官，讲时势政治、讲国际反法西斯斗争、讲中国的抗日救国。学校比较开明大方，还有不少人秘密阅读进步刊物《大众哲学》《国难三日刊》《大声周刊》等，思想也比较活跃，不少人加入进步组织"武德学会""学友会"，还发展了一批共产党员。何雪松就是这些活动中最活跃的积极分子之一。

1937年，何雪松在教导总队毕业，随第三大队全体学员到省办的战时训练团受训。战训团结束后，为了抗日，他没有去分配的四川保安团报到，而是同欧阳齐修等人到抗日指挥中心武汉。经阳翰笙介绍，安排在国民党军委会政治部第三厅下属的一个单位工作。第三厅是专司抗日宣传的机构，由郭沫若任厅长，阳翰笙任主任秘书，下设3处10科，有4个抗日宣传队、10个抗敌演出队、4个电影放映队、1个孩子剧团。何雪松被分配在电影队工作。国民党政府从武汉撤退后，第三厅经历了十分艰难的历程，辗转长沙、衡阳、桂林、贵阳、重庆。何雪松在桂林留下，与当地抗日宣传队并肩战斗。

1940年，他带领的电影队，被调往浙江省金华第三战区工作，在白色恐怖笼罩下，他同朝鲜义勇军同志们一起战斗。1941年7月，他只身到离桂林城60华里外的临桂县立中学任国文老师，利用讲台大力宣传新文化思想；组织学生出墙报《朝暾》，其内容十分丰富，除一般的作文，还有与学校旧势力作斗争的杂文；组织歌咏比赛，排演苏联话剧《驿站》，深受师生欢迎。当时，广西柳州龙城中学是桂林许多文化人集中避难的地方，他在那里与作家艾芜、雷嘉等有过密切的交往。为了制造抗战舆论，何雪松还筹办过报社，常请知名作家撰稿。他先后出过两本诗集。因日本人打到桂林，出版社被迫关门，诗集流散无存。

高县武装起义

思想组织准备工作 高县的武装起义，既是环境所迫、大势所趋，更是地下党组织长期领导和斗争的结果。具体地说，是川南工委副书记钱寿昌、委员张家璧，以及此前长宁培风中学何子超等地下党员和党组织一手领导和策划的结果。

1948年底，时任国民政府高县县长张洪湖到省上参加全省县长以上扩大会，得知国民党在全国战场的形势"越来越不妙"，便心生"造蒋家王

❋ 万年台遗址

朝的反"的主意。当川南党组织得知张洪湖的想法后，立即确定川南工委副书记钱寿昌、委员张家璧领导筹备高县武装起义。张洪湖把思想进步的内江沱江中学的同学范承善安排到高县任县政府监印，后又任命为政府助理秘书，并对范明言自己准备起义。随即安排他任军政联席会主席（又名特委会主席）和县邮电检查员，专门收取秘密文件。他告诉范："吴凌是准备起义期间的地下党组织联络人，你过去是'三青团'干部，不会引起别人怀疑，因此，叫你担任此职。"之后，范吃住都在张洪湖和吴凌的家里。经张洪湖介绍和推荐，范获得四川省立高县中学和县立高县初中的聘书，教化学和英语。这一连串的言行使范承善心领神会，积极为张洪湖的进步行为造舆论。

范承善与教育界人士广泛接触，先后与高中校长杨禹、初中校长寇仕傥、农职校长黄伯琴和教师王吉安、万庆余等采取郊游的形式，大力宣传"时局不稳、准备应变、保境安民，一切听张洪湖指挥"等思想。为了大造舆论，张洪湖还专门办了一个月的全县教育人员训练班，集中全县18个乡镇的小学校长、教导主任和部分小学教员进行"业务培训"。实际上是开展政治宣传，开设的课程是国际国内形势、政治经济学、辩证唯物主义浅说、农民起义故事、教唱革命歌曲、教扭秧歌舞等，巧妙地宣传党对知识分子的政策。会上，张洪湖把"新民学会"和返家大专院校的进步青年请到会上讲课。他也亲自讲课，除装门面讲一些必要的业务知识外，用隐讳的语言作形势报告，阐述自己对时局的观点和看法，暗中提示和启发青年知识分子思想觉悟。主持此次训练班的负责人万庆余回忆说："事实证明，教育训练班的举办，在大造舆论、扩大准备起义的政治影响方面是起了一定作用的。"

此外，张洪湖还利用各种公开、半公开性质的群众组织，例如"新民学会""农协会""互助社""教职员工消费合作社"进行宣传，甚至"哥老会"、茶馆、川剧清唱等都派上了用场。在高县中学组织师生大唱《山那边有好地方》，刻印了《古怪歌》《黄泥土上》《十五的月儿圆》

《门神门神扛大刀》《尖尖山、二斗坪》等革命歌曲。有些歌曲顺口好听，既隐讳又有启发教育意义。比如"尖尖山，二斗坪，苞谷馍馍胀死人；弯弯路，密密林，茅草棚棚笆笆门，要想吃干饭噻，万不能"等。农职校教导主任万庆余（共产党员）利用油印小报进行革命宣传："月儿弯弯有名堂，田里稻谷青又黄，打得稻谷送地主，佃户还是吃杂粮。"张洪湖对这些公开的宣传睁一只眼，闭一只眼。1949年放暑假，经张洪湖启发和同意，吴凌等人在县府厨房外平了个球场，组织青年学生打球，他经常去参加打球，接近青年学生，了解思想动向，宣传进步思想。

当时，张洪湖是国民政府的县长，宣传马列、发动武装起义是要杀头的。他巧妙策划，在自己家里摆上一张麻将桌，放上麻将和计算输赢的"筹子"，让夫人王少卿在外放哨，无人来时组织学习马克思主义辩证法，有人来时装模作样打麻将。通过学习，理论水平有了提高。大约1949年初，国民党高县党部书记何月笙提出要在高县搜查"异党分子"，意指县政府会计室主任吴凌（中共地下党员）。张洪湖知道后，事先通知吴，并指使范承善连夜把吴所有的秘密文件打成捆转移到自己办公室锁起来。何月笙带领一个班的士兵把吴的办公室包围起来翻箱倒柜，还挖开了地板，一无所获。张洪湖装不知道，和一些人打牌。吴也漠视一切，泰然自若。何月笙扑了个空，自找没趣，弄巧成拙。此事给张洪湖留下口舌："你说抓异党，哪来的异党？"以后再也不提抓异党了。再一件事是处理云山发生的"抢粮事件"。在催粮官和特务的逼迫下，张洪湖走形式，对当事人提起公诉，判其死刑，实际是装门面走过场。在此之前，他暗中通知其家属哭闹公堂，组织进步人士上前说情。张洪湖顺水推舟，判其死缓，之后不了了之。对此事件，反动当局找不到娄子，抓不到把柄，一箭双雕，张洪湖保护了群众和自己，还得了个公正廉明的美称。

组建军队掌握革命武装　抓军队、抓枪杆子是高县实行武装起义的核心之举。在地下党组织的领导下，张洪湖在组建军队方面先后做了一系列的工作。1949年9月、10月，中国人民解放军以排山倒海之势进军西南后，国民党军队和地方反动势力已成惊弓之鸟。12月27日成都解放，国民党反动政府逃往台湾后，各派系军队头目自找出路，自成体系，占山为王，企图负隅顽抗。国民党少将交警十二总队头目田动云与本地反动势力有千丝万缕的联系，奉命在庆、高、珙、筠就地开展游击。高县即将解放前夕，他急急忙忙率队窜向宜宾和高县，其目的是胁迫拉拢地方反动势力，盘踞高县、筠连一带继续与人民为敌。为了打破敌人的阴谋，钱寿昌和张家璧、张洪湖采取"先下手为强"和"釜底抽薪"的策略，决定揭竿而起，实施武装起义，彻底打破反动军队占据高县当地头蛇的美梦。

在党组织的帮助下，张洪湖分析当时的局势认为，实施武装起义成功的可能性是存在的。首先，从全局看国民党败局已定，小股反动势力看似猖狂，实际十分虚弱和惊慌，要想在自身难保的情况下控制时局，阻止人民起义实属无能为力。其次，是从高县的实际情况看，有地下党组织的坚强领导和较好的群众基础，特别是当时高县进步力量占了主要地位，武装起义和平解放高县已达成共识，民众呼声日益高涨。再次是，在思想组织、后勤等方面有了较好的准备，因而，从上到下信心十足。从1949年6月开始，张洪湖利用自己合法的职权，对伪政府和警察中队骨干进行有目的的调整、撤换，把思想进步、拥护自己主张的人调整到重要岗位上来。先后撤换了军事科科长熊元章、民政科科长张处道、教育科科长傅长楠、警察第一中队中队长钟×，任命张凌云为民政科科长、江毓治为教育科科长、曾繁绰为财政科科长、钱寿昌为政府秘书、张家璧和万庆余先后为政府助理秘书。把范曼章、王建昌、范承善、范兴国等安排在教职员工消费合作社、县供销社等单位任职，名义上是抓群众组织和一般工作，实际是利用上述骨干分子搞上下联络，掌握实权，为组织武装起义做准备。

钱寿昌、张家璧、张洪湖等人研究，成立了武装起义五人核心领导小组。部队起义名称为"中国人民解放军叙南公安部队"，设司令部，下属3个大队，1个大队下属3个中队，1个中队下属3个分队，人员约1000人。钱寿昌任政治委员,张洪湖任司令员,张家璧任副政委兼政治部主任。吴凌等人起草起义布告,要求把解放军"三大纪律八项注意"尽快传达下去。基本实施方案是与田动云反动军队开展武装斗争,一是用谈判方式与其周旋拖延时间;二是宴请其连以上反动军官,实施扣押,就地解决;三是把警察大队开出城外,进行全城警戒。后因田动云进城时势力较大,难以实施,暂把起义部队开出城外待命。

军事训练和后勤准备 张洪湖以"应变"为理由,开展了全县的军事训练。地点在县农职校,时间为一个月,参训人员是县3个警察中队班以上干部和18个乡镇保队副职以上现职人员,共100多人。训练内容为讲政治、农民起义运动和军事常识。方法是讲解、练习和考察(考核)。张洪湖任训练班主任,钱寿昌负责政治工作,副总队长王某负责军事课。此外,张洪湖还对起义部队所需粮饷、枪支弹药提前做了安排。用自己合法的行政手段,委派财政科科长曾繁绰和县政府会计室主任吴凌具体负责筹粮筹款。以"应急"为由,从8月份开始追收大户(地主)欠粮,封存大户余粮,拒不外运"国军军粮",将粮食集中在几个乡镇的据点粮仓,以备起义之用。张洪湖还以"拨条"换实物的办法,从自己办公费内划拨103石黄谷作军用(后因手续未完备而未落实)。同时,从县财政拨出专款购买机枪、手枪等武器装备武装各乡民警,为民众自卫队、县中队士兵购置寒衣,动员裁缝限期完成,为每个士兵制作一套黄色军装。

张洪湖把掌握武装当作武装起义最重要的工作。一方面加深感情联络,在18个乡镇设立"哥老会",以此探听消息,粉饰太平,稳住政局。另一方面,利用上方指令,顺水推舟,以"戡乱"为名,抓枪杆子。及时改组县城警察部队,将1个警察中队扩展成3个警察中队,自任总卫队长。成立民众自卫队,加强全县18个乡镇基层武器装备,新购置数挺机枪。还取得伪高县参议会同意,任命跟随自己的周开宇和朱汉良为第二、第三中队队长,并对上述两个中队班以上骨干集中训练。张洪湖在会上讲"本县地方武装有保境安民任务,今后遇有事变,谁扰民就打谁",他要求"军事行动一切听从本县民众自卫队总队长（自己）指挥"，基本解决了武装队伍的统一指挥问题。

认准形势实施起义　1949年10月1日，中华人民共和国宣告成立，解放西南指日可待。人民解放军"二野"（由刘伯承、邓小平、张际春领导）第三、第四、第五兵团和一个特种兵纵队，挺进西南。在第一、第四野战军一部的配合下发起西南战役，任务是解放云、贵、川和西康四省。1949年10月23日，二野根据上级指示下达了《川黔作战命令》，在十八兵团及第一、第四野战军配合下，从湘西向黔进击。其中，五兵团，即十六、十七、十八军和十军担任战略迂回包围任务。十八军入滇向川南迂回，十六军和十军由贵州挺进川南。28日，十六军占领毕节，直指川南门户赤水河。12月上旬，十八军（张国华任军长）兵临宜宾城下，古宋、江安、南溪和珙县先后于12月2日、5日、7日和10日获解放。

此时，高县的武装起义准备工作已基本完成。起义队伍有1000余人，是全县的基本武装力量。全县18个乡镇的武装力量分为3个集中点。第一个集中点置于落润场，辖落润、四维、陈村、羊田、蕉村、龙潭等7个乡。第二个集中点置于县城，辖天星、可久、梁河、腾龙、玉皇、文江6个乡镇。第三个集中点置于老王场，辖仁艾、簸棚、云山、趱滩、中心5个乡。把原建制的县警察中队扩编为大队，辖3个中队、9个分队，待命起义。

此时，国民党军残余部队亦窜至川滇边境，企图利用偏远山区和勾结地方反动势力苟延残喘。其中，川滇东路（四川泸州至昆明）运输局警卫稽查组军统少将组长、交警第十二总队少将总队长田动云，接受国民党国防部保密局局长毛人凤"武装游击反共"的指令，率美式装备的4个大队中的一大队、二大队及总队部，计2000余人，于12月10日进入高县城，与起义后又叛变的原国民党七十二军参谋长许亚殷的一个营会合占领高县城，把高县县政府占作司令部，张洪湖迁到阆家祠办公。11日上午，召开"军管会"，决定成立"国民党川南军政区"，置川南军政区第五分区，由田动云任军政区副司令兼分区司令，辖国民党"中国工农救国军"第一、第二军，由许亚殷任军长，以庆符、高县、筠连3个县为武装游击区域。田动云为拉拢许亚殷，赠送给许重机枪19挺。田部第一、第二大队部分兵力和许的一个连驻守高县城，由第五分区副司令、政工处处长陈粟冬指挥。与此同时，田部一大队、二大队其他兵力由罗场移驻落润。

12月上旬，钱寿昌、张家璧、张洪湖等人研究分析了形势决定立即进行武装起义。但由于信息有误，对当时全川形势认识不足，估计全川解放可能要到1950年6月左右。认为蒋介石在川部队很可能龟缩到西昌以打开国际通道，为此，川南特务活动将更加横行，白色恐怖会更加严重。高县不能坐等挨打，应迅速打出一面旗帜，占领一块地盘，打乱蒋介石的川南特务计划。原定起义时间为12月15日。计划是首先突击庆符县城，争取筠连，而后占领宜宾。万没想到，解放军进展神速，10日，宜宾解放。11日，消息传到高县，人心振奋。形势已变，乘势决定于12月12日实施起义。

在田动云反动军队进驻高县县城之前，钱寿昌和张洪湖已率队到了落润乡。先后接到七十二军起义和专员彭焕章"各县自行解放"的通电。考虑到落润乡地理条件差，无险可守，只好率队转移往嘉乐场。12月12日晚，1000余人打着火把集合在嘉乐操场上，由钱寿昌代表中共川南工委宣布成立叙南人民公安部队，由钱寿昌任政委，张洪湖任司令员，张家璧任副政委兼政治部主任。设立联络组、情报组、后勤组。下辖直属大队，由3个警察中队、9个分队组成。全县民众自卫队划成了3个片区。刚宣布完毕，全场欢声雷动，所有人员将国民党军队帽徽、领章扯掉抛在地上。有人唱起了《白毛女》插曲："自从来了解放军呀，嘿，解放军……"随即，张洪湖签署了"湖字一号文件"，四处贴出布告称中国共产党川南工作委员会团结当地民主人士组成了叙南人民公安部队，维持地方治安，号召叙南群众断绝匪军粮食供应，要求伪政权机关要保存好档案资料等，以便解放军接管。

布告贴出之后，正在开会研究下一步行动计划时，高县党部书记何月笙当晚突然坐滑竿到嘉乐，对张洪湖讲："田总队长说，对不起你，他并未让你让出县城来做司令部，这可能是引起你误会的主要原因，请张县长回城去吧！"又说："田动云愿意投降，但有两个条件：一是指定防地；二是保证安全。"（实际上何月笙是田动云派来的调解人）弄清来意后，钱寿昌当众严正指出："我们这次行动是共产党领导的革命起义，无什么所谓误会可言，国民党的末日已在眼前，田动云的交警总队必须无条件投降，交出所有枪支弹药，向解放军办理投降事宜。此外，无其他可谈。"在这样鲜明的立场面前，何月笙只得以"愿意向田动云转达"来应付，惶然离去。未达成一致意见，敌我双方对峙起来。经当地人介绍将队伍拉上了一座大山"锅边岩"。到达"锅边岩"时，见那里地理条件很差，无险可守。经研究决定，立即向靠近珙县方向的仁爱乡转移。第二天下午3时左右，部队掉头向仁爱进发。

13日下午，许亚殷部200余人经螃蟹滩向嘉乐进攻，张洪湖未与钱寿昌和张家璧商量，即令部队第三大队在鲤鱼窝阻击，遭遇失利，又命嘉乐的约1000人部队经趱滩向仁爱方向撤退。因无统一指挥，秩序极为混乱。晚上，部队打着火把情绪振奋，经过一夜急行军，到达仁爱乡，司令部设在街上，军粮由当地绅士供给（打借条，后抵公粮）。撤退到仁爱乡后，依托铜鼓山的高山峡谷据守。

此前郭汝瑰领导的国民党七十二军已起义，张国华率领的十八军兵临宜宾城下时，古宋、江安、南溪、珙县已分别解放。在十八军占领毕节时，收到刘邓首长指示："十八军应取捷径直出宜宾。"根据刘邓指示，为截断敌人入滇退路，十八军以五十二师为先遣队、五十三师为预备队、五十四师为后卫（军部随五十三师同行），于12月4日出毕节，由八寨坪，经镇雄、古芒、洛表、上罗、珙县、花滩直逼宜宾。7日，五十四师由黔入川从老王场边界进入珙县，8日抵达上罗。9日，解放军先头部队扫清障碍后，当晚进驻珙县县城。

当钱寿昌和张洪湖得知中国人民解放军第十八军已到达珙县后，为巩固和保卫起义成果，一方面把队伍转移到嘉乐固守待援，另一方面先后派江毓才、张晓林、吴凌、万庆余、江穗彬等到珙县迎接解放军，请求支援解放高县。最后一次是由仁爱乡伪县参议员江穗彬带路，万庆余化装成农民，翻山越岭走了一天，不顾散兵游勇的盘查，次日到达珙县县城。第一次见到头戴闪闪红星军帽的解放军，心情十分激动。随即向解放军咨询和说明来意，由一名解放军带路去见到了"一号首长"（张国华），也见到了先派去联系的张晓林。在珙县县城一个茶馆里，张军长详细听取了万庆余等人关于高县武装起义的情况汇报，当即下令一个团（一六〇团）到仁爱乡与起义部队会合。16日，团长范铁波、政委徐达文率领部队到仁爱乡与起义部队会合。解放军纪律严明，秋毫无犯，所到之处均受到群众欢迎，多处设有茶水站，列队鼓掌欢迎。

解放军一六〇团团长范铁波、政委徐达文与张洪湖、钱寿昌研究决定，以解放军为主力，由起义部队配合，分两路进攻高县县城。一路解放军经籁棚、怀远佯攻东门，主力则经云山渡南广河至嘉乐，又分两路，一路直取东门，一路猛攻驻落润的许亚股部。进攻县城的部队渡河时，缺乏船只，当地农民不怕天寒地冻，冒黑打着火把，伐竹扎筏，解放军渡河后天已大亮。17日上午，解放军向县城发起进攻，一阵猛烈的战斗，打退了敌人，下午3时，几路解放军胜利会师，激战一小时，敌人退出县城。击溃敌人500余人，毙伤130余人，缴获一批武器。解放军无一伤亡。在落润场境内，解放军又毙伤敌人29名，俘敌97名，缴获各种枪支100多支。之后，残敌仓皇逃至川滇两省交界处的县属五星、可久、玉皇3个乡境内，成为残匪（后被解放军剿匪部队歼灭）。

战斗结束后，钱寿昌请数十名民工将战利品抬回县城。在一个茶馆里，他给民工们讲话，问："解放军好不好？"民工们回答："好！"为表示对他们慰问，每人发给3升大米。当晚在钱寿昌、张家璧、张洪湖等人主持下，在城关小学校等多处，起义部队和人民群众与解放军召开了联欢晚会，举着火把游行，载歌载舞欢庆胜利，欢庆高县解放。

人民政权的建立

1949年12月12—17日，高县武装起义取得成功，高县解放。解放初期，高县的政权接管工作主要包括原高县、庆符县和沐爱县。1950年2月3日，宜宾行政督察专员公署以宜秘字第23号令高县人民政府接管沐爱解放委员会。

高县、庆符县的整个接收与接管工作，均按照分系统"由上而下，以至上下相配合"的方式进行。先接后分，接与管相结合，依靠群众，共同完成。根据不同情况，庆、高二县采取了不同的措施：一种形式是对旧政权行政机构彻底变动，县上动员人员组织学习，由县上派干部重新组建；二种形式是对银行、税局等金融、税收单位，由县里派干部加以改组；三种形式是对厂矿、学校、卫生等，一般维持现状。同时，对接收中来不及详细审查的财经往来账目，只就旧政府原已编制好的文书档案、账目表册、历任县长或科长移交清册和剩余物资逐项点交接收，点交后由双方签字盖章。对接收到的东西，除剩余物资和主要档案资料统一保存外，一般的文书档案、账册等一律予以就地封存。

1950年1月9日，高县人民政府研究制定了政权接管工作奖惩办法，对所属接管单位原有人员有五种表现之一者给予奖励：一是保护机关场所、仓库资材、机器、武器、弹药、药品、图书、公物、账册、档案等免受破坏者；二是对隐藏、分散及采取其他方式转移之公产公营企业或官僚资本及一切应接管之机关、仓库等加以检举或报告并查实者；三是办理交代积极负责，毫无私弊者；四是恢复工作中起带头模范作用，卓有成就者；五是主动献出公共物资、器材文卷者。具体的奖励办法有口头奖励、传令嘉奖、发予奖金，愿参加工作者优先录用，曾有劣迹者将功折罪。

1950年1月10日，高县人民政府对县城文江镇进行接管，研究制发了政权接管的命令三条：1.宣布本县人民政府已经成立，各乡镇长及乡镇公所各项人员及保甲人员应在人民政府领导之下照常办公，服从本政府之令办理一切为人民而服务之事务，如敢阳奉阴违仍蹈旧辙即予严惩；2.各乡镇保甲长在原伪政府统治下所经营之公物公款公产粮谷、档案以及其他公有物资等项立即清理造具清册，听候本政府随时接收，不得舞弊或少列；3.以上两项顷即遵办。同时，对各乡镇各种公物、公款、公粮、档案及其他公共物资逐一造册登记。12日，高县人民政府颁布第6号命令规定：本县业经解放，人民政府亦已成立，原民间伪参议会应即日解散，停止一切活动，所有该会之物资档案即日清理详明列册报来县府，以便派员点收为要。13日，高县人民政府解散伪参议会，查封国民党、三青团、中国青年党、民主社会等反动组织机构，没收财产、档案，对伪警察中队及伪民众常务队进行接管和改编，成立县大队。高县政权接管工作到1950年3月基本结束。

1950年1月4日，庆符县刚解放。庆符县在接管工作中，对财经部门的接管特别重视，组织了专门的财经接管组，将庆符县前伪税捐稽查处、国税局、县府会计室、财粮两科、县银行、稻谷保管委员会、县公济仓、工商渔业分会等分别逐步接收，接收工作用了一个月完成，整个接管工作在1月底全面结束。县级接收工作共接管了旧县政府9个科室及伪警察局、外贸和各党派等32个单位，同时接收了一批物资，对旧政府公职人员全部安置工作，用其所长。

沐爱县建于1947年10月，原为沐爱设治局。1949年底，沐爱县辖1镇13乡，全县人口74690人。1949年下半年，解放军二野进入川南，时任沐爱县县长钟家荣闻风外逃。詹天浩等一批爱国人士和革命群众组织起来的沐爱县解放委员会（简称沐解委会），推举沐解委会主任委员何著勋代理县长职务。沐解委会成立后，即开始维持当地社会治安，保护粮仓、档案等待人民解放军接管沐爱。1950年2月3日，高县按宜秘字第23号令接管沐爱县。

1950年2月6日，高县副县长王子英（第十军二十八师八十四团二营教导员）带队接管沐爱。7日上午，召开了全县各机关部门人员会议，王子英宣布"撤销沐爱县，划归高县管辖"的命令，同时开展接收工作。决定划分3个组，即财经组、公安组、民教组，对各乡镇各种公物、公款、公粮、档案及其他公有物资逐一造册登记。同年3月，人民解放军驻川南部队进行兵力调整，决定暂时放弃沐爱、兴文两县。3月7日，王子英率队撤出沐爱县，沐爱随即被土匪田动云部占据。7月27日，高县剿匪部队收复沐爱。1951年3月，国家内务部的内民字第36号批复，沐爱县并入高县。1953年10月，沐爱划归筠连县管辖。

1950年2月，庆符县农协会成立；9月，高县农协会成立。分别由县委书记兼任农协会主席，随后两县的区、乡、村都分别建立农民协会、分会和小组。1950—1951年，高县、庆符县先后召开两次代表大会。乡村农协会代行政权职能，一切权力归农会。当时农村中开展的减租退押、清匪反霸、镇压反革命、抗美援朝、民主建设等项工作，都是依靠农协会发动农协会员贯彻执行的。1952年，土地改革后，完成民主建设，农协会代行部分基层政权的作用终结。1975年3月，按照《中华人民共和国贫下中农协会组织条例（草案）》，高县召开首届贫下中农代表大会，选举产生高县贫下中农常务委员会主任1人、副主任4人，并选举出席宜宾地区第一次贫下中农代表大会的代表。

征粮剿匪斗争

征粮　中华人民共和国成立伊始，中国共产党面临着许多困难和严峻考验。军事上，国民党还有上百万军队在负隅顽抗。经济上，所接收的国家是一个十分落后的千疮百孔的烂摊子。国际上，美国拒绝承认并竭力阻挠其他国家承认新中国，阻挠恢复中华人民共和国在联合国的合法席位，对新中国实行孤立、经济封锁和军事包围的政策。

中共中央和中央人民政府根据七届二中全会制定的各项基本方针，采取系列措施，为巩固新生的人民共和国进行卓有成效的斗争。

随着高县、庆符县人民政权的建立和地方武装的加强，人民解放军八十四团部分指战员以及军大、西南服务团、地方干部训练班和各级公安、武装队伍，成为高县、庆符县第一届人民政府的骨干力量。这些经过党的教育和培养、风华正茂的同志，为高县、庆符县的解放和新生政权的建立和巩固，积极参加征粮、剿匪工作，并经受了血与火的考验，创造了光辉的业绩，不少同志献出了宝贵的生命。

1950年1月，高县、庆符县分别成立县、乡各级组织机构和征粮工作队，加强对征粮工作的指导。高县从党政军机关干部、地干班学员中抽250人赶赴区乡开展工作，庆符县抽干部和地干班学员200人组成征粮工作队赶赴区乡开展工作，征集1949年公粮。5月，高县、庆符县征粮剿匪委员会成立，各乡镇成立联防队，广泛发动群众配合征粮剿匪工作。

5月30日，中央人民政府政务院发布关于1950年新解放区夏征公粮的决定。庆、高二县按决定明确要求：

一是凡有夏收而非严重灾荒的地区，人民应负担的公粮分夏、秋两季交纳。夏季交纳的公粮，为全年应交公粮的一部分。

二是夏征国家公粮，征收总额平均不得超过夏收正产物总收入的百分之十三；不得超过国家公粮征收额的百分之十五。

三是对各阶层的征收累进率规定如下：征收额均以户为单位，贫农最高不得超过其夏收的百分之十；中农不得超过其夏收的百分之十五；富农不得超过其夏收的百分之二十五；地主不得超过其夏收的百分之五十。特殊户全年收入在两千担以上者，得由各省人民政府另外规定征收额，但最高不得超过其夏收的百分之八十。地主减租后，佃农交得起租者即应交租。如确因天灾歉收，佃农无力交租者，可免除该地主未能收租部分的土地的夏季公粮。

四是农业收入，按土地的常年应产量计算。常年应产量是指一定自然条件（如土质、地势、水利、气候等）的土地，在一般经营条件和通常种植习惯下的收获量。各地估计常年应产量时，要切合实际，不得估计过高或过低。

五是去年因战争需要所借人民的公粮尚未还清者，及去年秋征公粮中超过应征公粮数额的部分，应根据政务院今年二月二十四日"关于新解放区土地改革及征收公粮的指示"在三年内分期偿还之；本年夏征中，得偿还一部分，其数额由大行政区军政委员会提议报中央人民政府政务院财政经济委员会批准。在去年秋征中尾欠的公粮，亦应依上述指示分别清理之。

六是今年夏征以征收小麦、早稻为主，并得征一部分现款，征收现款数额须由各大行政区财政经济委员会提议报中央人民政府财政部批准。

七是各地方人民政府，尤其是县、区、乡（村）三级应动员全体工作人员及各人民团体，根据此决定原则和办法，亲自下乡，向公粮负担户进行广泛解释，务使大家了解夏征政策及税率比例，以协助和监督，正确完成征收任务。

根据以上决定，高县、庆符县积极展开夏粮征收工作。首先是组织征粮工作人员集中学习、培训（时间4天半），然后才开展具体工作。通过学习、培训着重解决了如下问题：一、干部轻视任务的麻痹思想；二、对政策左右摇摆和不会的糊涂思想；三、对完成任务在时间上不坚决的思想；四、农民怕负担重的思想；五、对农户的土地调查如何才能查实的方法和目的；六、征粮负担计算的方法。

庆符县开展工作紧凑、顺利。仅就庆符县1950年截至10月28日征粮情况报告表明，结果是按照专署下达任务619.15万千克，已超额完成1682.706千克。若加上各区还没有送来的数字估计还要超得多。

庆、高二县征粮工作有序开展。第一，查实产量，使计算负担更公平合理，群众才不致吃亏。对于瞒田情况，用突破一点的方式，即从甲内瞒田户中择个典型进行实地丈量，计算出产量后，开大会教育群众，再叫甲长定计划、立保证，这样就可推动全面。第二，征粮前要在干部中反复学习政策，做好充分的思想动员，然后开好几个会，把征粮的政策与精神传达到群众中去，尤其是一些计算方法要向群众反复举例进行讲解。第三，动员及使用社会力量，特别是要发挥保甲干部的力量，发动乡与乡、保与保、甲与甲、干部与群众、农会与农会间的比赛，掀起了缴粮的高潮。如庆符县一区贾村乡九保、三区龙洞乡三保就是典型，他们不仅在三天内交清公粮，还在缴粮的时候锣鼓喧天，粮筐里插着旗子，沿途高喊口号，一路张贴标语，这样起到了很大的鼓动作用。第四，各级领导抓得紧，县委分了督粮征粮的区域，随时收集情况反映，及时纠正偏差，解决问题，并适当提出批评表扬。这样一来，不仅加强了区一级领导的责任心，还调动了工作队干部和农会及保甲干部的积极性。他们每天及时汇报入仓数字及第二天的估计数字，同时提出问题共同研究，这样使堆放粮食的仓库也就不会出问题。第五，宣传工作做得很好，能起到极大的推动作用。这方面工作四区的南广乡做得比较好。在征粮工作中，学校的秧歌队、宣传队终日在街道上出动，黑板报上及时记载缴粮数字，并作出比较，农会的妇女会员准备了模范花、模范章等缀在缴粮户的胸前，使交粮户感到无比愉快和光荣。

剿匪 1950年初，国民党残余党、政、军、警、宪、特分子，勾结地方封建势力和土匪进行武装暴动，妄图推翻刚建立的人民民主政权。

2月7日，高县二区玉皇乡发生周大孝、彭文范武装土匪暴乱。6日，解放军八十四团五连指导员李胜多率领解放军战士3人、干训班学员6人和旧乡丁3人组成区工作队到玉皇乡开展工作。8日上午，工作队在乡里召开群众大会，宣传党的各项方针政策、征粮工作的具体政策要求以及成立农民协会的方法、步骤等时，原乡警备队队长卢国辉勾结土匪，混入会场，乘机作乱。伪装混杂在人群中的土匪首先向担任警戒的解放军战士开枪，猝不及防的我方当即牺牲3人，另一战士欲突围报信，刚跑到场口2里处被枪杀，其余人被俘关押。二区政府闻讯后于9日凌晨会同八十四团五连1个排急速前往玉皇乡进剿这股土匪，经过半个小时战斗，土匪纷纷溃逃，救出了被关押人员。牺牲烈士李胜多、武清忠、刘天顺、雍永淮的遗体被群众找回，葬于玉皇乡城郊。11月，高县人民政府决定并报上级批准，为纪念牺牲的4位烈士，玉皇乡更名为四烈乡。

3月，匪势猖獗。土匪对新生政权进行猖狂反扑，先后袭击羊田乡、中兴乡（今划入嘉乐镇）、龙潭乡、怀远乡征粮工作队，7名工作队队员遭杀害，高县六区、七区、八区人民政府撤回县城，五区人民政府撤到罗场。土匪随后接连攻打庆符县县城，并袭击沙河、月江、来复区公所，先后杀害征粮工作队队员和解放军战士61人，反动气焰十分嚣张。

活动于高县、庆符县的土匪武装主要有三股。军统特务、原国民党交警第十二总队少将总队长田动云成立"川南军政区司令部"，田动云任司令，交警第十二总队副总队长严仲琦和原川陕路稽查队队长陈粟冬为副司令，他们有电台与台湾联系，受毛人凤指挥。后与由云南流窜来的国民党第八军第五一团团长童登文、匪首陈超部会合，改名川滇黔反共游击军，田动云任总指挥，童登文、陈超任副指挥，总部设沐爱场，号称11个纵队、1个教导师、16个独立大队，主要盘踞高县、珙县、筠连交界地。军统特务、国民党成都游干班设计室主任郑经伟主要盘踞在宜宾县横江镇，与凤仪乡惯匪蒋树清，玉皇乡乡长王新华、地主彭文范、周大孝，以及国民党七十二军起义后叛变的营长陈云鹏勾结后，组成"川南人民反共救国军联合司令部"，活动在宜宾县、高县、庆符县三县交界的16个乡镇。原国民党新七十二军副军长兼三十四师师长欧阳大光、师参谋长宋敏文，率700余人枪，号称8个大队，主要窜扰在高县沐爱及珙县洛表、洛亥一带，建立国民党沐爱县政府，举办游击训练班。

为消灭匪患，巩固人民民主政权，保护人民生命财产，保障民主改革的顺利进行，解放军驻防高县、庆符、筠连、珙县的八十四团，于1950年3月组成四县剿匪指挥部和高县、庆符县指挥部。团长杨仙波任四县剿匪指挥部指挥长兼高县指挥部指挥长，柳金铭（八十四团政委）、张东景（八十四团副团长）、贾昌（高县县长）任副指挥长。驻防庆符县的八十四团一营营长陈家骥任庆符县指挥部指挥长，王茂聚（庆符县委书记）、王清波（一营副营长）任副指挥长，统一指挥部队和地方人民武装剿匪。

1950年2月8日，匪首蒋树清与国民党七十二军参谋长许亚殷起义后叛变的残部，1000余人在黎明前占领庆符县城制高点，部分匪徒乔装成农民混进县城"赶场"，午后枪声大作，匪徒突袭县政府。副县长刘中山与警卫战士立即还击，击毙匪徒9人。众匪惧势不敌，畏缩不攻。驻防县城关帝庙的八十四团一营，忽闻枪声，在营长陈家骥的带领下，分三路向县政府运动，一面向入城土匪还击，一面对付城外土匪，切断入城土匪逃路，形成关门打狗之势。入城土匪得不到外援，又无统一指挥，一击即溃。激战一个小时，全歼入城土匪，生俘30余名。匪首蒋、许恐高县驻军增援，即仓皇向凤仪方向逃窜。解放军无一伤亡。

豆子山位于川滇交界，海拔1033米，在高县县城西南25千米。山高林密，道路崎岖，地形险要，易守难攻，天星桥王氏老房子、德峰岭、一把伞就在山腰部位。田动云匪部选址于此，号称"小台湾"，他们叫嚷"先取南六县，进取宜、泸、川（主要指成都），配合国军，反攻大陆"，多次袭击人民政府征粮队，破坏人民政权的建立。纠集程云鹏、许亚殷匪部，收罗地主土匪武装王鹏文、彭文范、周大孝，分别委以总队长、支队长、大队长，号称有1万人。部署匪中队长袁成武驻守豆子山制高点，万瑞图中队把守凉草坳，扼叙昆大道，陈宝山中队守人头山，形成进可取、防可守之势，控制罗场、落润、蕉村、龙潭、陈村、可久、玉皇场等大部分地盘，负隅顽抗。

解放军八十四团副团长张东景弄清敌情后，决定对豆子山土匪实行攻歼。1950年4月16日，在区中队和地方武工队的配合下，兵分三路，分进合击：一路由张东景率一营、二营两个连200多人，从罗场出发，直扑豆子山；二路由三营七连从庆符县出发，沿红岩山扫清外围，从侧面进逼豆子山；三路由二营五连、六连和三营八连从嘉乐场出发，直插豆子山南侧。4月17日拂晓发起进攻，机枪火力正面射击，一连炮排向豆子山制高点用迫击炮猛轰，匪指挥所被击中，顿时大乱。张东景带领战士乘机攻上制高点，打得土匪乱作一团，击毙匪中队长袁成武和匪徒7人。天明，战斗结束，土匪伤亡15人，活捉30余人，缴获长、短枪30余支。解放军牺牲3人。匪首田动云率残部逃至沐爱。

庆符县红岩山地处庆符、南溪、长宁三县交界，四周峭壁危岩，地形十分险要，森林茂密。1950年3月，南溪县匪首王玉堂率500余人枪逃窜至此，先后袭击月江区公所和征粮工作队，无恶不作。6月初，解放军驻南溪十五军四十四师教导大队和二十八师决定配合进剿。6月9日，四十四师教导大队大队长阴树桢率一中队、三中队，从宜宾南岸出发，经水流溪、黄河口、柑子沟直抵红岩山；二十八师的王克一科长率侦察连经干溪（今福溪），在汉王山山麓与四十四师教导大队配合对敌人形成合围攻势。队伍到达指定位置，占据有利地形。6月10日拂晓，战斗打响，经过正面进攻、侧面突击的方式击溃土匪，匪首王玉堂逃至马家沟，与欧阳大光部四大队会合，依仗红岩山地形优势，继续顽抗。解放军进剿部队乘胜追击，11日13时，分四路向红岩山土匪发起全面进攻，教导大队二中队一阵强攻，消灭马老壳火力点后，占据红岩山制高点，教导队一中队、三中队和二十八师侦察连从三面攻下匪据点，击溃土匪。两天战斗，毙匪13人，迫匪投降200余人，匪首王玉堂逃至珙县洛表，投靠欧阳大光。

平寨位于珙县、高县、筠连三县交界地，三面环水，背靠顶古山，是沐爱前哨。1950年3月，国民党交警总队田动云匪部六大队、八大队、十一大队盘踞平寨，布防严密，互为犄角。郭元宗匪部驻观音坡，黄次衡匪部驻两河口，陈翰先匪部驻平寨场，原国民党筠连县警察中队驻五合山、田坝头，蕉村匪首曹野南驻中坝，朱德超匪部驻梁家沱，田匪之"老二队"驻范家湾，2000多人，号称1万，统由匪首童登文指挥，并成立前哨指挥部，匪首陈翰先任副总指挥，平寨周围火力交叉，工事密布。

解放军八十四团团长杨仙波经过侦察，弄清敌情，制订围歼平寨土匪的详细作战计划，并报上级批准。1950年6月23日，将前沿指挥所移至沐滩，部署二营四连、六连、三营九连和高县、珙县、筠连、庆符县县大队约1000人，分三路向平寨推进。三营九连和筠连县大队为一路，从筠连经白巩滩朱家沟到五合山以西；二营六连和珙县县大队为二路，从珙县上罗，经椅子山、姚家湾、田坝头，直插五合山南侧；二营四连和高县、庆符县县大队从孝儿场，经团结、陆家坡、沙河玉中坝，占领有利地形。6月24日，前沿指挥所下达拂晓攻击令，三路部队同时发起进攻。二营六连在珙县县大队掩护下，强渡南广河，在两河口一举歼灭了黄次衡匪部，活捉中队长方际标、黄天才，随即顺山沟向平寨推进，经短暂激战，摧毁陈翰先指挥部。三营九连同时攻下郭元宗大队观音坡火力点，强占制高点。二营四连游过巡司河，经两小时激战，歼灭梁家沱朱德超匪部，乘胜攻进平寨。天明，战斗结束，毙伤土匪100多人，活捉700余人，缴获大量枪支弹药，童登文、陈翰先、陈粟冬、黄次衡率残匪经鲤鱼沟逃往沐爱。

沐爱地处川滇接壤地，1953年前是高县南部重要场镇。平寨战后，成为各路残匪密集之地。田动云收集残匪成立川滇黔反共救国军指挥部，设沐爱县政府。1950年7月16日，云南威信县陇承尧匪部被歼后，田动云十分恐慌，令童登文修筑工事，固守沐爱，令副总指挥严仲琦驻守沐爱外围，田动云率指挥部移驻落木柔（今民主乡治所），遥控指挥。

7月下旬，高县剿匪指挥部决定，抓住战机，不让敌人有喘息之机，消灭县境敌匪。24日，解放军八十四团团长杨仙波率二营六连，从高县县城连夜急行军，经平寨，25日拂晓前到达沐爱附近隐蔽。八十四团政委柳金铭率三营八连、九连和筠连县大队及云南省军区战斗歌舞团，在巡司场歼灭匪二纵队，击毙匪大队长李朝杰，活捉匪大队长王泽洲，击溃马家坳匪部。随后于25日零时到达沐爱场右侧，占领有利地形。八十四团二营四连从罗场，经筠连、老油房，进抵沐爱场西侧。25日拂晓，剿匪部队冒着浓雾大雨，从沐爱场东、西、北三面发起进攻，激战1个多小时，田匪三纵和直属大队退守三皇庙，凭险抵抗，组织轻重机枪封锁上山小道，使主攻的二营六连4次仰攻失利。团长杨仙波当即决定用无后坐力炮摧毁碉堡、工事，打开通道。土匪大乱，争相夺路逃命，有的慌不择路，坠崖身亡。土匪见大势已去，趁激战跳崖向镇舟方向逃窜，余众全被击溃。毙伤土匪100

余人，俘匪400余人，缴获大批武器弹药。解放军伤亡40余人。

至此，高县、庆符县境3股土匪被解放军剿匪部队基本歼灭，次年县境残匪全部肃清。据匪情况通报，其后，匪首欧阳大光在连天山落网，陈超逃至叙永江门就擒，郑经伟逃入云南，在文山被人民解放军捕获处决，田动云、孔学凡、宋敏文等逃至贵州赫章被四十五师部队包围，击毙宋敏文，生俘孔学凡，田乔装成商人潜回四川，在成都捕获后被处决。历时一年，经过豆子山攻坚战，红岩山、平寨围歼战，沐爱歼灭战等大小84次战斗。其中较大的战斗，高县境内8次，庆符县境5次。毙伤土匪254人，生俘403人，投降2637人。缴获机枪4挺，炮33门，步枪、短枪、土枪300支，子弹23571发。

高县抗美援朝运动

中华人民共和国刚刚成立半年多，正当中国人民着手进行国民经济恢复和改造的时候，1950年6月25日朝鲜战争爆发。美帝国主义公然出兵入侵朝鲜，悍然越过"三八线"，并不顾中国政府的一再警告，疯狂北犯，向中国边境鸭绿江和图们江进犯，还派飞机轰炸扫射中国边境的城镇和乡村，严重威胁到国家安全。面对这样的紧急局势，应朝鲜党和政府请求，中共中央作出了"抗美援朝、保家卫国"的伟大决策，并迅速组成中国人民志愿军，奔赴朝鲜战场，同朝鲜人民一起，以大无畏的英雄气概投入抗击美帝国主义侵略者的斗争。从此，全国掀起了一场轰轰烈烈的抗美援朝运动。

组织动员　高县、庆符县人民和全国人民一样，热烈响应中共中央的伟大号召，在各级党委的组织和领导下，怀着对新中国的无限热爱和对美帝国主义的无比仇恨，积极投入抗美援朝运动中。

高县、庆符县的抗美援朝运动是1950年11月中旬正式展开的。1951年3月25日，中共中央作出了《关于普及深入抗美援朝宣传等问题的指示》后，为了统一指挥，统一行动，便于掌握全县抗美援朝运动进展情况，普及和深入地开展这一运动，中共高县县委、庆符县委根据上级党委的指示精神，成立了抗美援朝组织机构，并在县、区、村三级分别成立了分会。两县共计成立县级抗美援朝委员会2个，区级抗美援朝委员会12个（高县7个、庆符县5个），村级抗美援朝分会400余个。高县抗美援朝委员会成立于1951年4月5日，由孙义任主席，王耀南、胡湘澄任副主席。庆符县于1951年4月中旬成立了抗美援朝委员会。

1951年6月8—10日，高县召开了第六届各界人民代表会议。这次会议的中心议题是抗美援朝工作。会议期间，县委副书记、抗美援朝高县分会主席孙义向代表们报告了朝鲜战场的形势。会议提出了消灭抗美援朝工作空白区、空白点，以扩军、优属、捐献、订立爱国公约等实际行动来支持抗美援朝。形势报告激起了代表们对美帝国主义的义愤，他们在讨论发言中纷纷表示：回去一定搞好宣传，充分把群众发动起来，坚决同美帝国主义斗争到底。

这次会议后，高县县委于1951年6月25日发出了《目前工作的通知》（简称《通知》）。《通知》指出，目前的工作重点是大力发动，采取多种形式宣传抗美援朝活动，普及深入僻乡荒山区域。号召青年参军保卫和平，保卫胜利成果，保卫土改，号召全县人民捐献1颗子弹运动，做到人人捐献。《通知》还明确了抗美援朝的基本方针：宣传要普及深入，要消灭空白区，重点是农村，尤其是僻乡高山区域；另一方面要以实际行动来支持抗美援朝，在"七一"至"七七"要掀起参军、捐献、慰问优待军属高潮。

宣传高潮　为贯彻党的指示精神，广泛宣传抗美援朝运动的意义，使抗美援朝工作家喻户晓，运动一开始，中共高县县委、庆符县委就要求全体党员和社会各阶层、各人民团体都投入抗美援朝的宣传教育中去。为了使抗美援朝的宣传工作广泛深入，高县、庆符县在全县建立了广泛的宣传员网，布置全县的宣传员和报告员，深入各个乡村、集镇进行广泛宣传。宣传内容重点是四个方面：一是美帝国主义为什么要发动侵略战争，它侵略朝鲜的目的是什么；二是朝鲜和中国都是社会主义国家，两国是唇齿相依的关系；三是为什么必须抗美援朝，不抗美援朝的后果会怎样；四是以什么样的行动来支持抗美援朝战争。通过宣传，要求广大群众和干部要懂得五个道理，即懂得美帝国主义狼子野心的本性，它侵略朝鲜的真正目的是为了侵略中国；懂得朝鲜和中国是友好近邻，两国唇齿相依，唇亡齿寒，要保家卫国，就必须抗美援朝；懂得组成志愿军赴朝参战，这一行动是正义的和必要的；懂得为了打败美帝，解放朝鲜、保卫祖国的安全，就必须动用很多的人力和物力，以支援中国人民志愿军和朝鲜人民军；懂得支持抗美援朝战争最好的和最实际的行动，就是坚守岗位，搞好工作，抓好生产，厉行节约。

　　1951年6月17日，中共高县县委召开代表会议，中心议题是如何开展好抗美援朝工作。会后，与会代表组成6个工作组，下到各区、乡传达会议精神。到7月初，全县7个行政区分别召开了抗美援朝动员大会。高县、庆符县各级青年团、妇联、农会、工会等群众组织纷纷行动起来，根据各自的特点和优势，通过时势学习会、讨论会、妇女座谈会、讲座会、漫画、文艺节目、摆龙门阵、黑板报、广播、歌曲戏剧等多种形式，控诉美帝国主义的侵略罪行，肃清亲美、恐美、崇美等错误思想，把思想统一到"抗美援朝""保家卫国"上来。通过一系列的宣传教育活动，高县、庆符县人民的爱国主义和国际主义觉悟普遍提高，民族自尊心得到进一步增强，决心以热爱祖国、保卫祖国的满腔热情投入轰轰烈烈的抗美援朝运动中去。通过召开各种会议，高县、庆符县做到人人宣传，家喻户晓。每个干部、学校教员、学生是首先消灭的空白区，使家家户户、男女老少都知道抗美援朝，然后再扩展到邻居、亲朋。对偏僻山区，除区、乡干部及宣传员经常去进行宣传教育外，还采取由乡村小学校利用星期日进行宣传教育。

　　为了大造声势，掀起抗美援朝的高潮，中共高县县委、庆符县委根据上级党委的指示和全国抗美援朝总会的号召，还于1951年五一节发动全县人民，举行了声势浩大的游行活动。为了搞好五一游行活动，两县县委和宣传部多次发出指示，要求全县各区委和县直各部门在认真做好抗美援朝宣传工作的基础上，努力做好"五一"游行活动的思想和组织准备，并提出了具体要求。

继五一游行大会之后，两县县委和县抗美援朝委员会根据全国抗美援朝总会的号召和上级党委的指示，认真开展了签名与投票活动。所谓签名与投票活动，即拥护世界和平理事会关于缔结五大国（中、苏、美、英、法）和平公约的签名和反对美国重新武装日本、单独对日媾和的投票活动。开展这一活动的主要目的，是为了响应和支持世界和平理事会的号召，给美帝国主义施加政治压力，制止其重新武装日本及单独对日媾和。为了切实抓好这项工作，两县县委要求全县机关、工厂、企事业部门的干部职工，部队的干部、战士，学校的教职员工和学生（主要指小学高年级以上的学生）签名与投票的人数应达到百分之百。经过各级党委和各部门的宣传发动，两县百分之百地完成了签名与投票任务。

爱国公约 高县、庆符县在抗美援朝运动中，根据全国抗美援朝总会的安排部署，在全县广泛开展了订立爱国公约的活动。发动社会各界人民订立爱国公约，是为了进一步提高广大群众和干部的爱国主义觉悟，推动抗美援朝运动更加深入地开展。为了使爱国公约订得切合实际，便于实施和起到应有的效果与作用，两县县委多次指出，订立爱国公约是一件严肃认真的事情，是要照着执行的，不是形式主义的东西。因此，公约的内容不要公式化，不要千篇一律，必须密切联系自身的工作实际和生产实际，进行实事求是的拟订。由于两县县委对这一工作抓得紧抓得细，以及各级领导的深入发动和细致工作，订立爱国公约的任务较好地完成了。高县、庆符县的所有行政村（街道）和全县各机关、部队、学校、工厂、企事业部门，于1951年7月以前都先后订立了爱国公约。

爱国公约的内容都是各界群众按具体情况和需要自行设定的，大致内容有拥护毛主席，拥护人民政府，拥护中国共产党，拥护人民解放军，拥护共同纲领；努力支援中国人民志愿军和朝鲜人民军，反抗美国侵略；反对美帝国主义，拥护解放台湾，肃清美国在华侵略势力；反对美国重新武装日本；协助政府肃清特务，消灭反革命谣言；工人农民努力生产，职员努力服务，学生努力学习，商人努力城乡交流，服从政府经济政策，反对投机；爱护国家财产，保守国家机密。

捐献活动 高县、庆符县的捐献活动（又称增产捐献和武器捐献活动），是在全国抗美援朝总会1951年"六一"号召后才开始的。在1951年国庆前，两县掀起了抗美援朝运动的高潮。为了便于各区委领导与掌握住认捐情况，做到心中有数，县委号召全县人民大力开展捐献一颗子弹（旧币几千元）运动，号召大家生产节约一些东西来捐献。为了确保捐献活动能够顺利进行，县委在下达认捐指标的同时，一再强调认捐活动一定要坚持自愿原则，由自己认捐，各级领导不得强迫命令，不得平均摊派，不得包办代替。

高县、庆符县的认捐活动，由于两县县委的高度重视，政策交代得清楚，加之各区领导的深入宣传和大力发动，两县人民不拘多少，凑少成多，做到了个个捐献。农民增加生产，多搞副业，多养一抱鸡，省吃俭用来捐献；工人提高效率，节省材料，工资抽百分之一来捐献；工商界将利润的一部分拿出来捐献……较好地完成了认捐任务。此外，广大群众还给志愿军战士写了大量的慰问信，赠送了大批慰劳品。尽管天下初定，人民生活还十分艰苦，但是广大人民群众舍小家为大家，节衣缩食，以自己的最大努力支持抗美援朝战争，积极响应捐献号召，到1951年9月27日，高县、庆符县共收到抗美援朝捐款1.9亿元（旧币），大米6490千克，稻谷30200千克。1952年，高县、庆符县为抗美援朝捐款8.6亿元（旧币）。

踊跃参军 为了充实和加强抗美援朝、保家卫国的军事力量，中共高县县委、庆符县委在狠抓签名与投票、武装捐献、订立爱国公约三项工作的同时，还大力抓了补军扩军工作。1951年6月25日，高县县委在《目前工作的通知》中，号召全县适龄青年积极报名参军，保卫和平，保卫胜利果实，保卫土地改革。为了保质保量完成补军任务，在动员农民参军之前，县委多次发出指示，要求各区委一要广泛深入地向广大农民群众宣传补军的重要意义，二要分片开好五个会议（村干部会、农协会员会、青年民兵会、妇女会、烈军属会）。一方面要启发农民群众忆苦思甜（忆过去受美、日、蒋、地方、恶霸反革命分子迫害之苦，思现在翻身解放、分得土地之甜）；另一方面要进行三个教育（爱国主义与国际主义教育、抗美援朝保卫胜利果实教育、一人参军全家光荣教育）。通过忆苦思甜和三个教育，广大翻身农民参军的热情高涨。当时前进乡湾滩村的潘正光是优秀民兵，在区里的动员大会上，听了工作组的动员报告后，没回家同母亲商量就上台报了名，激起了全场雷鸣般的掌声。

高县、庆符县的补军工作，由于县委的重视，各区委的努力，不仅保质保量完成了任务，而且在报名参军的过程中，涌现了许多父亲送儿子、妻子送丈夫、哥哥送弟弟的动人情景。据统计，两县在1950年10月至1953年4月，广大适龄青年先后报名参军的有8000余人，经过体检和政审合格送到部队的有1267人（高县627人、庆符县640人）。这1000余人，大部分都赴朝作过战，他们中的许多人在朝鲜战场上表现得勇敢顽强，不怕牺牲，为抗美援朝战争作出了巨大的贡献和牺牲。高县、庆符县在抗美援朝战争中立过战功的志愿军有37人；在抗美援朝战争中牺牲的志愿军烈士有125人，涌现出了特等功臣、"孤胆英雄"潘正光等英雄人物。

拥军优属　为了解除前方战士的后顾之忧，保障抗美援朝战争的胜利，高县、庆符县组织广大群众开展拥军优属活动。拥军优属的主要形式是为无劳、少劳的军烈属代耕。

1952年底和1953年初，高县、庆符县开始普遍开展春节拥军优属活动月，大多数区、乡做出了年度计划，普遍实行了固定代耕。据统计，两县共代耕1190户，代耕田8653.36亩。完全无劳力的实行大包耕，缺乏劳力的实行小包耕或固定帮工。据庆符县第三区统计，全区军烈属共225户，享受代耕待遇的181户。其中，大包耕47户，小包耕48户，帮工86户。由于改进了代耕方法，因此代耕田大部分增产。及时发放优抚款，两县共优抚4218户，16354人，发放优抚款214256250元（旧币），有效地帮助军烈属解决了一些实际困难。发放中坚持不撒胡椒面，实行重点发放，每户都在10万元以上。庆符县二区为140户军烈属发放优抚款1600万元，帮助军烈属自力更生，努力生产。

从1952年初开始，遵照中共中央关于农业生产互助合作的决议，高县、庆符县人民在县委的领导下开展互助运动，到年底已形成群众性的运动。高县有互助组2368个，有农户18853户，约占全县总劳动力的42%。庆符县有互助组3503个，有农户17437户，占总农户的47.08%。互助合作运动对发展农业生产起了积极作用，克服了生产中的困难，提高了劳动生产率，互助组在各项生产运动中起带头示范和推动作用，并涌现了一大批先进模范人物。1952年3月，高县、庆符县农业生产互助合作运动一开始，高县四烈乡的卢国刚和庆符县南屏乡的罗国华率先成立互助合作组。卢国刚互助组为12户军烈属代耕，同时还帮助其他军烈属犁田，并教会三位妇女犁田耙田。在他的带动下，全乡13位妇女学会了犁耙，三分之二的妇女参加农业生产。在高县首届农业劳模大会上，卢国刚被推荐为出席全省首届农业劳模大会代表。1953年，高县四烈乡农业生产互助组组长卢国刚参加赴朝慰问团四川分团前往朝鲜民主主义人民共和国慰问中国人民志愿军。

为了支持抗美援朝前线，为抗美援朝战争的最后胜利奠定雄厚的物质基础，高县、庆符县人民在县委、县政府的领导下开展了爱国增产节约运动。高县、庆符县的抗美援朝运动之所以取得巨大成绩，主要原因是得到了广大人民尤其是农民的真心拥护和支持，这是抗美援朝战争最终胜利的根本原因。中华人民共和国成立不久，党适时地在全国范围内进行土地改革运动，彻底推翻了延续了几千年的封建土地制度，使广大农民成为土地的真正主人，实现了"耕者有其田"的夙愿。广大农民真心实意地拥护党的各项政策和决定。高县、庆符县的土地改革从1950年开始，到1952年3月全部结束。两县共没收和征收各种土地近24.62万亩，房屋57390间，耕牛13306头，谷68077担，没收和征收的全部财产和绝大部分土地分给了广大贫苦农民。这一切，均使广大农民欢欣鼓舞。当美帝国主义企图将战火烧过鸭绿江，广大农民的胜利果实有可能化为乌有的时候，他们衷心地拥护党中央"抗美援朝、保家卫国"战略决策，心甘情愿地为之奉献和牺牲。

坚强的组织领导，扎实的工作作风，确保了抗美援朝各项工作的顺利进行。抗美援朝开始后，高县、庆符县先后成立了县抗美援朝分会、县征兵委员会、县爱国生产委员会，县委、县政府主要负责人亲自挂帅。为了确保工作任务的完成，县委、县政府在工作方法上注重抓重点，培养典型，以点带面。如高县在开展爱国生产运动中，以二区四烈乡为基点乡，各区委均确定一个乡为重点乡。广大干部在工作中继承党的优良传统，深入扎实，雷厉风行。1951年的扩军任务下达后，高县于5月27日召开动员会，仅仅两三天的动员发动，当月31日各区就陆续送兵，6月6日结束，全县提前5天完成任务。全县报名参军人数达8000余人，为扩军任务的7倍。

广泛深入的宣传发动是抗美援朝运动顺利进行的重要保证。抗美援朝开始后，中共高县县委、庆符县委根据中共中央西南局"关于大规模开展时事宣传运动"的指示，组织全体干部和一切可以动员的社会力量，运用各种形式，如巡回报告会、黑板报、读书活动等，在全县范围内迅速掀起了大规模的时事宣传教育，充分揭露美国侵略者的本性，宣传抗美援朝的性质、意义。通过宣传教育，讲清抗美援朝就是保卫国家，就是保护土改翻身的胜利果实，树立抗美援朝必胜的信心，扫除一切亲美、崇美、恐美的思想，使抗美援朝、保家卫国的思想深入人心，家喻户晓。两县举行的反对美帝国主义侵略朝鲜和中国领土台湾的游行示威活动，参加和平签名的达30余万人。

杰出的党史人物

李硕勋

李硕勋是中国共产党优秀党员，中国早期进步学生运动的杰出领袖，我军卓越的军事指挥员和政治工作者，英勇的共产主义战士，忠诚的无产阶级革命家，"100位为新中国成立作出突出贡献的英雄模范人物"之一。

李硕勋原名李开灼，字叔薰，又名李陶，化名石心、心仁，1903年2月23日出生在四川庆符县（今高县庆符镇）一个开明绅士家庭，从小受《李氏家训》教育"读书志在圣贤，非徒科第；为官心存君国，岂计身家"，立下求学报国之志。

❋ 李硕勋

1912—1918年，李硕勋在庆符梧岗书院、县立小学读书，学习成绩优异，勤于思考，不追求死记硬背，寻章摘句。辛亥革命启蒙了他幼小的心灵，立下大志"吾不欲为学者，愿成功一事业家"。1918年考入叙府联合中学读书，后就读成都储才中学。1919年，五四运动爆发，在成都储才中学读书的李硕勋带头参加成都学生游行，被推荐为省学生会代表。1920年

✿ 1925年，学联第七届执委合影。后排左二为阳翰笙、左四为李硕勋

12月，第二次考入宜宾叙府联合中学，被选为四川学联抗敌后援会宜宾负责人、示威游行总指挥，领导宜宾轰轰烈烈抵制日货的斗争。1921年初，李硕勋不安于宜宾的闭塞，与挚友阳翰笙来到成都，插班进入四川省立第一中学学习。1921年冬，与童庸生、阳翰笙等人筹建四川社会主义青年团，成为中国共青团的先驱者之一。6月，组织开展争取教育经费独立运动及学生驱逐军阀派遣校长严恭寅的斗争。

1922年11月，李硕勋离开成都，经重庆、南京辗转到北京，进入北京弘达学院。1923年底，南下上海，考入上海大学社会学系。1924年5月，由中国社会主义青年团团员转为中国共产党党员。

1925年五卅惨案发生后，李硕勋参加上海工商总会联合会，当选为委员，参与领导学生、工人、商界的"三罢"斗争。6月17日，在全国学联第七次代表大会上当选为全国学联总会会长。9月1日，发起召开反帝同盟代表大会，被推选为上海反帝大同盟主席。7日，在上海十多万人参加的国耻纪念大会上，被推选为主席。10月，兼任全国学联党团书记。1926年7月23日，在广州主持召开第八届全国学生代表大会，再次被选为全国学联总会会长。中央指示他以个人身份加入国民党，兼任国民党上海市党部秘书长。他通过国民党上海市党部、国民会议促成会，揭露北洋军阀践踏民主、实行专制独裁的种种罪恶，并领导全国学界开展声援万县惨案的斗争。

1926年10月，李硕勋受命到中共湖北省委工作，任武昌县委书记兼武昌地委组织部部长。同年冬任共青团湖北省委书记。1927年春，被党派到国民革命军第四军二十五师任政治部主任，叶挺时任副师长。4月20日，二十五师奉武汉国民政府命令，作为先遣部队继续北伐。在北伐战斗中，他冒着枪林弹雨，亲临前线，鼓励将士不怕流血牺牲，发扬铁军英勇顽强的战斗精神。他参加指挥的河南东洪桥、西洪桥、上蔡等战斗都取得了胜利，为打败北洋军阀，赢得北伐胜利作出重大贡献。

1927年4月12日，蒋介石在上海发动反革命政变，武汉国民政府命二十五师回师武汉东征讨蒋，参与平定夏斗寅的叛乱。8月1日，按照南昌起义计划安排，李硕勋与聂荣臻、周士第率部抵达南昌参加起义。当日，根据党的决定，这支部队新编为起义军第十一军二十五师，周士第任师长，李硕勋任党代表。

起义部队撤出南昌，挥师南下后，于8月24日早晨，会昌战役打响，激烈的战斗从早晨一直持续打到下午，4时许二十五师攻入会昌城，歼灭大量守敌，缴获许多枪支弹药

❀ 八一起义军三河坝战役烈士纪念碑

给养，取得了会昌战役的胜利。9月18日，起义部队到达广东大埔县三河坝。这时，南昌起义军主力直奔潮汕。周士第和李硕勋带领的二十五师则留在三河坝，归朱德指挥，与第九军教导团一道共3000余人，扼守三河坝，担任掩护殿后任务。10月1日，

✽ 浙江省博物馆内新民主主义革命时期的十位省委书记雕像，中为李硕勋

三河坝战斗打响，持续到第三天，虽然消灭了敌人3000余人，并缴获大量枪支，但二十五师也伤亡900余人。为保存革命力量，二十五师主动撤出战斗。

10月下旬，部队到达江西南部的天心圩。朱德委派李硕勋回上海，向党中央汇报部队的战斗情况和请示今后行动方针。李硕勋离开了起义部队。这支部队后来转战广东北部，再插入湖南南部，在那里发动了"湘南起义"，后来由朱德、陈毅率部上了井冈山，实现了伟大的井冈山会师，成立了工农革命军第四军。

1927年12月，李硕勋由江西到广东，经香港到上海，向中央汇报了南昌起义军在赣粤边区艰苦奋战的情况。之后，中央将他留下并安排他的妻子赵君陶配合从事白区工作。

1928年5月，中央派李硕勋任中共浙江省委常委、省委代理书记、省委军委书记。1929年1月16日改任省委组织部部长。"四一二"反革命政变后，浙江各级党组织被破坏殆尽，李硕勋到浙江工作后，各级地方党组织有了较快的恢复和发展，建立了20多个县的党组织，其中有10多个县建立了县委，还成立了1个特委。领导发动了永嘉、瑞安、平阳等县的武装起义，沉重打击了敌人。之后，调任上海沪西区区委书记、上海沪中区区

❋ 中国工农红军第十四军建军纪念碑

委书记，他经常乔装外出，秘密来往于工厂、街道，组织和发动群众开展斗争。

1930年春，李硕勋任中央军委委员兼江苏省委军委书记，在周恩来直接领导下从事军事工作。4月上旬，在通海、如泰地区建立中国工农红军第十四军，他们采取灵活机动的战略战术，不断打击敌人，取得辉煌战果，不久就发展到2000余人。他认为建立正规的红军应作为军委工作的重点，整合各地起义队伍，以肖县武装起义队伍为主力，加上宿县、铜山县、王寨、永固等地的起义部队，建立红十五军。8月下旬，在苏东北石牌、南河一带建立红十七军。时任江苏省委书记李维汉1984年2月回忆说："建立红十四军、红十五军、红十七军，是李硕勋及其他同志对中国革命事业的一大贡献。"

9月，中央指示江苏省行动委员会改组为中共江南省委，李硕勋任省军委副书记，旋即任书记。10月29日，江南省委决定由陈云、李硕勋等组成江南省委外县工作委员会，发动农民开展游击战争。李硕勋对工人运动、学生运动以及妇女运动也积极关注和指导，组建工人纠察队，并对纠察队的骨干队员发放武器装备，择机打击敌人、惩治消灭叛徒，全力保护地下党组织的安全。

1931年1月17日，中央决定撤销江南省委，李硕勋仍任江苏省委军委书记，王明任江苏省委书记。其间，李硕勋光明磊落、胸怀坦荡，用正确的理论、丰富的对敌斗争经验与王明"左"倾教条主义路线进行斗争，力争在行动上纠错，避免造成更大的损失。2月，蒋介石调集20万大军，再次对中央革命根据地实施"围剿"。李硕勋认为必须发动江苏、上海等地的进步人士声援和配合中央革命根据地的反"围剿"斗争，使敌人后方不得安宁，并在江苏、上海发动工人运动，向苏区及红军根据地输送了大量的人员、药品、金钱和物资，有力配合了中央根据地的反"围剿"斗争。

1931年4月，参与领导中央情报保卫工作的顾顺章在汉口被捕叛变。中央决定转移一批白区工作的骨干，派往红军和革命根据地。5月，中央派李硕勋到革命根据地任红七军政委。李硕勋接受任务后，取道香港转赴红七军。5月20日，李硕勋登上开往香港的客轮，在码头上，老同学阳翰笙夫妻二人和李硕勋的妻子赵君陶及儿子李鹏前来送别，李硕勋抱着三岁的儿子李鹏亲了又亲，直到开船一刻，才依依不舍地将儿子送回妻子赵君陶的怀抱。经过4天的航程，24日晨，顺利抵达香港，因病留港治疗。当时，中共两广省委机关设在香港，由于敌人破坏，迫切需要大批干部。6月10日，中共两广省委书记蔡和森不幸被捕，壮烈牺牲。鉴于广东急需干部，同月，中央决定李硕勋任广东省委军委书记，就地留在香港工作。

7月7日，李硕勋遵照党的指示去琼州（今海南省）召集军事会议，策划在海南岛进行游击战争。8月13日晚，由于叛徒出卖，在返回海口得胜沙路中民旅店时被捕。入狱后，因身份已被敌人所知，为了保护组织和同志的安全，他与敌人进行了针锋相对的斗争。在狱中，受尽严刑拷打，毫不动摇。他利用一切机会向难友、狱兵开展革命宣传，宣传中国共产党的政治主张、历史使命，号召大家团结起来，为国家富强、人民解放而进行斗争，体现了一个共产党员生命不息、战斗不止的英雄气概。狱友陈加清回忆说："李硕勋每晚受刑讯几次，敌人将他用铁丝缚起来，悬吊在半空中，像荡秋千般地摇来摇去，用种种酷刑折磨他。""每次回监房，都是遍体鳞伤，鲜血直流。但他对自己的生死却置之度外，乐观地对我们说：要为了主义继续奋斗，前途是光明的！"

9月，李硕勋在狱中给妻子赵君陶写了一封光耀千秋的遗书：

　　陶：余在琼已直认不讳，日内恐即将判决，余亦即将与你们长别。在前方，在后方，日死若干人，余亦其中之一耳。死后勿为我过悲，惟

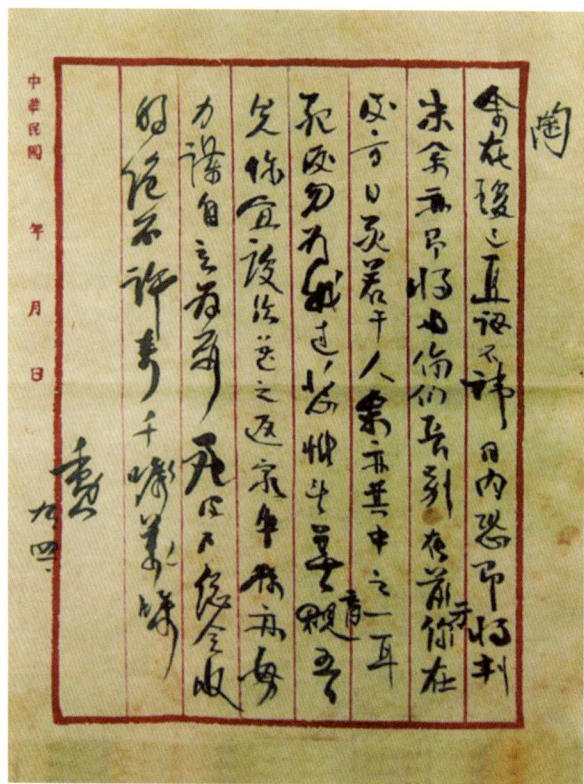

❋ 李硕勋遗书

望善育吾儿。你宜设法送之返家中，你亦努力谋自立为要。死后尸总会收的，绝不许来，千嘱万嘱。

9月5日，反动派接到电令将李硕勋就地枪决。国民党宪兵队将已被打断双腿的李硕勋用箩筐抬到海口东校刑场行刑。他大义凛然，大声高呼："打倒国民党反动派！""中国共产党万岁！"从容就义。

"艰难困苦，玉汝于成。"一批批革命先烈前赴后继、浴血奋战，实现了民族独立、人民解放。中华人民共和国成立后，李硕勋生前的老战友朱德题词："硕勋同志临危不屈，从容就义，是人民的坚强战士，党的优秀党员。他对革命的功绩永垂不朽！"

邓小平同志题词："李硕勋烈士永垂不朽！"

❋ 李硕勋纪念馆

❋ 海口市李硕勋纪念亭

　　李硕勋的一生，是革命的一生，战斗的一生，光辉的一生；他的革命风范长存于世，他的崇高精神永留人间；他的卓越才干和不朽功绩人民永远铭记，他的英名永载中国共产党和中国革命的光辉史册。

❀ 四川省纪念李硕勋诞辰100周年大会

❀ 硕勋公园

阳翰笙

阳翰笙是中国共产党优秀党员、忠诚的马克思主义文艺战士、中国新文化运动的先驱者之一和文艺界卓越领导人。享誉中外的中国现代文艺的开拓者和著名作家、戏剧家、电影家。一生留下众多著作，达700余万字。

阳翰笙姓欧阳，名本义，字继修。他先后用过欧阳华汉、继修、杨剑秀、欧阳翰、寒生、林箐、阳翰笙、小静、一德等笔名，发表文章以用华汉和阳翰笙最多，后来习惯称为阳翰笙。

1902年，阳翰笙出生于四川省高县罗场镇一个丝茶商家庭。

1918年，阳翰笙考入颇有名气的叙府联中（今宜宾市一中），每学期成绩均名列前茅，在这里与同班同学、庆符县（今高县庆符镇）人李硕勋成了莫逆之交。1920年秋，他与李硕勋联袂转到成都省立一中学习。1921年，成都成立学生联合会，他和李硕勋作为省一中代表，被选为理事和执行委员。1922年春夏之交，他同李硕勋等在成都筹建"四川社会主义青年团"，因参加成都学生运动遭军阀通缉，辗转东下重庆，又到泸州向中共早期青年领袖恽代英请教，之后又到五四运动的爆发地北京寻求救国救民的真理。

✽ 阳翰笙

　　1924年夏天，阳翰笙经青岛取海道至上海，经考试插班入上海大学社会学系，与李硕勋同班。1925年，他加入中国共产党。五卅惨案发生时，阳翰笙从养病的杭州赶回上海，在上海学生总会工作，并作为学生总会代表，参加工商学总会的宣传工作，组织罢工、罢课、罢市斗争，同时担任上海大学党支部书记、上海闸北区委书记。

　　1926年初，中央调阳翰笙与李一氓到广州，开始了他投笔从戎的军旅生涯。刚到广州时，他被分配到黄埔军校政治部当秘书，后调任入伍生部政治部秘书兼入伍生部党支部书记，同时兼做教官，教国际时事课程。1926年4月、5月，阳翰笙在广州农民讲习所听了毛泽东和郭沫若的报告，并与郭沫若一起策划成立四川革命同志会。在此期间，发表政治论文《五一节与中国农民运动》。

　　1927年，阳翰笙由中央军委先后分配到北伐第六军、第四军政治部工作。1927年8月参加南昌起义，任叶挺指挥的第十一军第二十四师党代表。起义军南征途中，阳翰笙参加了打钱大钧、迎击黄绍雄、保卫汕头、流沙突围等战斗。在福建汀州，他受叶挺之托主持第十一军党员大会。在汀州，阳翰笙被任命为起义军总政治部秘书长，随军进驻汕头。南昌起义后，阳翰笙到海丰隐蔽，后来坐木船到香港寻找党组织，直到11月由党组织安排去上海。

　　1928年初，阳翰笙进入创造社工作，与潘汉年、李一氓三人成立党小组，领导创造社工作，后担任文化支部书记。从1928年初到1929年夏，他把精力转向写小说，先后创作了《马林英》《趸船上的一夜》《马桶间》等15篇小说，创作出《女囚》《两个女性》《义勇军》《地泉》《深入》《转换》《复兴》《中学生日记》8部中篇小说。1930年3月2日在上海成立"中国左翼作家联盟"，会上鲁迅作了重要讲话，阳翰笙代表党组织就形势、团结、深入生活等问题作了全面阐述。从1930年下半年到1932年下半年，阳翰笙任"左联"党团书记。1932年下半年，改任党中央宣传部文化工作委员会（简称"文委"）和"中国左翼文化总同盟"（简称"文总"）党团书记。在"文委""文总"任党团书记时，分工管戏剧，加入艺华影业公司，与田汉一起使艺华影业公司成为党领导的阵地，为40年代末期中国革命电影打下了基础。

1933年春，党的电影小组正式成立，阳翰笙继夏衍、阿英、郑佰奇之后进入明星影片公司、艺华影业公司，和田汉一起主持编剧委员会。同年春，写了他的第一部电影剧本《铁板红泪录》，第一次使用阳翰笙的名字。从1934年起，由于反动派的迫害，艺华影业公司被迫转入地下活动，并且改变了斗争策略。1935年2月，由于党组织遭到破坏，阳翰笙和田汉等同志在上海被国民党逮捕入狱，后被解送南京监狱。同年10月，阳翰笙由柳亚子、蔡元培等大力营救，保释出狱后，仍被软禁在南京，行动不得自由，直至1937年7月全面抗战爆发后，第二次国共合作，国民党释放政治犯，才获得自由。

1937年七七事变后，阳翰笙从南京到汉口，恢复了党的组织生活。为贯彻党中央最新指示，周恩来交给阳翰笙两项任务：一项是筹备文艺界各个抗敌协会；另一项是协助郭沫若筹备国民政府军事委员会政治部第三厅。1938年4月1日，第三厅正式成立，这是党统战方针的又一胜利，它成了文艺界抗日统一战线的堡垒。抗战期间，阳翰笙总共写了7个大型话剧和1个电影，其中以历史剧《李秀成之死》《天国春秋》《草莽英雄》等最为著名。

1946年春，阳翰笙、曹禺等陪都文艺界50余人，发表《致政治协商会议各委员会意见书》，揭露和抨击蒋介石独裁政府对进步文学艺术事业的迫害，反映各界人士的和平民主要求。1946年6月，阳翰笙回沪开辟中国共产党的电影阵地，成立联华影业社。1947年5月又成立昆仑公司，阳翰笙任编导委员会主任。1946—1949年，昆仑公司出品了《八千里路云和月》《一江春水向东流》《万家灯火》《乌鸦与麻雀》《武训传》等优秀影片，使进步电影运动成为推动民主运动、迎接解放的一股强大力量。

1949年初，阳翰笙抵达北平，投入全国文代会的筹备工作。同年3月24

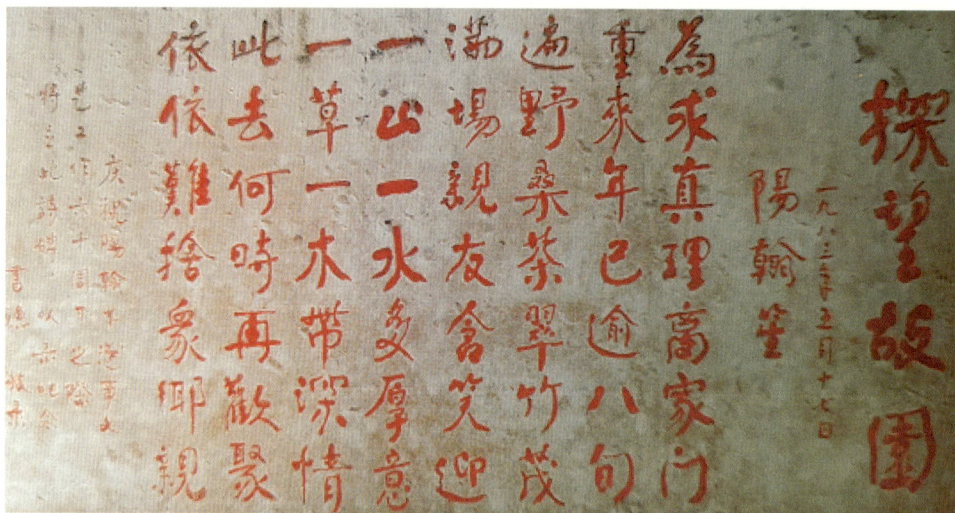

✿《探望故园》系1983年阳翰笙回故乡所作

日，第一次文代会筹委会成立，他是筹委会成员之一，负责准备汇报国统区进步戏剧电影运动的专题发言。7月23日，中华全国文学工作者协会成立，他被选为委员，并担任全国电影协会主席。10月1日，他应邀登上天安门参加开国大典。年底，他被任命为国务院文教委员会委员兼副秘书长和机关党组书记，还兼任中央统战部文化处处长，后担任总理办公室副主任。

1953年第二次文代会上，他当选为中国文联秘书长、党组书记。1954年，他任中国人民对外文化协会副会长兼党组书记，率团访问过欧洲一些国家。在文化交流方面，他和楚图南等是贯彻周总理的人民外交思想的组织领导者。同年，他当选为人大代表，参加第一届全国人民代表大会。在第三次文代会上，他又当选为文联副主席、秘书长兼党组书记。在文联领导岗位上，他敢于抵制"左风"。1962年3月，广州召开全国话剧、歌剧、儿童剧创作会议，他受命筹备和主持会议，任党组书记。会后，他深入农村体验生活，创作的电影《北国江南》上映后，受到好评。

1966年6月，"文化大革命"开始，阳翰笙被关进"牛棚"。

1975年7月12日，阳翰笙被释放出狱。1979年，阳翰笙彻底平反，恢复文联常务副主席后，立即筹备第四次文代会。在会上，他代表文联宣读被林彪、"四人帮"迫害逝世和身后受诬陷的作家、艺术家致哀名单，为200多位同志正名、申冤，受到文艺界赞扬。他除任文联副主席外，还接待来访者，写回忆录，为他们著作撰序。到后来无法执笔，他就口述录音，录了200多盒磁带，为后人留下丰富可靠的史料。中华人民共和国成立后，他虽长期做领导工作，但仍不停地写作，先后创作话剧《三人行》、电影《北国江南》、回忆录《风雨五十年》、日记、诗稿及其他理论文章几十万言。

1987年11月28日，首都文艺界在北京人民大会堂举行"阳翰笙从事文艺工作六十周年"庆祝会，党和国家领导人、文艺界知名人士薄一波、杨尚昆、萧克、李一氓、夏衍、曹禺、贺敬之等出席并讲话。邓颖超、李鹏派人送去贺信、贺礼。20世纪90年代

❀ 阳翰笙部分著作

初，他的身体每况愈下，在医院度过了他的90华诞。中央领导李铁映、丁关根等前往医院看望他，向他祝寿，中国现代文学馆举办了"阳翰笙生平创作展"，他被聘为该馆顾问，授予电影终身成就奖。阳翰笙作品先后

❀ 高县翰笙小学

收录在四川人民出版社出版的《阳翰笙选集》（共五卷）和《阳翰笙日记选》、中国电影出版社出版的《阳翰笙电影剧本选集》、中国戏剧出版社出版的《阳翰笙剧作集》（上、下卷）、人民文学出版社出版的《风雨五十年》（回忆录）等著作中。

1993年6月7日，阳翰笙在北京逝世，终年91岁。新华社发悼词称他为："中国共产党优秀党员、忠诚的马克思主义文艺战士、中国新文化运动的先驱者之一和文艺界卓越领导人。……他对党对人民无限忠诚，无私无畏，胸怀广阔，为人正直，光明磊落，严以律己，待人宽厚，顾全大局，善于团结，谦虚诚恳，平易近人，无论在怎样复杂的环境，都坚持实事求是的原则，不打棍子，不扣帽子，不抓辫子，不讲假话。与他共事的同志无不为他的党性原则和长者风度所折服……"

张锡龙

张锡龙是中国共产党培养的第一批著名军事将领、革命家，对工作一贯努力负责、作战英勇沉着，是优秀的红军指挥员，党的好干部。

张锡龙又名张希铭，四川省宜宾市庆符县（今属高县）瓜芦乡人。1906年10月24日出生在四川省庆符县庆符镇。父辈靠务农为业，仅有3亩薄

❀ 张锡龙

地维持生计，家境贫困。直至9岁，张锡龙才上学。小学毕业后，家里再无钱送他升学。失学后的张锡龙闷闷不乐。父亲张朝用为实现儿子读书的愿望，将维持全家生计的3亩地卖给了香炉山寺庙。1925年春，张锡龙考进叙府联合中学。五卅惨案后，在共产党员赵一曼、郑佑之的影响下，张锡龙参加共青团宜宾特支领导的"反仇油"、抵制日货、痛击英轮"老蜀通"号等爱国斗争，被学校开除。

受到革命思想影响的张锡龙，回家后看到家庭的贫困、农村的黑暗、农民的苦难挣扎，深感"不打倒黑暗的统治，穷苦百姓是翻不了身的"，他决心投奔革命。不久后，张锡龙带着18枚铜圆再次离开家乡，先后在重庆中法大学、武汉军校学习。在抗议英帝国主义炮轰万县的九五大惨案游行中，他身先士卒，经受了严峻的考验，1926年光荣加入了中国共产党。在恽代英等同志的领导下，他参加了1927年1月收回汉口英租界的斗争。

1927年8月1日，张锡龙参加南昌起义，在刘伯承部任排长，担任攻敌指挥部任务。起义部队撤出南昌后，他随刘伯承指挥的部队转战江西、临川、瑞金、会昌、潮州、三河坝、汕头。起义失利后，他辗转到香港，之后按党组织安排到上海。

1927年10月底，张锡龙到上海后不久，受中央军委委派，同吴玉章、刘伯承等一起到苏联学习。张锡龙被安排进入莫斯科步兵学校学习，在班里虽然年龄最小，却是学兵连的骨干。由于他学习勤奋，深钻各科知识，所以学习成绩优良。在政治方面亦不落人后，深得教官的重视和同志们的称赞。

1930年夏，张锡龙与陈林等被派到苏联远东去做俘虏工作。工作中，张锡龙已开始展露出他思想政治工作和军事素质过硬的本领。

1930年9月，张锡龙被派回国，先被安排在中共中央长江局工作，不久后到中央苏区红军学校任训练主任，为红军培训了大批优秀军事干部。

1932年3月至年底，张锡龙任红五军团第十三军参谋长。1932年底至1933年6月任红三军团第七军军长，张纯清任政治委员。1933年6月，中央军委发布命令，对红军队伍进行大整编，张锡龙任红三军团第四师师长，彭雪枫任政治委员，彭雪枫受伤后黄克诚接任，张翼任参谋长，李井泉任政治部主任。

大整编后，中央军委根据中共临时中央的作战方针和作战计划，于1933年7月1日下令，以红三军团（缺第六师）组成东方军，到福建作战。彭德怀兼东方军司令员，滕代远兼东方军政治委员。张锡龙率红四师与兄弟部队一同出征。

1933年9月，蒋介石继第四次"围剿"失败后，在帝国主义支持下又调集50余万人的兵力对中央革命根据地发起第五次"围剿"。9月28日，北路军周浑元率3个师由江西省南城向黎川进攻。黎川地处中央根据地东北，有"根据地国门"之称，又是闽赣省省会所在地，国民党军以此为进攻重点。当时黎川城内只有省军区司令部一支70余人的教导队和部分游击队，敌我兵力悬殊，为免遭敌军包围主动撤出县城，国民党军随即进占了黎川城。

1933年12月上中旬，国民党军集中了6个师，由陈诚率领向黎川南部地区发起猛烈进攻，企图进占黎川南部的东山、德胜关。12日晨，国民党第八纵队主力部队开始向团村推进。在国民党军向团村推进之前，红三军团与红五军团一部早已埋伏在团村周围各主要山头，红三军团指挥所设在华盖峰，军团长彭德怀带病指挥。

当团村战斗总攻发起之际，张锡龙、黄克诚并排站在前沿阵地的一个小山头上手持望远镜观察敌情。然而，他们不曾料到就在离他俩不远处的侧面一座小山上却驻守着一股敌人。站在小山上过于暴露的他俩没有发现近处的敌人，而敌人却发现了他俩，尤其是黄克诚那副眼镜。于是，罪恶的枪口对准了黄克诚，还有他的战友张锡龙。敌人的机枪对准他俩扫了过来。一颗子弹飞向黄克诚头部。子弹先穿透了张锡龙的头部，然后，又打在了黄克诚的眼镜片上。黄克诚离职后与一位老同志回忆起此事时，曾说："子弹从张锡龙的头部穿出之后又打掉了我的眼镜。眼镜一掉，我就什么也看不清了，我蹲下身子去摸眼镜。我的手刚触摸到眼镜，还没等捡起来，就听到张锡龙同志在一旁发出呼噜呼噜的声响。我摸到的眼镜已被子弹打坏，我忙掏出身上一副备用的眼镜戴上，定睛一看，张锡龙平躺在地上一动不动，头部血流如注。我上前一把将他抱住，叫了几声：'锡龙！锡龙！'又连叫几声，依然没有回应。"团村战斗中，红军优秀将领张锡龙不幸中弹壮烈牺牲，年仅27岁。

12月13日，朱德总司令、周恩来总政委知道消息后扼腕痛心，他们在《朱周关于集中兵力在东山、得胜关间同敌决战的请示》中，为

❋ 黎川团村战斗塑像（中为张锡龙）

纠正分兵作战、短促突击的军事错误，以张锡龙等同志的牺牲作为沉痛教训，向当时"左"倾机会主义代表项英建议集中兵力与敌主力决战。

12月23日，中央苏区《红星报》第二十一期发表编委《悼张锡龙同志》一文，悼词写道："张锡龙同志不幸于最近的团村战斗中牺牲了，他是中国共产党培养的第一批著名的军事将领、革命家。张锡龙同志工作一贯努力负责、作战英勇沉着，能积极参加政治工作、深入下层群众，在群众中有很好的声誉。张锡龙同志的牺牲，无疑是我党我军的重大损失。不仅在革命战争中损失了一个很好的红色指挥员，而且损失了党的一个很好的干部。"

黄克诚同志在《回忆录》中写道："浒湾战斗中，第四师政治委员彭雪枫负伤，回到瑞金后方医院治疗，派我到第四师任政治委员，时在1933年11月。第四师师长张锡龙是四川人，曾毕业于莫斯科步兵学校，军事素质很好，又有一定文化水平。他的枪法非常好，可以抬手用枪击中飞起的麻雀。

他每天早晨5点钟起床学习，精力相当充沛，工作起来从不知道疲倦，打起仗来勇敢顽强，是位难得的好指挥员。我到第四师工作不到半个月，进占黎川之敌向黎川以南20华里处的团村进犯。彭德怀同志指挥红三军团对进犯之敌发起反击，以猛打猛冲的战术将敌人击溃，随即尾敌追击。第四师师长张锡龙一打起仗来就一个劲地往前边冲，我因为视力差，需要费很大力气才能追上他。这位英勇的红军指挥员、我亲爱的战友却在团村战斗中为革命献出了自己年轻的生命。"

多年以后，伍修权回忆张锡龙时还伤感地说："他的牺牲，使我军失去了一位优秀的高级指挥员，对他的牺牲，我们至今感到悲伤。"王平怀着十分痛惜的情怀追叙了张锡龙给他留下的深刻印象："他作战勇敢，指挥果断，艰苦朴素，对部队的训练和管理要求严格，又很关心爱护干部战士。他为人很有气量，善于团结同志，是个优秀的指挥员和领导干部。他的牺牲是红军的一个很大损失，使人十分痛惜。"

陈伯华

陈伯华，高县麻柳乡（今高县沙河镇）人，1919年就读于北京朝阳大学，参加五四爱国学生运动。1921—1922年就读于成都公学（高师），参加了成都教育经费独立运动和反对反动军阀校长严恭寅的斗争。1923年，加入中国共产党，是高县籍第一个中国共产党党员。1924年，在黄埔军校毕业后留校任政治部教官。1925年，在广东参加省港工人总罢工，担任工人纠察队队长，之后参加海陆丰农民运动。1926年，受党组织委派到军阀冯玉祥的西北军下属部队任政治部主任，在部队中从事革命活动。1927年，"四一二""七一五"反革命政变之后，冯玉祥受蒋介石拉拢与共产党决裂，在军中进行"清党"，陈伯华被迫离开西北军。1928年，党组织派陈伯华到湖北省麻城、孝感、汉川等地开展农民运动，由于叛徒出卖，陈伯华被国民党反动派武汉警备司令胡宗铎逮捕，杀害于汉阳四川会馆门前。

王向忠

王向忠，高县文江镇人。1919年、1922年，王向忠分别以优异成绩考入高县第一高等小学和宜宾叙府联中。1927年1月，当选四川省学联四届执委会宣传部部长。他组织省学联和工会联合发起成都社会各界庆祝北伐出师胜利大会，举行游行和街头宣传，因表现突出光荣加入中国共产党。历任中共成大特支宣传委员、成都市委学委会委员、成都大学社会科学研究社宣传部部长。他创建了《野火》半月刊，同反动政治集团作斗

✿ 成都二一六烈士纪念碑

争。先后组织和参加了"反清党"、国立成都大学"争夺校旗"、"争取教育经费独立"、"反劣币"等斗争。1928年2月16日凌晨，国民党反动派为扑灭革命烈火，实行大搜捕，将王向忠等30余名同学逮捕入狱。当日下午，将王向忠等14名青年学生五花大绑集体枪杀。王向忠时年20岁。

中华人民共和国成立后，成都人民为王向忠以及"二一六"死难烈士修建了一座巍峨的纪念碑，表达对烈士的崇敬和怀念。

龙世舜

龙世舜，高县羊田乡（今属罗场镇）人，生于1908年。1925年春，在高县高等小学毕业后，考入宜宾中学（现宜宾市三中）读书。时值五卅惨案爆发，积极参加宜宾掀起的声势浩大的抵制仇油的反帝爱国运动。1926年秋，转入宜宾中山中学读书，10月加入共青团组织。1927年2月加入中国共产党，成为一名坚定的马克思主义者。1927年4月，中山中学被查封后，

✿ 龙世舜墓

龙世舜回到家乡羊田，邀集乡里同学和一批进步青年，在龙潭乡龙佛寺组织了青年读书会，利用他从中山中学带回的一部人工油印机，翻印文件和宣传品。他不顾个人安危，奔走于长宁花滩、珙县巡场等地，联系革命同志，向群众宣传革命道理，发展革命力量。

1928年3月，中共川南特委决定发动南溪农民武装暴动，受高县党组织派遣，龙世舜前往参加，不幸被反对当局逮捕。面对敌人的严刑拷打，他始终坚贞不屈。4月23日，他被反动当局杀害于宜宾市走马街留园茶馆门前，时年20岁。

郭洪发

郭洪发，高县麻柳乡人，少年时在茶馆跑堂，替地主当长工、家丁。1927年春，在共产党员王泽嘉的影响下，逐渐明白革命道理，萌发打富济贫之念，带上一班弟兄上了燕头山，活动在汉王山一带。1928年8月，郭洪发率队参加了王泽嘉领导的川南工农革命军独立团（后改称四川第四路红军游击队），任营长。1929年初，在王泽嘉指挥下，郭洪发率队袭击了珙县恒丰乡公所。是年春，川南工农革命军独立团与地下党珙兴支部领导的农民起义队伍在兴文建武会师，整编为4个支队，郭洪发任支队长。1930年春，王泽嘉、袁敦厚、郭洪发等人率领游击队在兴文县凌霄山扼险自守，遭到反动军阀两个营正规军和地方团防数千重兵围攻，在近半年的战斗中弹尽粮绝，寡不敌众，突围失败，王泽嘉、袁敦厚、郭洪发等人壮烈牺牲。郭洪发时年33岁。

✿ 郭洪发

邹必诚

邹必诚，高县蕉村人，历任高县第一高等小学（县城）校长兼教师讲习所所长，高县教育局局长。1920年加入国民党，广泛接触进步人士。1926年加入中国共产党，同年11月，赴重庆出席国民党（左派）四川省第一次代表大会，并留省党部任宣传干事。1928年任中共绵竹特支书记。1929年夏，省临委派黎冠英到绵竹组成县委，成立县农民武装暴动行动委员会，邹必诚又担任行委委员，参与领导绵竹武装暴动。6月，组成新的中共四川省委，邹必诚任常委、秘书长。8月，省委召开会议贯彻中央决议，成立四川省行动委员会，邹必诚又任行委秘书长。11月，撤销省行委，恢复省的党、团、工会领导机构，邹必诚复任省委秘书长。年底，邹必诚同余乃文一道赴武汉长江局汇报工作，因叛徒出卖被捕。1931年3月18日，邹必诚被国民党武汉警备司令夏斗寅杀害，时年39岁。

❀ 邹必诚

周晓东

周晓东，高县沙河镇人，1926年春就读于川南师范学校，加入共青团，并任班级团支部书记。1927年夏，周晓东由团员转为中共正式党员。之后受党安排，1929年春到重庆。7月，到涪陵中心县委从事农运和军运工作。8月任涪陵抗捐军总指挥，统率六路抗捐军举行起义。1930年4月，任四川第二路红军游击队前委委员兼宣传科科长。不久，任政治部主任。1930年9月，四川省委决定解散二路红军，周晓东回省委工作。1931年上半年，

❀ 周晓东

周晓东乘江轮去重庆，刚登上朝天门码头，由于叛徒出卖被捕，旋即牺牲，年仅28岁。

闵德厚

闵德厚出生于高县文江镇，1922年考入成都省立第一中学，参加爱国学生运动，接受进步思想洗礼。1924年毕业回家，在家乡积极宣传反对封建主义，反对旧礼教对妇女的束缚。1925年在南广打袜厂工作，参加革命活动，加入中国共产党。1927年，在宜宾季川轮船公司工作时，冒着风险设法营救被捕入狱的共产党员肖同华。

✤ 闵德厚牺牲地遗址——三台县牛头山

1928年冬，闵德厚到上海，1929年由上海党组织介绍回川工作，在亲友中传播马列主义。1930年初，在重庆巴蜀日报印刷厂从事地下革命活动，并任印刷厂地下党支部书记。1931年夏，任中共江巴中心县委宣传部部长，参与领导重庆9县1市党的工作。1932年8月以后，组织上派他去成都工作，继续从事工人运动。1933年夏，中共四川省委派闵德厚担任南充中心县委书记。10月24日，在主持召开党的工作会议时，因叛徒出卖被逮捕。在狱中，他严守党的秘密，同反动派进行了殊死斗争。1934年10月13日，在三台县牛头山下英勇就义，时年31岁。

何雪松

何雪松，高县罗场人，1934年加入中国共产主义青年团。1936年春考入川康绥靖公署陆军教导总队军事队。1937年秋毕业后到武汉，分配到国

民政府军事委员会政治部第三厅下属电影队工作。武汉沦陷后，随机关经桂林辗转到浙江金华第三战区。1941年，任教广西临桂县立中学。1946年，在重庆海棠溪孙家坡第五军官总队任上校教官，兼《五总》月刊总编辑。1947年7月，脱离军官总队到成都，参与配合人民解放军解放四川的武装起义活动。10月8日，被国民党特务抓捕，囚于重庆渣滓洞监狱。在狱中组织难友开展斗争，秘密组织"铁窗诗社"。在狱中写的《灵魂颂——献给小江（江竹筠）》，由古承铄谱成曲，在狱中传唱。之后相继写了《迎接解放》《海燕》《你等待着我吧》等诗歌。1949年11月27日，同囚禁在渣滓洞的难友们一起被集体杀害，忠骨合葬于重庆歌乐山烈士墓，时年31岁。

重庆解放后，中共重庆市委追认何雪松为中国共产党党员、革命烈士。

王侠夫

王侠夫，高县文江镇人，是革命烈士王向忠的侄子。1935年考入川康绥靖公署陆军教导总队，后任《川西日报》记者。常为四川省委

❀ 王侠夫

的《大声周刊》撰稿，并加入中国共产党。抗日战争期间，在重庆郭沫若和阳翰笙领导的国民革命军政治部第三厅文工委工作，后任四川省军管区少校参谋。在四川解放前夕，秘密参加了地下党组织开展武装斗争、购买枪支弹药的工作，常常把薪金贡献给党组织做工作经费。1948年底，刚结婚5天的王侠夫被敌人抓捕。在狱中，他临死不屈，受尽了严刑拷打。1949年12月27日夜，王侠夫等34人被杀害于成都市郊十二桥，时年31岁。

中华人民共和国成立后，王侠夫烈士忠骨安葬于成都文化公园十二桥烈士陵园。

赵锡正

赵锡正，山东曹县人，原在山东章丘县人民政府任科长。为了支援淮海战役，参加了山东根据地的支前民工队伍，是带队干部之一。从山东到淮海，从淮海到长江，渡江战役胜利后，服从革命需要，在南京又参加了西南服务团，踏上了进军西南的征程。1949年10月，辗转来到川南宜宾地区的庆符县。1949年12月12日，高县举行武装起义。12月17日，中国人民解放军一六〇团入驻高县县城，高县解放。1950年1月4日，中国人民解放军西南服务团第一大队进驻庆符县城，接管县政权，庆符解放。赵锡正担任庆符县五区（沙河区）区委书记兼区长。受命后，他率干部数人奔赴沙河驿，着手建立区政权，组建农代会，收缴旧乡保武装，改造伪乡保人员，组建区中队，并与部队同志一道开展征粮剿匪工作。1950年2月，土匪袭击沙河区公所，赵锡正率领干部和同志奋起反击。在这次沙河驿反击战中，赵锡正与李矗等10位同志光荣牺牲。

玉皇乡四烈士

1949年12月17日，高县武装起义取得成功，中国人民解放军十八军二十四师一六〇团进入高县县城，高县解放。1950年1月4日，中国人民解放军西南服务团第一大队进驻庆符县城，接管县政权，庆符县解放。但是，国民党残余部队和顽固分子还没肃清，革命与反革命的较量还没有停止，1950年，高县、庆符县相继爆发了反革命暴乱。

1950年2月7日，中国人民解放军派驻庆符县八十四团指导员李胜多带领解放军战士3人、干训班学员6人和旧乡丁3人组成区工作队，到玉皇乡开展工作。国民党残余势力与土匪密谋，派遣部分匪徒暗藏手枪，混入会场，爆发了反革命暴乱。李胜多（山东省人，牺牲前任解放军八十四团某连指导员）、武清忠（河北省人，牺牲前任高县五区工作员）、刘天顺（山东省人，牺牲前任高县五区工作员）、雍永淮（江苏南京人，牺牲前任高县五区工作员）四位同志在暴乱中牺牲。为缅怀先烈，教育后代，让人们永远记住人民政权来之不易，报请上级批准，将玉皇乡更名为四烈乡（今属庆符镇）。

陈野苹

陈野苹，四川冕宁人，1915年出生，1933年加入中国共产党。历任四川第二师范学校中共支部书记，冕宁县工委书记、县革命委员会主席、县抗捐军政治委员，华（阳）仁（寿）特别支部书记，庆符县委书记、江北县委书记，泸县中心县委书记。曾入延安中央党校学习。抗日战争胜利后，历任中共四川省委组织部秘书，《团结》《新华日报》（党刊）主编，新华日报社报委委

❋ 陈野苹

员，总学委书记，中央城工部党务组研究员，川干队政治处副主任、副总支书记兼第二大队指导员，陕南两郧地委组织部副部长。

中华人民共和国成立后，任川干队政治处主任、党总支书记，中共中央西南局组织部干部处处长、秘书长、副部长，西南局直属机关党委书记。1954年，任中共中央组织部财贸干部处处长、干部训练处处长、部委

✿ 1985年4月，陈野苹（中）到高县庆符镇视察工作

委员。1960年任中央组织部副部长兼秘书长，中央直属机关第七届党委书记处书记。1978年任中央组织部副部长。1983年任中央组织部部长。1982年9月和1987年10月在中国共产党第十二、第十三次全国代表大会上分别当选为中央顾问委员会委员。

李晓南

✿ 李晓南

李晓南，女，原名李孝兰，出生在高县城关镇（今文江镇）一个中医家庭。1928年3月加入中国共产主义青年团，是高县党团组织早期发展的第一个女共青团员。1933年5月转为中国共产党党员，曾先后在高县、中江县、绵竹、安县、绵阳从事革命工作，担任过绵安地区省委巡视员。后调西安八路军办事处，在抗大工作、学习。后任冀南三分区联合宣传部编辑主任、平原分局宣传部干事等职务。1948年进中央马列学院学习，后任研究员。1954年调山西省委党校任教研室主任。1956年10月调成都电讯工程学院工作，先后任院党委委员、马列主义教研室主任、党群机关支部书记等职。

钱寿昌

钱寿昌，重庆彭水县人，1937年考入重庆联中，参加重庆学生联合会。1938年5月加入中国共产党，随后任联中党支部书记。1941年9月任乐山中心县委委员兼组织部部长。

❀ 钱寿昌

1942年8月调宜宾，参加中共宜宾中心县委工作。1945年2月任宜宾中心县委书记。1946年6月，按上级指示抓武装起义的准备工作。1947年任中共川南工委副书记，负责宜宾方面工作。1949年秋，组建了岷江纵队和越溪支队围追堵截国民党溃军。同年12月，任高县武装起义部队政委，成功策动高县武装起义，配合解放军击溃田动云所部交通警察总队。同时，指导成立治安委员会等临时组织，开展护厂、护城活动，维持治安，为解放高县作出了积极贡献。

1949年12月，钱寿昌担任宜宾地委委员兼组织部部长。1950年6月，调任川南区党委组织部组织科科长。后历任川南行署监察委员会秘书主任、川南行署办公厅主任、四川省人事厅副厅长、中共四川省委纪律检查委员会副书记兼省人民检察院副检察长。1956年7月任省监察委员会副书记。1970年病逝。

张家璧

张家璧，四川泸县人，1937年在重庆秘密加入青年救国会。1938年奔赴延安，在抗日军政大学学习，同年加入中国共产党。1939年6月任中共重庆化龙桥区委书记，1940年任中共涪陵、长寿、忠县、丰都、石柱中心县委书记。1941年，打入国

❀ 张家璧

民党川北师管区做地下工作，负责联系民盟主席张澜。1947年先后任中共荣县工委书记、宜宾县委书记。1949年9月赴高县，成功策反张洪湖举行武装起义，任起义部队副政委。1949年12月先后任宜宾地委办秘书、主任，地委财经委员会副主任，江安县委书记。在1955年清查"胡风反党集团"和"文化大革命"中受迫害。1974年任宜宾地区财税局局长。1979年彻底平反，1980年调四川省人民政府参事室工作，1985年离职休养。

张洪照

❀ 张洪照

张洪照，四川省阆中县（今阆中市）人，中共党员，中华人民共和国成立后家居高县文江镇。1933年，在原籍加入中国工农红军，参加了二万五千里长征。土地革命战争时期，任红四方面军三十军八十八师二六五团三营九连班长、排长。抗日战争时期，任八路军一一五师六八六团二营五连排长、山东省文登县警卫连军政教官、山东省单县胡面区教导四旅十团轻队二区队区队长、旅部侦察队侦察员、旅后勤部管理员。解放战争时期，任原济南军区补训团二营八连连长、冀鲁豫军区和平医院第二所管理员、华北军区补训兵团二十八旅二十九团二营连长。中华人民共和国成立后，任川南军区教导三总队团部管理员、粮秣员，西南兵工局152厂第一所副所长，西南兵工局宜宾技工学校合作社经理，中共高县第一区区委书记，高县人民检察院副检察长、检察长，高县革委会人保部副部长。离岗休息后，常受邀到企事业单位、机关、学校宣讲当年参加红军，跟党走，爬雪山过草地，最终胜利到达陕北的革命斗争故事，宣传红军精神。

❀ 潘正光

潘正光

潘正光，高县文江镇前进村（现属落润镇）人，1951年参加革命，中国新民主主义青年团团员，志愿军第六十军第一八一师第五四三团第八连战士。1953年6月11日，在抗美援朝夏季反击战役中，带领小组秘密埋伏在距敌30米处歼敌，在敌两个排分左右两路包抄、战斗中小组两人负伤的情况下，他一人坚守三面，继续阻击敌人。虽然头、腰、腿等4处负伤，仍孤身作战，他带领的小组一举歼敌160名。战后，被志愿军政治部授予"特等功臣"荣誉称号，并获金日成主席亲自颁发的国旗勋章。《人民日报》以"孤胆英雄"为题对其事迹进行了报道。

军功章

国旗勋章

❀ 潘正光荣获的奖章

革命遗址

仁爱乡老王场——解放高县会商地遗址

该遗址位于高县文江镇仁爱，距高县县城19千米。仁爱乡老王场曾是中国人民解放军第十八军五十四师一六○团的驻扎地，是解放军和原高县

武装起义部队研究决定解放高县的会议地点。1949年12月，高县的武装起义准备工作已基本完成，武装起义队伍有1000余人，已掌握全县的基本武装力量。全县18个乡镇的武装力量分为3个集中点。第一个集中点置于落润场，辖落润、四维（今罗场镇）、陈村、羊田、蕉村、龙潭6个乡；第二个集中点置

❀ 仁爱乡老王场遗址

于县城，辖天星、可久、梁河、腾龙、玉皇、文江6个乡镇；第三个集中点置于老王场，辖仁爱、籁棚、云山、趱滩、中心5个乡。12月16日，中国人民解放军第十八军五十四师一六○团由团长范铁波、政委徐达文率领到仁爱乡与钱寿昌、张洪湖领导的高县起义部队会合。决定以解放军为主力，起义部队配合，分两路进攻高县县城。一路解放军经籁棚、怀远佯攻东门，主力则经云山渡南广河，至嘉乐又分两路，一路直取东门，一路猛攻驻落润的许亚殷部。17日战斗结束，高县解放。老王场房屋为泥石结构建筑，房屋现系当地村民居住，屋基还在，但大部分已进行了改建。

南城学社遗址——抗日宣传阵地

该遗址位于庆符镇庆山社区商业街（步行街），与李硕勋故居相距100米。1937年上半年，庆符人江松乔在此开办中文补习班，取名"庆符

南城学社"，通称"南城学社"。江松乔是庆符县南城学社支部较早入党的共产党员。抗战时期，在南城学社支部领导下，由部分老师和学生组成的"南城学社宣传队"，每逢节日集会，进行公开演出，经常下到乡镇利用赶场天向农民群众宣

❀ 南城学社遗址

传抗日。先后到贾村、黄沙、来复、南屏（石门）、潆溪等地进行演出，演出《放下你的鞭子》《兄妹开荒》《别母从军》等。宣传队教农民群众唱抗战歌曲，贴抗战标语，搞得非常红火，还在庆符南门设立"民众讲演处"。讲演由南城学社、中城小学师生和社会人士参加，每逢赶场天（农历的每月每旬二、五、八日）在墙壁上挂一幅"民众讲演处"的艺术字横幅，用两条板凳撑一张桌子即为讲台。桌前挂幅中国地图（地图上用白旗标明日本占领区），用三四丈宽的鲜蓝色布遮阳挡雨，不论刮风下雨，照讲不误。讲的内容紧跟形势，通俗易懂，宣传党的抗日主张、方针、政策，激发爱国热情，开展行之有效的抗日民族统一战线工作，保证了党对抗日运动的领导。

❀ 土主庙遗址

土主庙——高县农民协会成立地

该遗址位于高县罗场镇红旗村柏香湾组，宋江河、犀牛河畔一个小山丘上，距县城16千米。1927年10月，中共高县特支根据上级指示精神，决定在罗场建立农民协会，开展农民运动和工人运动。适逢罗场的阳

本江（系阳翰笙胞弟）将于10月结婚。特支决定，参会人员以到阳本江家吃喜酒为名掩护会议的召开。时间选在阳本江结婚次日的午后，大家装作出去游玩，步行到土主庙参观，会议就在庙内召开。这次会议着重讨论了三个问题：一是白色恐怖严重，要严守秘密，遵守革命纪律，彼此不能发生横向关系；二是组织开展农民运动，以罗场为重点，在蕉村、龙潭、嘉乐等地开展工作，建立农会组织；三是要开展工人运动，蕉村附近的芭茅坡有个碗厂，以芭茅坡碗厂为重点开展工人运动。大家认为，罗场农民觉悟高，又有进步的知识青年，一致同意把罗场作为开展农民运动的基地。土主庙建于清末，占地1000平方米，有两个院落，房间10余间，为立柱夹壁串架结构，围墙系泥石所砌，因年久失修，部分毁损，由镇村老协会使用。

汉王山——四川红军第四路游击队根据地

汉王山地处高县东北部，月江镇境内，距宜宾城区30余千米。1928年春，在中共川南特委的领导下，从南溪农民暴动失败中撤退下来的骨干，在长宁县、珙县、庆符县（今属高县）、兴文县等地筹备组织了"川南工

❀ 四川红军第四路游击队根据地遗址

农革命军独立团"（后改名四川红军第四路游击队），分别由郭洪发、王学勤、刘永吉、李国钊任一支队、二支队、三支队、四支队队长。1930年6月，王学勤辗转到家乡庆符汉王山，与胞侄王世方的武装力量会合。凭借当地的有利条件，以汉王山为中心，在庆符、南溪、长宁3县交界处同敌周旋，寻找和集结被打散的游击队队员，发动和宣传贫苦群众，继续组织工农革命武装斗争。

汉王山海拔840多米，面积约140平方千米，地形险要、层峦叠嶂，地势崎岖，森林密布。进可攻退可守，是兵家之重地。1951年建四川省汉王山监狱，汉王山划归汉王山监狱使用。

仁爱板凳坡石板路——红军川滇黔边区游击纵队转战地遗址

该遗址位于高县文江镇仁爱地境，距高县县城17千米。1935年2月10日，中央红军在云南扎西召开会议，中共中央和军委决定选派一批干部，留下一些武装，与泸县中心县委组织的叙永游击队合并，成立"中国工农红军川南游击纵队"。川南游击队长期战斗在川、滇、黔和川南6县，先后参加了配合中央红军"四渡赤水"，袭占上罗、洛表、梅硐抗击敌人，战斗十分频繁，几乎每天都打仗，大量地牵制了敌人，有力地配合了中央红军北上抗日。同年7—8月，游击纵队休整之后，再从珙县恒丰进入高县趱滩、仁爱等地，打土豪，宣传红军和党的政策、任务。所到之处召开贫民会议，张贴标语。红军勇敢作战，严守纪律，给高县广大劳苦大众留下深刻的印象。板凳坡石板路是一条山路，三面环山，深林密布，一面临崖，川南红军游击队就在此通过。石板路的大部分石板还在，行人很少，现今只有附近村民种庄稼时使用。

❀ 红军川滇黔边区游击纵队转战地遗址

✿ 高县武装起义地遗址——嘉乐万年台

嘉乐万年台——高县武装起义地

该遗址位于高县嘉乐镇广乐街，距高县县城13千米。1949年12月12日晚，参加高县武装起义的1000余人打着火把集合在嘉乐操场上，由钱寿昌代表中共川南工委宣布成立叙南人民公安部队，由张洪湖任司令员，钱寿昌任政委，张家璧任副政委兼政治部主任。设立联络组、情报组、后勤组。下辖直属大队，由3个警察中队、9个分队组成，全县民众自卫队划成了3个片区。随即，张洪湖签署了"湖字一号文件"，四处贴出布告称中国共产党川南工作委员会团结当地民主人士组成了叙南人民公安部队，维持地方治安，号召叙南群众断绝匪军粮食供应，要求伪政权机关保存好档案资料等，以便解放军接管。15日，钱寿昌、张洪湖派人到珙县与十八军五十四师一六○团取得了联系，17日高县解放。嘉乐万年台原有建筑面积260平方米，木结构串架房屋。中华人民共和国成立后一直做嘉乐镇政府机关办公用楼，2007年因房屋系危房被全部拆建，原址新建嘉乐镇政府办公大楼。

✿ 豆子山——剿匪攻坚战遗址

豆子山——剿匪攻坚战遗址

豆子山位于川滇交界，海拔1033米，位于县城西南25千米，山高林密，道路崎岖，地势险要，易守难攻。1950年初，国民党残余党、政、军、警、宪、特分子，勾结地方封建势力和土匪进行武装暴动，妄图推翻刚建立的人民民主政权。军统特务、原国民党交警十二总队少将总队长田动云匪部选址于此，号称"小台湾"，他们叫嚷"先取南六县，进取宜、泸、川（主要指成都），配合国军，反攻大陆"，多次袭击人民政府征粮队，破坏刚建立的人民政权。田动云纠集程云鹏、许亚殷匪部，收罗地主土匪武装王鹏文、彭文范、周大孝，分别委以总队长、支队长、大队长，号称有1万人。部署匪中队长袁成武驻守豆子山制高点，万瑞图中队把守凉草坳，扼叙昆大道，陈宝山中队守人头山，形成进可取、防可守之势，控制罗场、落润、蕉村、龙潭、陈村、可久、玉皇场等大部分地盘，负隅顽抗。

解放军八十四团副团长张东景弄清敌情后，决定对豆子山土匪实行攻歼。1950年4月16日，在区中队和地方武装工作队的配合下，兵分三路，分进合击。4月17日拂晓发起进攻，天明，战斗结束，土匪伤亡15人，活捉30余人，缴获长、短枪30余支。解放军牺牲3人。匪首田动云率残部逃至沐爱。

高县抗战阵亡将士纪念碑

高县抗战阵亡将士纪念碑位于文江镇（高县老县城）柳湖公园。1937年，日本帝国主义发动了对中国的侵略战争，中国共产党率先吹响抗战的号角，倡导建立抗日民族统一战线，国共两党抛弃恩怨再次走到一起，中国人民经过八年浴血抗战，终于取得了抗日战争的胜利，为全世界反法西斯战争的胜利作出了巨大贡献。高县和庆符县人民对日本帝国主义的侵略同仇敌忾，高举抗日救国旗帜，有人出人，有钱出钱，有力出力，捐钱捐物送往抗战前线。史载，在抗战中，庆、高二县先后三批向抗日前线输送兵员1.2万人，黄谷3.9万担，在前线阵亡将士220名。

为了纪念为抗战流血捐躯的将士，1938年，高县人民在高县县城柳湖公园（现文江镇柳湖社区柳湖公园）广场内修建了抗战阵亡将士纪念碑。纪念碑处于柳湖公园文化广场边沿，距公园大门约40米。碑塔坐东南向西

✤ 文江镇柳湖公园抗战阵亡将士纪念碑

北，四周开阔，背靠金线岭下的马鞍山。碑体为砖石结构，四角攒尖塔式。碑身呈四边形，上小下大，高15米，为实心素面台基，边长3米。碑身正面隶书"抗战阵亡将士纪念碑"，碑左、右分别手草"舍身救国抗战到底""成仁取义声播全球"。碑四周有围栏，是庆符和高县人民祭奠出征抗日阵亡将士的基地和进行爱国主义教育的场所。1989年，高县人民政府将其公布为县级保护文物。1985年和2007年，县政府拨款对纪念碑进行了维修。

四烈亭

1950年2月7日，中国人民解放军派驻庆符县八十四团指导员李胜多带领解放军战士3人、干训班学员6人和旧乡丁3人组成区工作队，到玉皇乡开展征粮工作。国民党残余势力与土匪密谋，派遣部分匪徒暗藏手

✤ 四烈亭

枪，混入会场，爆发了反革命暴乱。李胜多（山东省人，牺牲前任解放军八十四团某连指导员）、武清忠（河北省人，牺牲前任高县五区工作员）、刘天顺（山东省人，牺牲前任高县五区工作员）、雍永淮（江苏南京人，牺牲前任高县五区工作员）四位同志在暴乱中牺牲。为缅怀先烈，教育后代，让人们永远记住人民政权来之不易，报请上级批准，将玉皇乡更名为四烈乡（今属庆符镇），并修建四烈亭以纪念牺牲的四位烈士。

纪念场馆

李硕勋故居

李硕勋故居位于高县庆符镇东门街，距宜宾市31.8千米，约30分钟车程。属清末川南民居，距今已有150多年历史，占地面积2300平方米，房屋建筑面积为610平方米，中式串架木结构小青瓦房，有李硕勋生前的居室、书房及赵君陶、李鹏母子住过的卧室等11间房。李硕勋从1903年至1920年在故居里度过了他的少年时代。1994年，高县人民政府将居民迁出恢复原貌，1995年被确定为四川省爱国主义教育基地，1996年被确定为省级文物保护单位。

✤ 李硕勋故居庭院

李硕勋纪念馆

李硕勋烈士1903年出生于高县庆符镇，"100位为新中国成立作出突出贡献的英雄模范人物"之一。曾任全国学联总会会长，参加八一南昌起义，任起义军第十一军二十五师党代表，历任中共浙江省委代理书记、省委军委书记，中共中央军委委员、中共江苏省委军委书记、中共两广省委军委书记等职务，是中国工农红军第十四军、第十五军、第十七军的主要创建者。1931年，在赴海南主持军事会议时，因叛徒出卖，不幸被捕，9月5日在海口市英勇就义，年仅28岁。

为弘扬烈士精神，1994年5月，经四川省人民政府批准，建李硕勋烈士纪念馆于高县文江镇柳湖公园内。1995年12月，被四川省委、省政府命名为四川省爱国主义教育基地。因县域政治经济文化中心北移，经四川省人民政府批准，2000年4月，李硕勋烈士纪念馆迁至县政府新驻地庆符镇的硕勋公园内，迁建后的李硕勋烈士纪念馆占地面积3800平方米，建筑面积1222平方米。

❀ 李硕勋纪念馆

前往李硕勋烈士纪念馆需走过108步石梯，最高处的28级石梯代表烈士一生经历的28个春秋。3米高的李硕勋烈士全身汉白玉雕像矗立在纪念馆门前，馆名由邹家华题写，馆外两侧对联"老区精神薪火相传，伟大事业继往开来"由时任四川省委书记刘奇葆撰写。

李硕勋烈士生平事迹展展厅建筑面积611平方米，以烈士生平事迹为主线，展现革命先驱李硕勋烈士短暂而光辉的一生，歌颂他崇高的精神风貌、忠贞的革命信仰、不屈的革命意志，感召激励后人，不忘初心、牢记使命，为实现中华民族伟大复兴而奋斗。前厅汉白玉背景墙以学生运动和军事斗争为主

❀ 李硕勋青少年活动中心

❀ 硕勋幼儿园

❀ 硕勋中学

题进行创作，背景墙上镌刻着邓小平题词"李硕勋烈士永垂不朽"，背景墙正前方摆放着李硕勋烈士半身汉白玉雕像，雕像两侧共摆放28盆君子兰花，象征李硕勋烈士一生走过的28个春秋。进入大厅，右侧是"伟业千秋存 英名万古留"的题词，左侧为"李硕勋烈士生平年表"，参观展陈内容路线为顺时针方向，前厅之后的展陈共分6个部分：第一章 挺时代潮头立远大理想，第二章 领学生之军 推革命浪潮，第三章 北伐建功勋 南昌举义旗，第四章 辟白区战场 点四方星火，第五章 粤港斗顽敌 热血洒琼崖，第六章 河山换新貌 浩气万古存。

李硕勋烈士纪念馆是四川省重点烈士纪念建筑物保护单位、四川省爱国主义教育基地、四川省党史教育基地、四川省青少年社会实践教育基地、四川省少先队教育实践基地、宜宾市国防教育基地、宜宾市干部教育培训现场教学基地、宜宾市廉洁教育基地、宜宾市科普教育基地。

阳翰笙故居

阳翰笙故居位于高县罗场镇南华街，建于清朝乾隆年间，迄今已有200余年历史。故居呈三合头院落结构，坐北朝南，分别由主体房、院坝、后花园组成，总占地面积1163平方米。主体房建筑面积约319平方米。正房为悬山式布瓦穿斗结构建筑，面阔三间12.5米，深两间7.3米，中间为堂屋，左右次间为四间寝室（有阁楼）。大门为双开四抹隔扇门，属典型川南民居。故居内完整地保留了当年阳翰笙同志生前的居室、堂屋、书房等共11间。

2022年，在阳翰笙诞辰120周年之际，对阳翰笙故居进行了修缮和重新布展。在故居陈列室外院内设计阳翰笙半身塑像一座，位于院坝步道右侧，围墙增加阳翰笙诗词展览，室内保留现有故居堂屋、卧室的格局分布，保持现有的陈设不变，对故居室内环境、陈设文物进行保护性修复，更换原有文字、标识信息，增加专业照明设施，从而改善提升故居陈列的展览效果。阳翰笙生平事迹展位于故居陈列室以及翰苑内，布展设计全篇

❀ 阳翰笙故居

分为6个单元，以大的历史时序为脉络，以点带面描绘展示文坛巨匠阳翰笙光辉的一生。

阳翰笙故居是宜宾市文物保护单位、宜宾市爱国主义教育基地和宜宾市党史教育基地，2023年被选入中共四川省委党史研究室确定的红色遗址。

革命老区县

申报革命老区县

革命老区就是中国共产党领导下的革命根据地。以种类来讲，革命老区有土地革命战争时期的革命老区，有抗日战争时期的革命老区，有解放战争时期的革命老区。老区以县为基本单位，要被确定为革命老区通常有三个条件：一是要有党的组织；二是要有公开或秘密的工农革命政权；三是开展革命武装斗争并坚持斗争半年以上。

宜宾的很多（区）县在新民主主义革命时期都有党的革命武装斗争，但以前找不到红色性质政权的归属所在。后来，据云、贵、川党史工委编写组编写的《中国工农红军川滇黔边区游击纵队斗争史》记载，1935年遵义会议后，红军改向川、滇、黔的云南扎西（今威信）地区集中，于2月5—9日在扎西召开会议（扎西会议）。会议作出了"回兵黔北"和"缩编"，张闻天代替博古在党中央负总的责任，建立川滇黔三省边区中华苏维埃川滇黔省革命委员会，成立中共川南特委和组建中国工农红军川滇黔边区游击纵队等决定，并发出《告全体红色指战员书》，明确提出川滇黔省革命委员会在黔大毕地区建立，负责领导川滇黔边区20多个县的革命政权和开展武装斗争。川滇黔边区指川南、滇东北和黔北、黔西北的广大地域，包括四川省的高县、庆符（今属高县）、珙县、江安、筠连、长宁、兴文、古宋（今属兴文）、古蔺、叙永、合江、纳溪，云南的彝良、盐津、镇雄、威信，贵州的毕节、黔西、大方、赫章、织金、仁怀、桐梓、习水、赤水、遵义、湄潭、绥阳等。

根据以上情况，高县具备申报革命老区县各方面的条件。在土地革命战争时期，高县党组织领导高县公开和秘密的农会组织积极配合"川南工农革命军独立团（后改称为四川红军第四路游击队）""中国工农红军川滇黔边区游击纵队（后改称为中国工农红军川南游击纵队）"和边区纵队云南支队等队伍，在高县境内积极发动群众、打土豪、分田地、开展武装斗争、领导高县人民同国民党反动派进行了艰苦卓绝的斗争，作出了巨大牺牲和贡献，留下了许多可歌可泣的动人故事，在党的历史上留下了辉煌的一页。

高县有中国共产党领导下的组织机构，长期进行革命斗争。共产党人陈宣三、柯介安1926年春来到高县，10月吸收邹必诚加入中国共产党，同年邹必诚在高县开创党务工作，举办"高县农民运动讲习所"，建立农会组织，成立"共产主义研究社""青年互助社"。1927年8月建立了中国共产党高县支部委员会。1928年4月，高县党组织派龙世舜、肖同华等人前往南溪参加农暴。此后，中共川南特委派人来高县巡视检查工作，传达中央在武汉召开的八七会议精神，中央特派员来川南视察工作，选择高县等边区作为建设长期革命根据地的基点。同年，中共川南特委总结宜宾南溪农暴经验教训，决定把宜宾南六县建成武装革命的基地，在高县建立中共南六县特区委员会。1930年，按中共川南行动委员会通知党团合并，成立行动委员会，由刘秉刚负责行委工作。1932年，高县清理党组织，建立了中共高县特区委，闵南轩任书记。1936年，庆符县县长邓介人结识中共党员廖寒非，次年加入中国共产党，以其合法身份开展党的工作，大量发展党员和党的组织，中共党员曹仲郡、侯仁宗、陈野苹等人前往庆符县工作，建立中共庆符县特支、中共庆符县委。到1938年初，高县、庆符县共有党员180人、党支部17个。1925—1937年，高县党组织开展的革命斗争活动遍布全县，活跃在城关镇、庆符镇、沙河镇、胜天镇、罗场镇、羊田乡、趱滩乡、嘉乐乡等地。经过血与火的考验，仍然不断发展壮大，到1949年，高县、庆符县党组织有特区2个，特委1个，特支7个，区委2个，中心支部4个，支部39个，小组12个，党员共计570人（其中高县25人、庆符县180人、庆符县汉王山365人）。

高县有中国共产党领导下的政权组织，积极开展了工农运动。建党初期，党在农村着重抓以抗捐为中心的农民运动，建立党领导下的农会组织，培训农运骨干。党的八七会议后，高县党团特支在中共川南特委的直接领导下，积极开展农民运动。农会组织在高县和庆符县得到了蓬勃发展，到1927年底，高县有农会会员500余人，庆符县有农会会员700余人。1928年8月，中共川南特委扩大会议通过《农民运动问题决议案》，划定高县、庆符与南溪、宜宾、长宁、古宋（今兴文县）为农民运动第二中心区域；要求进一步严密协会，确定"在农村，农民运动就是党的中心工作"，继续吸收雇农、贫农、中农加入农民协会，实行土地革命，打倒地主阶级。

高县有共产党领导下的革命武装，是"川南工农革命军独立团"和"中国工农红军川滇黔边区游击纵队"的重要活动范围。1928年5月，南溪农暴失败后，中共川南特委决定以庆符县（今属高县）汉王山地区为中心开展武装斗争。1929年6月，"川南工农革命军独立团"更名为"四川红军第四路游击队"，部队由100余人迅速扩大到1000余人，以长宁为中心，转战在庆符汉王山地区的沙河、复兴、月江、胜天和高县的趱滩、仁爱、白庙等乡镇以及珙县、兴文、江安等川南8县。1935年2月，中共中央在云南扎西召开会议，决定成立"中国工农红军川滇黔边区游击纵队"，有600余人，编为5个大队，以策应主力红军跳出敌人的包围圈北上。这支红军部队转战在川南6县（包括高县、庆符县）、黔北和云南部分地区，牵制了大量敌人，有力地配合了中央红军北上。

新民主主义革命时期，高县人民在党组织的领导下发动了大规模农民运动，建立革命武装，在根据地内给予红军宝贵的人、财、物支持，作出了巨大的牺牲和贡献。红军在高县播下的革命火种及留下的革命精神一直推动着全县人民进行社会主义革命建设，特别是促进了高县改革开放、脱贫致富的进程。为了肯定革命先辈和革命老区人民的历史功绩，弘扬革命老区精神，进一步推进高县脱贫致富奔小康的进程及建设和谐崛起的新高县，自2003年开始，高县县委、县政府向省、市有关部门申报批准高县为革命老区县。

被省、市认定为革命老区县

2003年，宜宾市人民政府同意将高县等7县批准为革命老区县。同时，确定高县沙河镇、月江镇、胜天镇、趱滩乡（今属嘉乐镇）、仁爱乡（今属文江镇）、蕉村镇、嘉乐镇、白庙乡（今属文江镇）、罗场镇、可久镇、羊田乡（今属罗场镇）、四烈乡（今属庆符镇）12个乡镇为革命老区乡镇。宜府函〔2003〕131号指出："1927—1932年，在中共中央八七会议精神的指导下，我区地下党在兴文、南溪、长宁、珙县、江安、高县、筠连等地发动了大规模的农民暴动，并建立了革命武装和农会。1935年，中央红军长征来到我市的长宁、兴文、珙县等县，并于同年1月在扎西召开会议决定成立中共川南特委和红军川南游击纵队，随即发展为川滇黔

边区特委和红军川滇黔边区游击纵队，在川滇黔边区发动群众、开创苏区根据地。1936年2月，红二、红六军团在大方县建立中华苏维埃川滇黔省革命委员会，领导包括宜宾在内的川滇黔边区人民开展武装斗争和游击战争。由中央红军组建的川南游击纵队一直在我市的兴文等7县坚持游击战争。根据地内的宜宾人民以极大的革命热情，给予红军宝贵的人、财、物支持，作出了巨大的牺牲和卓越贡献。红军在我市播下的革命火种及创下的革命精神一直推动着我市人民进行社会主义革命和建设，特别是促进了我市改革开放、脱贫致富的进程。为了肯定革命先辈和革命老区人民的历史功绩，弘扬革命老区精神，推进我市'三个文明'建设步伐，根据民政部民发〔1979〕30号、财政部〔1979〕财税85号文件和四川省革命委员会转发两部文件通知的规定及四川省党史研究室《关于对宜宾市兴文等7县申报革命老区材料的审定意见》，经市人民政府研究，同意将兴文等7县批准为革命老区县，将九丝城镇等113个乡镇批准为革命老区乡镇。"

2010年9月，高县被四川省人民政府认定为革命老区县。

高县老区建设促进会

高县老区建设促进会的成立

2008年10月16日，高县老区建设促进会在高县县委大院正式挂牌成立，全县镇乡科局主要负责人和部分企事业单位负责人参加了挂牌仪式。省委原副书记、省政协原主席、省老促会会长冯元蔚，成都军区原副司令员马秉臣，省人大原副主任孟俊修，省政府原顾问赵文欣一行和市委原领导袁承禧、徐国华、龙章和及市委党研室主任李绿江等参加了成立大会。17日，省市县老促会组织在高县围绕"如何组织动员社会力量参与老区建设"、破解"三农"问题、推进新农村建设等5个课题展开调研。

积极为高县老区建设努力

高县老区建设促进会自成立以来，在县委、县政府的正确领导下，围绕中心工作，主动作为，敢于担当，认真建言献策，较好地发挥了参谋助手、桥梁纽带作用，做了卓有成效的工作，为高县的经济社会发展不断增光添彩。

为支持革命老区的发展，2009年，省政府要求各地申报革命老区县。高县革命老区建设促进会全力以赴，会同县党史办费心尽力地查阅历史资料，收集佐证依据，认真梳理归类革命老区相关资料，做到申报材料翔实完整，申报理由充分，一次性通过市、省审查。辛勤付出得到丰厚回报，2009年9月，省政府批准高县为革命老区县。从2010年起，省财政拨款500万元支持革命老区建设，并每年以15%速度递增，2022年达到1041万元，支持革命老区经济社会发展。

高县老区建设促进会为弘扬老区精神，使各级领导、社会各界人士更好地了解高县、支持高县，认真想事谋事干事，把编纂《红色美好高县》一书作为宣传高县、提升高县知名度的切入点和立足点。在县委、县政府的正确领导下，与高县党史研究室密切配合，克服重重困难，精心征集整理，编辑《红色美好高县》。

脱贫奔小康是党中央的重大决策部署，2010年，国家认定乌蒙山区和秦巴山区为连片贫困地区，要求符合标准的县申报。当时高县老促会与扶贫办到省老促会汇报工作，得知这一信息后，主动向各级领导做好汇报，加班加点收集、撰写资料，千方百计争取支持。在省市老促会领导们的大力支持下，2011年2月，高县被省委、省政府批准为乌蒙山区连片贫困县。自新一轮脱贫攻坚以来，高县获得省市拨付经费共计80余亿元，有力地促进了高县经济社会发展。

高县老区建设促进会按照习近平总书记"立德树人"的重要指示精神，从2017年起，会同县关工委和相关部门共同组织开展了"三联两学校"活动。2022年初，在总结前期经验的基础上，创新工作思路，增添工作措施，在全县各类学校建立家长学校，家长学校校长由该校校长担任，高县老促会会长担任名誉校长，在全县开展家校社（区）共建育人活动。教师采取外请专家，内聘优秀教师、优秀家长、优秀学生的办法，培训对象为学生、家长、老师，培训时间为每季度1次，全年4次。在培训内容上，改进教学方式，在课程的设置上围绕"五讲"内容（一讲红色故事、二讲立德树人、三讲行为习惯、四讲身心健康、五讲远大理想）开展培训，培训方式采取"线上+线下"相结合，在高县融媒体中心开设"立德树人"教育专栏，各校制定考评细则。截至2023年5月，开展家长培训15期，培训3500余人次，网上点击率达9万余人次。通过培训，全县老师、学生、家长更好地接受传统教育和立德树人教育，更好地发挥家庭在教育孩子中的基础性作用。

出版发行《红色美好高县》

2008年，高县老区建设促进会和高县县委党研室展开了《红色美好高县》一书的编撰工作，认真征集整理新民主主义各个时期的中共高县历史图片和文字资料。书中收录的老区有关文件和材料，以及若干张历史图片和图表，描述的是当时的历史原貌。通过精心编撰，全书以史为镜，以史为鉴，激发老区人民奋发图强，建设美好高县。

《红色美好高县》突出地叙述了中共早期的优秀共产党员、爱国学生运动的杰出领袖、我军卓越的军事指挥员、英勇的共产主义战士、忠诚的无产阶级革命家李硕勋；中国新文化运动的先驱阳翰笙；曾任红十三军参谋长、红七军军长、红三军团第四师师长的红军高级将领张锡龙等高县籍有影响的重要党史人物英勇事迹。该书还翔实记述了曾在抗日战争时期担任中共庆符县委书记、中华人民共和国成立后任中央组织部部长的陈野苹等各个历史时期党组织派到高县的有影响的共产党员和进步人士的地下组织活动。

《红色美好高县》一书的编撰和出版工作得到省、市各级领导的大力关心和支持。2008年12月31日，时任中共四川省委书记刘奇葆致信高县老区建设促进会："欣闻《红色美好高县》一书即将出版发行，致以热烈的祝贺！""乌蒙西下三千里，僰道南来第一城"。有着1300多年历史的高县，在中国革命的峥嵘岁月，孕育出众多革命先烈和仁人志士。在这片红色的土地上，无数高州儿女踊跃投身革命，他们怀着对共产主义的坚定信念与对党和人民的无限忠诚，纵横驰骋，浴血奋战，前赴后继，勇往直前，谱写了一曲曲壮丽的英雄赞歌，不愧为时代的先驱、民族的脊梁。他们的精神光耀千秋，他们的事迹彪炳史册！老区精神薪火相传，伟大事业继往开来。

2009年2月4日，时任中共宜宾市委书记杨冬生为《红色美好高县》题词："《红色美好高县》的出版发行，是我市人民政治生活中的一件大事。当前，全市上下正在按中央、省委的要求推进经济社会又好又快发展，正在把先烈们的遗志变成美好的现实，先烈们的家乡正在朝着全面建成小康社会的大道上迅跑，高县大有希望。"

2009年2月，由中共党史出版社出版的《红色美好高县》一书，得到社会各界的一致好评。

出版发行《高县革命老区发展史》

2017年6月，中国老区建设促进会组织全国各地老促会启动编纂《全国革命老区县发展史》丛书，按照"建立中国共产党、成立中华人民共和国、推进改革开放和中国特色社会主义事业"三大里程碑的历史脉络，系统书写革命老区百年历史，深入挖掘革命老区红色文化资源，这对于充实丰富中国革命史籍宝库、在新时代传承红色基因、弘扬革命精神、强固根本，对于激励人们在新的历史条件下夺取中国特色社会主义伟大胜利，实现中华民族伟大复兴的中国梦具有重要意义。

　　丛书按照编年体与纪事本末体相结合、以编年体为主的编写体例确定框架结构；运用时经事纬、点面结合的方式记述史实；坚持人事结合、以事带人的原则处理人与事的关系；采取夹叙夹议、叙论结合以叙为主的方法展开内容。做到史料与史论、历史与现实、政治与学术统一，文献性、学术性、知识性相兼容。丛书由总册和1599部分册（每个革命老区县编纂1部分册）组成，共1600册。

　　高县于2019年10月启动《高县革命老区发展史》的编纂工作，建立组织领导和工作机构，由县委书记和县人民政府县长担任编纂委员会主任，县委原副书记、老区促进会会长喻专文任主编，县委办、县委组织部、县委宣传部、县委党史研究室、县政府办、县财政局、县档案局、档案馆等单位领导为成员。县委办公室发文明确了各部门的职责和任务。高县老区建设促进会、高县县委党史研究室承担了全书的编纂任务，组建了编辑部，展开了紧锣密鼓的编纂工作。

　　《高县革命老区发展史》抓住历史发展脉络和主旋律、历史发展过程中的重要节点组织史料，展示高县革命老区光辉历史、辉煌成就、特色优势和光明前景，揭示高县历史巨变的成因和规律，突出高县革命老区发展变化的可信、可取、可读性。全书突出了高县革命老区的形成和发展、主要业绩、红色文化资源、重要地位和历史贡献。全书分为区域概况、革命历程、建设探索、改革开放、复兴之路、杰出的党史人物、革命遗址文物纪念场馆、优势资源、远景展望9章43节，并附录高县老区革命斗争史大事记和重要历史文献等。

　　该书是一部追忆高县革命老区的红色史实读物，真实记录中华人民共和国成立71年来，高县在政治、经济、文化、社会事业、城市建设、脱贫攻坚等领域取得的巨大成就；深刻总结了高县老区和老区人民在中国共产党领导下走过的艰难曲折和奋斗历程，展示了高县政治经济社会发展的历史事迹、历史经验和规律，是一部高县革命史、建设史和发展变化史。

　　中国老促会、四川省老促会、宜宾市老促会相关领导和专家对《高县革命老区发展史》的编纂工作给予了悉心指导，县委、县政府主要领导审阅了全书文稿，县委书记专门为该书作序，老促会会长喻专文审定了该书的框架结构，统审了全书文稿。为编纂好《高县革命老区发展史》，从2019年10月至2021年3月一年多的时间里，编写组征求了有关单位、部分老同志、老领导、党史专家学者的意见，征集和收集了50余万字资料、200余幅照片，行程2000千米，八易其稿，成书35万字。《高县革命老区发展史》于2021年3月由中国文史出版社出版，并成为2021年中共党史主题教育的高县地方教材。

魅力高县

　　乌蒙西下三千里，僰道南来第一城。丝路茶乡、红色高县，历史悠久，人文荟萃。美丽的县城——庆符镇，是全国卫生县城、四川省第六届省级文明城市、四川省生态园林县城。高县位于长江上游生态保护的核心区域，万里长江第一支流南广河纵贯县境，山水资源富集，有国家AAAA级旅游景区胜天红岩山风景区和大雁岭风景区。高县地处世界公认北纬28度最佳酿酒黄金纬度带，位于五粮液、茅台、泸州老窖白酒金三角的核心地带，有3000余年酿酒史，有全国最大的原酒生产基地，美酒飘香四方。高县有尝不尽的美食，不仅有川南春酒，还有独特的土火锅、沙河豆腐、几十种风味小吃，让你流连忘返。

川滇黔渝交通点

高县自古北接巴蜀，南控滇黔，为水陆通衢，贸易四达之地，是中原与西南地区的重要交通枢纽和商贸重镇，是南向进入滇黔联通两广、辐射南亚的重要门户，是中国古代南方丝绸之路东线的重要节点。秦"五尺道"（以后的汉"南夷道"，隋唐"石门道"，宋、元、明、清"茶马古道"，民国"叙昆大道"）纵贯县境南北，沟通云南、贵州和两广地区。南广河在高县趲滩渡入境顺流而下，由南至北流经县境81千米至南广口注入长江，从趲滩渡口溯流而上出县境，到贵州牂牁江（今北盘江）经珠江直达广西、广东等地。历史上的南广县（含今高县）因此成为中国古代南方丝绸之路上的重要交通枢纽、商旅贸易重镇。

高县交通区位优势明显，位于川滇黔渝中心点位置：距成都市250千米；距重庆市260千米；距贵阳市380千米；距昆明市540千米。高县在川、滇、黔、渝的战略通道上，陆路交通曾经是兴文、珙县、筠连、盐津等县到宜宾市区的必经交通要道，也是宜宾市等级公路和铁路覆盖范

❀ 宜庆路入城景观大道

围最广的区域。境内共有5条国、省干线经过，即国道G246、G547，省道S212、S311、S436，总里程达127千米，其中G246直接辐射珙县、筠连县。"十三五"以来，高县以建设宜宾南部交通枢纽为目标，以"四好农村路"示范创建和"三年交通大会战"为载体，按照"完善大通道、优化干线道、提升乡村道、联网产业道"的工作思路，着力构建"一轴二站二高三射"的交通运输体系（一轴：以宜庆路连接宜宾市中心城区为主轴公路；二站：以高县汽车中心客运站和高县高铁站为枢纽站；二高：以渝昆高铁和宜彝高速为对外大通道；三射：以连接周边区县即珙县、筠连、盐津三条重要通道为辐射线），加快推进交通基础设施建设，累计投入交通建设资金147.95亿元。高县公路交通网络日趋完善，基本形成了"一轴二站二高三射""三纵四横"的交通运输体系和"外通内联、通村畅乡、班车到村、安全便捷"的交通运输网络。实现了100%镇通油路、100%建制村通硬化路（4.5米宽及以上）、100%建制村通客运的"三个100%"，于2019年11月成功创建为"四好农村路"全国示范县。

在新的时代，宜宾市委决定将宜宾建设为四川南向开放枢纽门户、全国性综合交通枢纽、长江上游区域中心城市。已建成投入使用的成贵高

❀ 宜彝高速落润段　　　❀ 宜彝高速庆符段

❈ 高县乡村旅游油化路

铁、宜彝高速、宜威高速、宜宾绕城高速、宜庆路快速通道和在建的渝昆高铁全部经过高县。渝昆高铁在高县设站，宜彝高速、宜威高速、宜宾绕城高速经高县总里程达94.8千米，设胜天、月江、来复、高县北（庆符）、高县南（文江）、落润、蕉村、复兴8个出口，高县、胜天2个服务区。高县的综合交通水平达到空前的高度，成为连接川、滇、黔、渝四省市结合部的重要交通节点，即将迈入高铁经济时代，全面融入宜宾半小时和成渝贵昆两小时经济圈，成为宜宾南向开放的重要门户，迎来全新的地缘经济新格局。

山水园林宜居城

庆符镇是高县政治、经济、文化中心。庆符镇历史悠久，清《庆符县志》卷十载"汉置汉阳城，依祥水，傍庆山，环砌以石"，是为庆符作为城镇历史的开始。贞观四年（630年）时属石门县，天宝中置羁縻曲州，宋政和三年（1113年）置庆符县，一直为县治所在。从1995年作为全国小城镇建设试点镇开始，庆符镇城镇建设不断增强，至2021年，建成区面积18.21平方千米。2001年12月，经国务院批准，高县县政府驻地由文江镇迁至庆符镇。随着庆符镇建成区不断扩大、城市功能不断完善、城市管理水平不断提高，周边珙县、筠连县、云南盐津县的不少人到这里买房定居。庆符镇逐渐成了名副其实的宜居之城，这颗古南方丝绸之路上的明珠正散发出夺目的光芒。

山水园林城市

庆符镇是一座美丽的小城。这里灵山秀水，县城位于环周皆山的盆地中，万里长江第一支流南广河流经盆地，在古城里绕了两个"S"形的弯道，形成一个天然的太极图案，因此，庆符古城又被誉为"太极之城"。新区公园、广场星罗棋布，有市政广场、硕勋公园、南广河湿地公园、宜庆路景观大道。这里是名副其实的山水园林城镇。

东有群峰滴翠。县城东面诸山皆是芙蓉山余脉，历史上的山脉名称如今都无法一一考证了，现在名字最响亮的是鹿子山。远眺鹿子山犹如一只

山水园林县城

卧着的鹿子，故名鹿子山。这里山高林密，流水潺潺，常有白鹤长鸣，黄莺婉转。这里群山翠绿，花果飘香，晴日是朝晖晚霞，层林尽染，万千气象；雨天则是云雾弥漫，朦胧缥缈，时而怒潮翻滚，时而万马奔腾。每当虹销雨霁，天清气朗，站在主峰之巅极目远望，四周群山、房舍、工厂、田园、县城尽收眼底。

南有石门天堑。石门山位于县城南约3千米丛木村南广河边，是南方古丝绸之路五尺道上关隘，又名"石门子"，古名"石门关"。宋代置石门寨，下临南广河，古称符黑水、石门江。清《庆符县志》记载："石门山在县南十里，下瞰石门江。其林麓中多兰，然不可采，无心经过，但觉幽香扑鼻而已。"

西有红岩矗立。红岩山位于县城西5千米庆符镇与可久镇交界处，山脉呈东西走向，海拔约1000米。据清《高县志》记载："红岩山，在县西归化乡河左二甲，石岩如赭。其山绵亘数十里，上有观音寺。明成化间，蝗、鼠为害，有高僧隆介偕徒子清住此演法，蝗、鼠之害遂弭。"红岩山又名南红岩，这里丹霞绝壁，高耸云霄。山高只能仰视，红岩堪比丹霞。雄奇峻险，连绵数十山峰，或狮或豹，或熊或犬，有如袒胸圣女，有如川南汉子，诸般异象，顿生浮想联翩。晨光微曦，轻雾薄岚里，隐约有木鱼"笃笃"声传来，或有钟磬之声缭绕，恍入仙界梵乡。

北有香炉横亘。据清《庆符县志》记载："香炉山，县北二十里，山峰崔嵬，石角作有芒，上遗古寺，在烟霭紫翠间。"据清《高县志》记载："香炉山，在县东十里，与七宝山相接，形如香炉，故名。"香炉山脉呈东西走向，从庆符镇南广河笆篓口到月江镇汉王山，绵延近百里，险峻巍峨，气势极具雄浑。其主峰位于庆符镇和庆岭镇之间，海拔800余米，因其形似"香炉"而得名。香炉山主峰高耸，山顶常隐于积云烟雾中，山间岩石峻峭，古庙遗迹尚存。往昔，香炉山是川南有名佛教圣地，这一带文化传统众多。这里满山苍松翠柏，周围风光令人心旷神怡。

2019年1月2日，宜宾市人民政府将高县县城命名为宜宾市园林县城。

2021年11月25日，四川省人民政府将高县县城命名为四川省生态园林县城。高县大力实施园林绿化建设，努力打造蓝天碧水、街绿城美的生态宜居城市。依托南广河得天独厚的生态资源，将自然景观和人文景观有机结合，建设了硕勋公园、市政广场、东区湿地公园等城市公园绿地，实现了人与自然、文化与景观的巧妙融合。街道绿化按照"一街一景""一路一品"的原则，以银杏、香樟、榕树等乔木为主，以灌木花卉为辅，做到非硬即绿，增加城市绿量。居住小区绿化实行"包栽、包活、包管"责任制，社区空地见缝插绿，墙面栽植攀缘植物实施立体绿化。先后建成省级园林式单位和小区14个，市级园林式单位和小区30个，居民生活区300米见绿、500米见园。截至2022年底，县城建成区绿地面积671.9公顷，绿地率36.9%，绿化覆盖面积764.8公顷，绿化覆盖率42%，公园绿地面积241.43公顷，人均公园绿地面积14.79平方米，绿道长度18.3千米。

市政广场

市政广场位于县城东区，占地面积约13万平方米，分南、北两区，北区为停车场及草坪，南区为休闲广场，总绿化面积5.3万平方米。项目总投

❀ 市政广场全景图

资约3300万元，于2015年9月开工建设，2016年12月底完工。其核心部分为音乐喷泉，广场系目前宜宾市最大的广场。紧邻市政广场的南面是高县第四代万达广场和时代天街步行街。万达广场不仅仅是商业综合体，更是一座体验式生活中心。在建筑上是商业与艺术的结合，有场景化的主题，有人性化的互动和体验性的设计，是一个可以满足人们多重需求的综合体，拥有社交、文化、娱乐、美食、旅游五大中心。

硕勋公园

硕勋公园是高县人民为纪念革命先驱、"100位为新中国成立作出突出贡献的英雄模范人物"之一的李硕勋而建，并以他的名字命名的公园。始建于1995年，位于县城硕勋大道西段北侧，东面是翰笙路，南面是硕勋路，西面是兴盛路，北面是滨江西路，占地面积12.6公顷。硕勋公园是一座纪念性的城市综合公园，园内建有李硕勋纪念馆。2011年和2015年对硕勋公园进行两次提升改造，新建公园围墙、北大门和北门广场，整治公园人工湖、排污管沟，绿化景观提升等。公园地势西高东低，自然景观优美，各类乔、灌、花、草生长繁茂。园内配套建有停车场、健身广场、青

❀ 硕勋公园

少年活动中心、家风家训学习教育馆、书吧、宣传栏、公厕等设施，将自然景观和人文景观有机结合，以弘扬红色文化为内涵，让游人既能在山水间享受优美的自然环境，又能感受高县悠久的历史和丰富的红色文化底蕴。公园西北的挂榜山上建有李硕勋纪念馆，这里青山绿水，风光秀丽。纪念馆主体建筑面积1202平方米，为一楼一底仿古式建筑。馆名由全国人大常委会原副委员长邹家华题写，李硕勋全身汉白玉雕像高3米，矗立于纪念馆前院坝中心。

南广河湿地公园

南广河湿地公园沿南广河流经县城的两个"S"形的弯道修建。按高标准、高起点定位，于2019年7月1日动工建设。一期总投资1.45亿元，景观带全长约2.2千米，总面积约19.98万平方米，绿地面积达到16.53万平方米，其中包括丰花月季、百慕大草坪、黄金菊、麦冬、柳叶马鞭草等75个灌木品种，水杉、红梅、垂柳、蓝花楹、香樟、紫薇等106个乔木品种。走进湿地公园，一条红色地毯似的健身步道蜿蜒修长，一直顺江而下，为市民提供了一个休闲、娱乐及健身的场所。

❄ 南广河湿地公园一角

入城景观大道

入城景观大道沿宜庆路入城段道路建设，包括观音坡隧道口至白鹤林大桥北桥头共4.45千米。该工程总投资2.22亿元，设计总面积39.14万平方米。其中宜昭高

❀ 宜庆路入城景观大道

速路口至白鹤林大桥道路两侧各60米为该项目重点打造区，分别为一里门户、三里活力、五里田园。宜庆路入城段道路景观植物包括蓝花楹、西府海棠、紫玉兰、蜡梅、贴梗海棠等130余个品种，是市民休闲、娱乐及健身的又一场所。

翰笙文体艺术中心

翰笙文体艺术中心位于县城东区，硕勋中学旁边、南广河湖心岛对面，距高铁站1千米。该中心以文坛巨匠、中国新文化运动先驱阳翰笙名字命名。中心占地200亩，总建筑面积约8.68万平方米，主要建设有"两馆一场一中心"，即综合体育馆、恒温游泳馆，体育场，综合服务中心。综合体育馆建筑面积1.24万平方米，设座位3000个，可开展室内篮球、排球、羽毛球等比赛项目。恒温游泳馆建筑面积1.08万平方米，设座位1500个，可开展群众性游泳比赛。体育场建筑面积约1.46万平方米，看台设座位6000个。综合服务中心共6层，建筑面积4.9万平方米，布局剧院、城市展览馆、文化馆、图书馆，同时布局政务、人社和交易服务中心。综合体育馆于2023年11月建成试运行，游泳馆于2023年11月底建成，体育场

❀ 翰笙文体艺术中心

在2023年12月底建成，综合服务中心在2024年5月建成。该中心是高县县城的地标性建筑。体育中心和体育场既可以承接国家级、省市级单项体育赛事，又可以满足开展群众性体育及全民健身活动的需求；综合服务中心既可以开展政府服务，又可以满足开展文艺表演、会议会展等大型活动的需求，对完善城市功能布局、提升城市生活品质起到积极推动作用。

2023年11月4日至2024年4月21日，2023—2024中国排球超级联赛四川男排、女排主场落户高县翰笙文体艺术中心综合馆，成功举办了各项比赛。

全国卫生县城

1997年11月25日，高县为加强爱国卫生工作和创建卫生城市，设置高县爱国卫生运动委员会办公室。高县成功开展了2017—2019周期国家卫生县城创建，2020年，高县县城被全国爱国卫生运动委员会命名为国家卫生县城。通过创建国家卫生县城，爱卫工作水平持续提高、基础设施不断完善、人居环境明显改善、群众文明素质有效提升、健康水平进一步提高，为全县经济社会发展营造良好环境，为群众生活带来巨大变化，取得了良好的社会效益和经济效益。一座宜居、宜业、宜人的国家卫生县城正呈现着勃勃生机。

四川省第六届文明城市

2016年，高县围绕创建省级文明城市标准，集中开展环境卫生、交通秩序、市场秩序等突出问题的10个专项治理，拉开了创建序幕。2017年，

❀ 高县书香天府·全民阅读活动

高县把精神文明建设主要指标纳入高县"十三五"发展规划，文明创建工作纳入年度工作目标考核。同年，创建为第四届四川省文明城市，同时争创全国文明城市提名城市。2018—2020年，高县继续深化省级文明城市创建，在四川省县级复评城市中连续排名前十位。2021年，高县在省级文明城市复评验收中获宜宾市第一名。2022年，高县在全省64个参评城市中排第六名，排宜宾市第一名。

丹山碧水养生地

高县地处四川盆地向乌蒙山的过渡地带，西南高，东北低，海拔274—1252.1米，地形以低山、丘陵、平坝、中山为主，境内有大小河流30条。属南亚热带湿润季风性气候区，气候温和，四季分明，雨量充沛，无霜期长，春季回暖早，夏季气温高，秋季多绵雨，冬季少霜雪，历年平均气温18.2℃。全县大小山脉几十条，以南、北红岩山最具特色，属典型的丹霞地貌，水以南广河为主，流经县境80余千米，由于这里是长江上游生态保护的核心区域，生态优美，呈现丹山碧水的美好生态，是休闲、养生的理想去处。高县2017年创建为全国休闲农业和乡村旅游示范县，2022年创建为四川省全域旅游示范区。

南广河生态美

南广河是高县人民的母亲河，在汉代以前叫符黑水，因两岸茂密的森林倒映水中呈浓墨色而得名。汉武帝建元六年（前135年），因设置南广县，符黑水流经南广县大部分区域，又名南广河。金沙江和岷江在宜宾交汇，始称长江，南广河是万里长江自宜宾以下流入长江的第一条支流，因此有"万里长江第一支流"的美誉。自古以来，这条河几乎承载着宜宾南六县的水运。它穿峻岭，越险滩，贯县境，惊涛骇浪，千帆过尽处，见证岁月嬗变。

✽ 南广河

今天的南广河，好像一条玉带，从远古飘来，优雅舒缓地飘落在川南这碧韵玉黛的群山之间，从县城缓缓地穿城而过，让这里多了一份灵秀和安宁。这里山水依存，有江南水乡的婉约，有山水园林的秀美。当年中央电视台《话说长江》专题片对宜宾境内记录最多和最长的就只有南广河，当光影记录和优美的诗句再现南广河的美丽神奇时，更多的人开始知道了南广河的存在。高县人民努力践行"绿水青山就是金山银山"理念，充分发挥长江上游生态保护屏障的核心区域作用，把南广河建设成为"河畅、水清、岸绿、景美"的清水型宜居区域，保持蓝天白云、繁星闪烁、清水绿岸、空气清新、鱼翔浅底的美好生态，呈现青山依依、绿水环抱、海鸥飞翔，一派"舟行碧波上，人在画中游"的旖旎风光。

胜天红岩山风景区

该景区为高县第一个国家AAAA级旅游景区，位于高县胜天镇北红岩山。区位优越，距宜宾市中心城区32千米，与宜宾—竹海高等级旅游公路相距5千米，宜宾市绕城高速胜天站出站口位于景区门口，从宜宾市中心城区出发仅30分钟车程。景区毗邻蜀南竹海风景区25千米，与蜀南竹海、兴文石海、李庄古镇同处川南旅游环线。

红岩山景区景点众多，特色明显。人文景观有川南名刹流米寺，清代庙宇水口庙，始建于唐的摩崖石刻，清朝传统民居数十座，是南方丝绸之路上的宗教圣地，佛、道、儒三家和谐共处，流米寺犹如仙境矗立丹山之巅，梵音缥缈。自然景观有绵延40多平方千米的红岩山脉，红色砂岩形成的一道道红色绝壁，风景亮丽。神峻奇险的丹霞峭壁，涟漪阵阵的高山平湖，气势飞虹的落崖瀑布。菩提共生树、樱桃映山红、翠竹衬山绿，形成别具特色的山地水域景观，是观光、消闲的理想之地。这里有恐龙时代的活化石杪椤树，森林覆盖率超过82.5%，丰茂苍翠的原始森林，曲径通幽的山间古道，奇山林海颇具观赏价值。著名的景点有川南名刹流米寺、清代庙宇水口庙、宝鼎山、花舞红岩、杪椤海、丹霞奇观、菩提共生榕、传统

✿ 胜天红岩山风景区

民居、清代护林石刻、仙桥、大佛山、仙女晒鞋、水帘道洞、灵官镇邪、虹泉显露、双瀑双沱天然石井、流米湖、雷棒石、天马长鸣、老鹰湾瀑布、白坟坡奇观、古寨堡、双溪石碾、天生一石、天空之城。

大雁岭风景区

该景区是高县又一个国家AAAA级旅游景区，位于高县来复镇大屋村的七星山脉中段，距宜宾市南岸西区9千米，距县城28千米。2017年被评为四川省森林康养基地，2018年被评为四川省旅游精品村寨。同年，该景区所在的大屋村被评为四川省十佳生态宜居村。

景区内有3000余年茶叶生产历史的古老茶庄，是茶马古道的重要驿站。种植早茶的历史悠久，早茶品牌众多，于2009年3月1日被中国茶业流通协会授予"中国早茶之乡"称号。依托现有的早白尖茶产业基地，以茶文化为主题，丰富旅游产品形态和商业业态，形成茶系列主题旅游产品，包括采茶、制茶、品茶、吃茶、浴茶等。景区面积3平方千米，以茶叶为主导产业，依托自然资源和区位优势，突出一、二、三产业融合发展，是一个涵盖自然生态和现代农业观光体验、休闲康养、文化娱乐、餐饮度假等功能的综合型旅游景区。景区海拔300—700米，森林覆盖率

❋ 大雁岭风景区

75%，属富氧区，四季分明、雨水充沛、土地肥沃、土层深厚，生态资源禀赋良好。以长江第一支流——秀丽的南广河为伴，黄金湾两岸山清水秀，绿竹环绕，山水相映，是生态康养的又一理想选择。该景区良好的生态环境，常年汇聚了几百只成群的大雁，包括白额雁、鸿雁、豆雁、斑头雁和灰雁等7个品种。景区内有中国红茶第一庄园、茶香花海、雁鸣湖、林峰山庄、百花园、蒲桃沟等景点。

七仙湖湿地公园

七仙湖湿地公园位于高县复兴镇西南部，距珙县县城12千米、高县县城20千米、宜宾市区（高铁站）25千米。湖区总面积约7.35平方千米，湖岸周长70.3千米，岛屿9个，半岛24个，湖水面积186.67公顷，湖区蓄水1340万立方米，是宜宾市最大的山区蓄水型湖泊。旅游景点众多，大姑岛、小姑岛、姐妹岛、绣球岛、夫妻岛等岛屿错落有致，胜似颗颗翡翠明珠。自然生态资源优越，森林覆盖率达71.3%，有"宜宾天然氧吧"之称。2008年，七仙湖被四川省人民政府批准为第一批省级湿地公园。相传七仙湖因七仙女在此沐浴而得名，结合牛郎织女的爱情故事和传统婚俗文化特色，已打造鹊桥、520爱情文化广场、多陶亭、枫林岛（连心岛）、玫瑰工坊、睡莲池、僰道婚俗馆等景区体验点。至2022年，已举办六届七夕文化

❀ 七仙湖湿地公园

旅游节。2013年，七仙湖被誉为四川省最具魅力水文化人工湖；2016年，七仙湖荣获"中国七夕爱情文化圣地"称号；2017年，七仙湖被授予全国首批"一带一路"传统婚俗文化体验目的地。

庆岭文武荷田

庆岭文武荷田位于高县庆岭镇文武社区，是国家AAA级旅游景区。景区地处乌蒙山余脉香炉山山麓，因独特的地形，东面有下山虎盘踞，东南以狮子崖为天然屏障，村口古庙里有文、武两座石像镇守而得名。景区自然、人文景观丰富多样，农村特色和自然田园风光保持完好，村容村貌优美，生态条件优越，是集休闲养生、生态观光于一体的综合性旅游景区。主要景点有落马坝、九星捧月、月光漫道、时光隧道、灵狮观月、何氏祠堂等。

❀ 文武荷田

蜀山茶海景区

该景区位于高县落润镇公益村，是国家AAA级旅游景区。依托现代农业发展模式，建成龙溪茶叶科技示范园，实现茶园变公园、产区变景区，带动了全县茶叶新业态发展，提升了茶业综合发展水平。景区建设有茶旅融合接待中心1个，茶文化博物馆1个，茶文化广场1个。推进产业融合发展，开展了宜宾市第二届国际茶业年会高县茶乡之旅等活动。围绕乡村振

✿ 蜀山茶海景区

兴，推进高县百里茶叶产业长廊建设，建设有田园综合体、民宿、采摘园、体验园、特色茶园等项目。

可久红岩山风景区

该景区是国家AA级旅游景区，位于高县可久镇的南红岩山，距高县县城10千米，距宜宾中心城区45千米。

景区丹霞绝壁，高耸云霄。山高只能仰视，红岩堪比丹霞。雄奇峻险，连绵数十山峰，或狮或豹，或熊或犬，有如袒胸圣女，有如川南汉子，诸般异象，顿生浮想联翩。晨光微曦，轻雾薄岚里，隐约有木鱼"笃笃"声传来，或有钟磬之声缭绕，绝壁梵音神往，仙界凡间咫尺。半边寺位于北面山巅崖上，供奉着普度众生的释迦牟尼等一众菩萨。寺前即是悬崖，绝壁之上，寸草不生；寺后亦是奇峰，如舟在海，白云波涛。该寺最早建于清乾隆五十七年（1792年），距今已有200余年历史。由于南红岩山山势险峻，山上几无平地，在红色峭壁上凿孔固定木梁而建，寺庙较窄，仿佛山一半寺一半，故名"半边寺"。寺庙建在悬崖，浮在云端，以红岩凿石筑成千步石级，从山脚通往寺庙，似一根红色的绸带蜿蜒飘向山巅，忽隐忽现。南面山中，隐藏着一个世外桃源般的古村落——红岩山轲巴古寨，古寨残存僰人岩画。南红岩山的崖壁上残存了众多僰人崖墓，是研究僰人文化的重要历史依据。景点有半边寺、迎峰寺、尖峰寺、大人脑石、小人脑石、牛背石、手爬岩、朝阳洞等。

果城花香景区

该景区位于高县来复镇通书村，是国家AA级旅游景区。该景区所在的通书村先后荣获四川省旅游示范村、宜宾市美丽家园示范村。该景区田多地广，土地肥沃，历来就有"米粮之乡"的美誉。景区农村特色和田园风光保持完好，村容村貌和环境条件优美，生态条件优越，有炮台坡登山步道、九角老旅游步道、垂钓廊亭、五指山广场等乡村旅游景观景点。

旅游节庆活动

胜天李花节 一般于每年3月初李花盛开时，在胜天红岩山风景区举办。每到阳春三月，漫山遍野李花绽放，含露带笑，如雪的李花与赤石丹岩形成鲜明的对比，有诗赞曰："李花如雪拥印台，桫椤若玉横马兰。"流米寺山上山下，风景如画，游人如织。至2022年，已办了十三届李花节。

❀ 胜天李花节

沙河豆腐美食文化节　一般于每年10月在高县沙河镇举办。"千年沙河驿，豆腐美食城"，沙河镇历史文化底蕴厚重，突出文旅融合，以食物康养为主，是中国豆腐食养小镇。活动期间，举办沙河豆腐美食烹饪职业技能大比武、特色产品展、特色产品消费体验、豆腐美食品尝、豆腐美食文化群星演唱会等系列活动。至2022年，已办了六届豆腐美食文化节。

❀ 乡村旅游之七夕节

七夕文化旅游节　每到农历七月初七，姑娘和小伙子们就会来到人间鹊桥——高县复兴镇的七仙湖，仰望星空，寻找银河两边的牛郎星和织女星，乞求上天让自己能像织女那样心灵手巧，祈祷自己能有如意称心的美满婚姻。至2022年，已举办六届七夕文化旅游节，活动内容有抛吉祥彩带、挂许愿带、走鹊桥、水上集体婚礼、寻找七仙女等系列活动。

高县土火锅美食文化节　为进一步挖掘和推广高县美食，打造高县美食品牌，提升高县美食的知名度和影响力，吸引更多游客到高县"赏美景，品美食"，推动高县文旅产业发展，2017年11月在市政广场举办了首届高县土火锅美食文化推广节，此后每年一届。2019年高县土火锅商会到成都参加"四川扶贫好产品、迎春年货大集"展销和

❀ 2023年高县"同赏央视秋晚·共品高县土火锅"旅游美食节

汇演，2020—2022年三年因疫情未举办，2023年3月在庆符镇小靖村举办了"品小靖味道·观桃李花开"土火锅美食文化推广节，2023年9月在市政广场举办了"同赏央视秋晚·共品高县土火锅"旅游美食节。

庆岭文武村荷花节　高县庆岭镇文武村是宜宾市赏荷圣地之一，在每年盛夏来临、荷花绽放之际举办荷花节。通过活动传播和弘扬川南请春酒非遗文化，推广和宣传文武荷田大美风光，全方位展示文武荷田的姿、形、色、韵、声之美。活动的参与性、趣味性极强，民俗文化展演和展示融为一体，为游客呈现文武荷田极深的意境文化景观。

❉ 庆岭镇荷花节

蜀山茶海早茶采摘暨舞龙文化节　高县落润镇天花坳龙灯文化起源于清同治四年（1865年），传承150余年来，当地群众每年元宵自发组织舞龙及"烧龙灯"活动，深受广大群众喜爱，参加活动人数近万人。近年来，随着蜀山茶海茶产业的发展，文旅融合，为弘扬传统民俗文化，赋予新时代精神内涵。蜀山茶海早茶采摘仪式暨舞龙文化节旨在将传统文化有效传承，在城镇化高速发展的今天留住乡愁。

高县嘉乐镇黄桃文化节　每年7月，高县嘉乐镇渔舟村千亩黄桃基地都会结出累累硕果，这个时候都会举办黄桃文化节。活动期间，欢聚渔舟广场，品黄桃、赏节目、度佳节，举办黄桃种植能手技能大赛等活动。从2017年至今已成功举办七届。

美酒飘香三千年

地处川南的高县，在历史上是物产丰富的地方。历史记载，唐蒙在出使南越国途中，得到蜀地所产的"蒟酱"，味美甘甜，回到长安之后献给了汉武帝，汉武帝甘之。"蒟酱"其实是一种本地的酿造品，这说明川南宜宾市、泸州市一带几千年以前就是酿造中心。高县地处世界公认北纬28度最佳酿酒黄金纬度带，位于五粮液、茅台、泸州老窖白酒金三角的核心地带，土壤属弱酸性黄黏土，富含磷、铁、锌等多种矿物质，是150余种微生物繁衍的绝佳环境。高县春秋战国时期为僰侯国地，酿酒历史悠久，古有僰人造酒之说。

位于文江镇的四川省宜宾高洲酒业有限责任公司是全国白酒工业"百强"企业、农业产业化国家重点龙头企业、中国白酒品牌价值30强，这里生产的白酒高品质基酒闻名全国。公司已通过ISO 9001：2015质量体系认证和HACCP食品安全体系认证，获得了"全国白酒工业'百强'企业""农业产业化国家重点龙头企业""中国白酒品牌价值30强""中国生态白酒领导品牌""中国原酒金牌供应商""全国农产品加工业示范企业""比利时布鲁塞尔国际烈性酒大赛金奖""中国白酒酒体设

✤ 四川省宜宾高洲酒业有限责任公司

计奖""中国名酒典型酒""中国知名白酒""中国酒行业卓越贡献奖""中国酒行业优秀企业""中国驰名商标""1992年四川首届巴蜀食品博览会金奖""四川省优质原酒知名品牌生产基地""企业省级技术中心""四川省浓香型白酒标准化示范企业""中国原酒大王"等荣誉，连续8年斩获华樽杯"中国原酒品牌价值第一名"等殊荣。

全县有白酒小作坊115家（其中庆符镇25家、文江镇17家、其他片区73家）。高县金潭玉液酿酒技艺历史悠久。五黑液依古传统手工酿酒技艺，传承于明代洪武年何氏宗族一世始祖。酿酒作为一种重要的文化载体，为中华文明乃至世界文明的延续发挥了巨大的作用。酒文化不仅香醉了三千年时光，滋养了勤劳智慧的高县人们，而且引来八方嘉宾，诱惑文人墨客，留下了许多关于酒的名言佳句。长期以来，酒业一直是高县的支柱产业，为县域经济的发展发挥着十分重要的作用。

川南美食引客来

　　高县历史文化厚重，各种流派的文化交汇，构成了多姿多彩、独具地方特色的饮食文化资源。可以概括为精、美、情、礼，反映了饮食活动过程中所包含的独特文化意蕴。菜路广，佐料多，以小炒、小煎、干煸和麻辣香浓的民间菜式为主，以川南请春酒、土火锅、沙河豆腐为主要特点。高县小吃久负盛名，种类繁多，据不完全统计，有八大类几十个品种。

川南请春酒

　　川南请春酒是川南地区的一种饮食文化，源于明末清初，为春节期间川南百姓互请春酒，相互来往、交流感情、增强融合的一项重要民间习俗，也是川南农耕文化的重要组成部分。2018年，川南请春酒获批四川省非物质文化遗产。茶食、干盘子、九大碗，一代代口传身教，以地方特产做食材，全手工制作出来的春酒，人们吃得既热热闹闹又极富传统礼仪。川南请春酒习俗是川南地区普遍有的一种习俗，至今尤以高县庆岭镇、罗场镇为典型。乾隆木制版《高县志》风俗篇中说："二、三月为祭土地神，家家户户有吃春酒的习俗活动。"该活动源于明末清初，是二

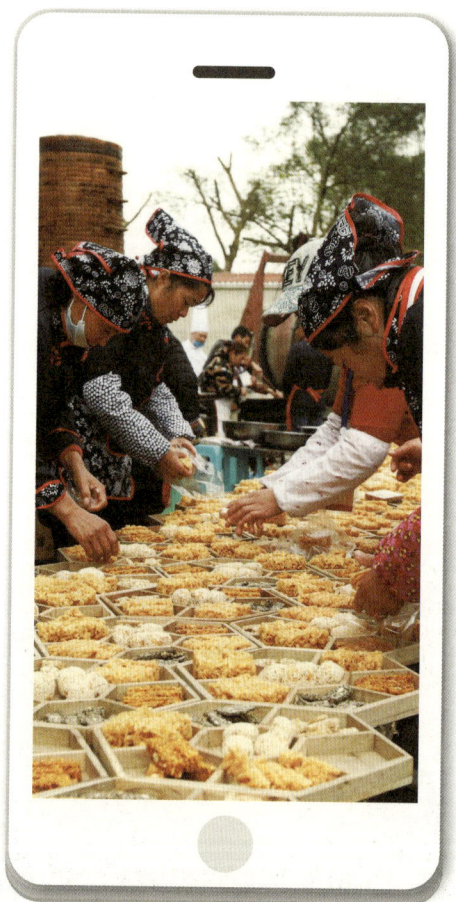

❀ 茶点装盘

月二日祭祀龙抬头、土地神的一种祭祀活动，后演变为家庭间、邻里间的一种相互祝福活动而延续至今。

今天的高县人，基本都是明末清初移民的后代。湖广填川各地迁徙到高县的人因家庭背景不同，文化习俗各异，为了促进和谐，沿用祭祀活动形式相互请春酒祝福。农业生产的发展为请春酒奠定了物质基础，手工制茶、酿酒、制糕点、制九大碗等技艺的成熟为请春酒创造了条件。高县位于南方丝绸之路东线的重要节点，为请春酒这一习俗兴起、流行、传承奠定了历史基础。高县农村每到年底杀过年猪起至第二年正月末，普遍互请春酒，尤以罗场、可久、庆岭、胜天的春酒最为地道。按照习惯，春酒每一顿要吃三台。

春酒第一台　吃茶食，端上桌子的全是自制茶点，茶杯内泡的是本地绿茶，清淡的绿茶，可口的糖食，清香四溢，沁人心脾，诱人流涎。茶点有清香酥软、落口就化的芙蓉糖，坚而又脆、越嚼越香的花生糖，片薄、软脆、余香满口的芝麻糖，脆而不坚、桂花香味扑鼻的米花糖、泡酥酥，形状像菱角、甜而不腻的巴果子，有红糖焦味的脆糖，还有椒盐酥黄豆、五香炒花生……这些茶食颜色好看，白、黄、红、黑、麻，配搭得当；每种茶食连切的样式都讲究，有正方形、长方形、菱形、薄片、三角，有的甚至用了几种糖镶嵌成与小孩玩的魔方一样，五颜六色，煞是好看。

春酒第二台　喝酒，富裕人家拿出来的都是当地五粮液，最次的也是本地烤的高粱酒，酒味浓，但不辣口。下酒菜多为自制的腊味，有香肠、猪肝、猪心、猪肚、腊肉，还有油炸花生米、凉拌脆嫩的菱角菜，个别人家会端出凉拌麻辣怪味鸡。喝得差不多了，每人还有一小碗香味醇正的醪糟。为了烘托气氛，大户人家要邀约民间艺人耍杂技、耍狮子，尤以高竿狮子最精彩。每逢请吃春酒，有扮"春官说春"者，顶戴乌纱，身着便服，手执春帖、春牛，逐家沿门说吉利语，谓之"说春"。

春酒第三台　正餐，一般人家以猪肉为主，选择上蒸笼做九大碗的方式，以头碗、肉扣（烧白）、杂扣（粉蒸肉）、肘子为主菜；另配猪之

❋ 春酒第一台"茶食"

❋ 春酒第三台"九大碗"

❋ 春酒第二台"干盘子"

❋ 春酒体验基地刘家大院

肚杂及上述四菜之边角余料，拌以笋、芋、苔或海带、粉条等，烧、炒、熘、煸而为五碗，即凑成"九大碗"。中等人家主料增加鸡和鸭。大户人家主料还要增加竹荪、鱿鱼、土火锅。

土火锅

高县土火锅制作工艺是四川省非物质文化遗产，产地位于四川省宜宾市高县庆符镇东升村七组南广河畔。其主要原料是井下采取的一种特殊砂锅泥土，在高县腾龙一带有这种泥土，其土质经粉碎、踩、甩等环节制成熟料，该种泥

❋ 土火锅美食

土内含有多种有益于人体的微量元素和矿物质，所制造的土火锅煨制的美食鲜、香、脆，口感特别好。据有关资料记载，高县土火锅起源于明末清初，在高县、庆符县自古就有把土火锅当年饭的习俗。今天的制造工艺在前几辈人的祖传工艺上有所创新，继续保留传统古法。

高县土火锅烹饪工艺是宜宾市非物质文化遗产。土火锅主要原料是一种特殊砂锅泥土，内含多种有益于人体的微量元素和矿物质，所烧制的土火锅烹制食物，较其他材质的火锅而言，味道明显更鲜、更香、更醇厚。南广河畔盛产笋子、木耳、菌子、芋头、黄花菜。生长在这里的古僰人，采取南广河畔的沙泥，制作出砂锅，煮上土特产，吃火锅御寒。名为"大汇菜"，取"大汇财、大发财"之意。一口砂锅，用上七八年，乃至几十年，已经把油吃透了，煮出来的菜爽滑可口，所以砂锅本身也是传家重要物件。砂锅也就凝聚浓浓的乡情、亲情。大汇菜精选炖得烂熟的猪蹄，土鸡定其调，添入金钩、墨鱼调其味，再加笋子、芋头、木耳、黄花等佐菜填其肚子，最后用尖刀丸子铺盖其面。汤色金黄、香醇味鲜。在佐菜中，

高县土火锅特选羊田的粉条、沙河的豆腐、庆符的豌豆尖，清淡开胃，老少皆宜，是冬日家庭聚会、宴请宾客的首选之品。

制作工艺：1.食材选芋头、山药块、竹笋、黄花、海带等各种素菜，猪骨、猪蹄块、土鸡块、酥肉、尖刀丸子、墨鱼片等荤菜，姜米、葱花、盐、味精、花椒、金钩等调料。2.做法：把猪棒子骨捶破，连同猪龙骨块一起投入沸水锅汆透，捞出来冲洗干净后，再放入不锈钢汤桶，掺清水并加入姜葱后，上火熬制成鲜汤备用。3.取适量的鲜汤，加盐和味精调好底味，再放入姜片、花椒、金钩和墨鱼块，然后小心地倒入土火锅内。4.依次往火锅里加入各种配料，第一层放入芋头或山药块等素菜，第二层放猪蹄块和土鸡块等荤菜，第三层放竹笋、黄花、海带、酥肉等，最上面则放入尖刀丸子。5.把各种原料依次放好以后，再往烟囱里放入木炭煨约2小时，临上桌之前，撒入姜米和葱花，最后随配味碟一同端上桌。

沙河豆腐

高县沙河得天独厚的地理环境和悠久的历史文化，孕育出沙河"千年古驿站、豆腐美食城"的独特内涵。特别是沙河当地水质和特殊的加工工艺，使其生产的豆腐具有色泽纯白、皮薄而软、肉嫩而不碎等特点，特有的香嫩味道更是其他任何地方豆腐无与伦比的。沙河豆腐发展至今，别具"鲜、嫩、软、绵、细、麻、辣、烫"特色，已有200余个品种，是一枝独秀的"川菜名肴"。

沙河镇钟氏豆腐制作工艺是宜宾市非物质文化遗产，沿袭了数百年历史。20世纪60年代初，沙河镇名厨张银安沿袭技艺，把豆腐作为家藏私房菜，形成鲜、香、嫩、脆、爽等特色。80年代末，第四

❀ 沙河豆腐

❋ 1 麻辣豆腐
❋ 2 铁花豆腐
❋ 3 竹荪豆腐

代沙河豆腐传承人钟位明改进制作工艺及配方,集众师之长,推陈出新,创立了现今钟氏豆腐,整个豆腐制作工艺更符合当代口味,更有益于食客的健康。钟氏豆腐成立于1990年,几十年来一直沿用传统钟氏豆腐制作工艺,制作具有特色的豆腐菜肴,令广大顾客大饱口福。

❋ 2020年10月
沙河豆腐美食
文化节

❋ 高县何氏鸭儿粑

高县何氏鸭儿粑

高县何氏鸭儿粑是川南闻名的风味小吃，是宜宾市非物质文化遗产。现已有100余年的历史，以其鲜嫩如雏鸭而得名。工艺制作是选用高县云山牛山场招儿村的大酒米做原料，碓窝春熟，几经浸泡，细磨成粉制作包皮，包心分盐、糖两种。做成后，外包良姜叶，上笼以烈火猛蒸，一气呵成。出笼时色泽洁白晶亮，皮薄鲜嫩，食之浓香扑鼻，油而不腻，芳香爽口，具有不粘叶、不粘筷、不粘牙等特点。

查氏黄粑

查氏黄粑采用天然优质大米、糯米、红糖、猪肉等必要的辅料，用传统工艺精制而成。因其柔软糍糯、甜而不腻、清香可口，作为蜀南特产，一直为千家万户所喜爱，于2012年被宜宾市人民政府评为"宜宾名小吃"。宜宾市查氏食品有限责任公司先后入选四川省质监信息网合格产品推荐宣传单位，被中国产品质量评选中心评选为"中华名小吃""中国著名品牌"。

桐子叶泡粑

采集桥坎当地桐子叶，精心清洗。将米磨成浆，然后发酵。米浆发酵好后，根据需要加入适量白糖或黄糖，少许猪油，取新鲜老嫩适中的桐子叶包上，包的时候将桐叶尾部卷成一个漏斗状放入米浆后，将头部盖上，形状锥形。用叶片将米浆包起来，这个可是有技巧的，把叶子封口的那一端压住，放在蒸格上面蒸熟即可。蒸熟后还会有种特殊的清香味，吃后软糯香甜，口齿留香，让人回味无穷。

麦粑

麦粑与平时人们吃的馒头做法大同小异，但品其味更有其独特味道。麦粑的做法步骤：1.将麦麸粉、面粉、盐装盆里混合，因为酵母不能直接与盐接触。然后，将酵母用温水化开（水温不能烫手）、红糖加适量水化开备用。2.将化开的酵母水和红糖水倒入混合好的面粉中，然后将面粉揉到"三光"，面团光滑、手光滑、盆光滑。再将揉好的面团放在比面团大2倍的盆里面进行发酵。冬天可以将发酵的面团盆放在比较温暖的地方，大概4个小时即可。3.发酵是否成功，可以用一个指头沾点干面粉往面团中间搓个洞，若面粉没有回弹则发酵成功。然后，将发酵好的面团进行排气，大约排10分钟。再将面团分割均匀，团成圆形，放在当地的良姜叶上。再将弄好的面团放锅里进行二次发酵。4.蒸锅里放入凉水后，再将第二次发酵15分钟的面团放入蒸格上，开火，中大火大约20分钟后，关火，再在锅里焖5分钟，麦粑就可以出锅了！

诗词文章留芳名

征南宁夷过石门山

史万岁（隋开皇中行军总管）

石城门峻谁开辟，更鼓误闻风落石。

界天白岭胜金汤，镇压西南天半壁。

秋登兰山寄张五

孟浩然

《名山记》：石门山，在庆符县治南，下瞰石门江，林薄间多兰，有春兰、秋兰、石兰、竹兰、素兰、凤尾兰，一名兰山。

北山白云里，隐者自怡悦。

相望试登高，心随雁飞灭。

愁因薄暮起，兴是清秋发。

时见归村人，沙行渡头歇。

天边树若荠，江畔洲如月。

何当载酒来，共醉重阳节。

采兰引

杨慎（明状元）

过庆符（今属高县）石门闻兰之香，恍惚见之绿叶紫茎，采之无路，爰作采兰引。

秋风众草歇，丛兰扬其香。

绿叶与紫茎，猗猗山之阳。

结根不当户，无人自芬芳。

密林交翳翳，鸣泉何汤汤。

欲采往无路，局步愁蹇裳。

美人驰目成，要予以昏黄。

山谷岁复晚，脩佩为谁长。

采芳者何人？荪芷共升堂。

徒令楚老惜，坐使宣尼伤。

感此兴中怀，弦琴不成章。

前　题

曾省吾

万历四川巡抚征九丝蛮过此留题

石门不容轨，聊舍车而徒。

古木盘空下，寒流夹岸呼。

路犹疑虎穴，村已近鱼洼。

九折宁非险，清时自坦途。

前　题

林肇元

同治元年偕刘岳昭截剿发逆过此留题

世路荆榛迷，当道豺狼吼。

满目干戈横，壮士牛马走。

叙南石门关，似擘巨灵手。

层山塞其前，湍流绕其右。

云根动地开，日脚射泉纽。

征夫苦经过，行行重回首。

西蜀天下险，此险复何有？

不有大将才，能作长城守。

我从亚夫营，剑气冲牛斗。

恨不乘长风，顷刻扫尘垢。

一剪荆榛平，再造干戈后。

还从赤松游，放歌时纵酒。

悼念李硕勋烈士

吴玉章

锦城初识羡英华，有志男儿爱国家。

北伐从军趋武汉，南征转战别流沙。

几行墨迹明心迹，万顷浪花涌血花。

遗骨琼州何处觅，喜看红日照天涯。

春酒赋

张昌余

宜宾之高县，山河壮美似锦似绣；高县之庆岭，习俗淳朴可歌可讴。春讯未至，家家尽早酿春酒；春节将临，户户争相请春酒。春酒启封漫"三山"，熙来攘往聚四邻；春酒开饮分"三台"，欢声笑语遍两沟。摆起八仙桌，茶点罗列；端出九大碗，杯盘交错。高粱酒，热了肺腑；土火锅，暖了心头。听晚辈咏古诗：为此春酒，以介眉寿；看长者返童颜：饮此春酒，乐以忘忧。

春酒化春雨，滋润庆岭之俏丽丘峦；春酒浇春华，装扮庆岭之富饶田园。春酒飘洒香炉山，"香炉"随心变酒坛；春酒熏染荷塘水，"荷塘"着急涌酒泉。"白马"醉了，"眠池"待奋万里蹄；青峰醉了，"倒笔悬书"九重天。"群鳌"醉了，敢与龙虎共腾跃；"金鸡"醉了，紧追凤凰同蹁跹。凭春酒增春色，春月夜夜送好梦；借春酒催春耕，春山处处闻杜鹃。

于是，沐春光而舞之，酌春酒而咏之：寻芳高县，醉在庆岭。春酒长流，古风永存！

特拟十杯春酒歌以赞之：一杯春酒润咽喉，二杯春酒暖胃弯，三杯春酒沁丹田，四杯春酒返童颜，五杯春酒开胸胆，六杯春酒忘忧烦，七杯春酒最健谈，八杯春酒乘飞船，九杯春酒凌云端，十杯春酒活神仙。

（张昌余，1942年生，重庆垫江人，四川大学中文系毕业，辞赋家，国学家。在文学、史学、美学、命名学、民俗学、科普学及书法、绘画等方面均有研究。著有《张昌余骈文集》《中华文史览胜》《中华文化通俗谈》等。著作300余万字，曾获"国家图书奖""韩素音国际奖""冰心图书奖""五个一工程奖"等。）

高县访茶
肖克凡

如同一个人起了个好名字，无疑象征美好与吉祥，其实地名也是这样的。有时候我翻看中国地图册，往往被地名吸引便记住那些不曾到达的地方。比如宜宾地名就是如此，充满宾至如归的意味。多年前几次造访的机会，均已错过。此番乘兴前往宜宾市所辖的高县，了却多年心愿。

由宜宾而高县，又是个吉祥地名。一路得知高县以"高兴之县"自况，我随即动了好奇之心，愈发想请教如此地名出自何典。

高县古称高州，地处四川盆地与云贵高原的过渡地带，乌蒙山余脉纵贯全境。古属僰侯国，曾经是少数民族的居住地，后来土著迁往凉山地区。自唐以后均因山川险峻而以"高"字命名。高县北接戎州，南通滇黔，水陆交通便捷，乃是秦五尺道和南丝绸之路经行之地，为川入滇黔的门户。

说起乌蒙山与秦五尺道，我顿时想起去年春天路经昭通豆沙关的情景，记得站在山道石阶高处，情不自禁放眼望去：关河水道、内昆铁路、昆水公路、秦五尺道、水麻高速公路，这五条不同时代的道路汇拢于兹，穿越千载贯穿古今。记得当时低头打量着秦五尺道铺设的石板，上面残存深深的马蹄痕迹，那正是秦五尺道通往四川境内的历史见证。

我此番来到高县，仿佛历经从云南到四川的秦五尺道的时空跨越，恍然间颇有穿越时间隧道的激动。

如今高州改称高县，且自称"高兴之县"，由此可见这是个充满乐观情趣的地方。高县县城庆符镇距宜宾50千米，谁都知道那是五粮液的产地，此行采风未访宜宾名酒却率先与高县名茶相遇，这同样平添几分情趣。

古代典籍《华阳国志·巴志》有载："东至鱼腹（今奉节），西至僰道（今宜宾）……园有芳蒻香茗……茶蜜……皆纳贡之。"依据此说，远在商周时期土著僰人便以茶进贡，由此推断宜宾周边产茶已有3000年历史了。

说起茶的历史，宜宾也是茶马古道的重要驿站，宜宾四大茶马古道之八亭道，在《华阳国志》里也有记载。以茶易马，神州大西南的茶马古道"宜—昭"段经高县大窝镇的大屋、燕子，罗场镇的寨子、金塘出川进入云南昭通境内，走盐津、经大关、过彝良，转向镇雄毕节方向。一个"茶"字，使得这条茶马古道迄今仍然是经济交流最古老、自然风光最壮观、历史文化最神秘的旅游路线。

中国的茶文化，兴盛于唐。当时文人饮茶，几成嗜好，这对唐代茶文化的发展产生很大影响。那时文人以茶会友，以茶赋诗，属于风雅之事。唐代诗人卢仝有《七碗茶》诗作，而大诗人白居易更是植茶烹茗的高手。至于颜真卿、李德裕、刘禹锡等文人，既当朝为官，同时也是茶道中人。

说起茶道，当年我访问古称阳羡的江苏宜兴，以为那里只是因紫砂闻名于世。殊不知，阳羡乃是茶圣陆羽写出茶学专著《茶经》的地方。有史料记载陆羽身为孤儿，被寺院住持智积法师收养，留他在寺院读经煮茶，以此修行。陆羽的上师智积法师，也曾被唐廷召进宫中，为皇帝煮茶献技。

陆羽12岁离开寺院，游历名山大川，显露聪慧本色，学识日渐精进。22岁游历江南，专心修习采茶制茶技艺。他28岁隐居常州写作《茶经》，移居宜兴完成这部"茶的百科全书"的写作，从而流芳后世。尽管陆羽名声日隆受到"茶圣"的御封，仍然不骄不躁带领茶农精耕细作，而且四处传播宣讲，极力扩展华夏大地种茶面积。那么，我就很想知道这位茶圣当年是否到达四川境内。

真是无巧不成书。此行我在高县史料里看到有关记载，相传公元755年，陆羽出游巴蜀大地行至叙州乌蒙山区，也就是如今宜宾高县附近，他惊喜地发现当地茶叶受金沙江水滋养，被乌蒙山季风温润，使得茶树于清明前便发出新芽，而且新芽呈尖状、披银毫，几经冲泡汤色碧绿，香气悠长，滋味醇爽，陆羽旋即面露喜色，称此茶为"早白尖"。

高县早白尖茶叶基地

　　有言道，高山云雾产好茶。而且多以"云雾茶"自居。然而举凡世间造物，皆有两面可见。大多高山产茶，由于山势高而气温低，新茶上市则晚。宜宾的地理环境得天独厚，尤其高县有山为屏，阻挡南下寒流呵护茶树，使得腊月即可采摘春芽，给人们带来新春的芬芳。于是，便有了陆羽称赞的"早白尖"。至于"早白尖"三字何解？宜宾当代人士如此诠释："早者，为人之先，勤也；白，为净之至，德也；尖，为峰之顶，锐也。"

　　于是，我们乘兴访问素有"全国早茶之乡"美誉的早白尖茶叶公司。沿着茶园栈道行走，湖畔有茶壶造型的喷泉，其形状十人展臂牵手不足以拱之，可谓硕大无朋。一股清流从巨大壶嘴倾流而出，分明做出斟茶迎客之态。只见那股清流哗哗被斟进湖里，那湖便成为巨型茶盅，此创意煞是新颖。

　　快步走进茶文化展厅，以为这里是天然绿茶的世界。令我倍感意外的是竟然号称"中国红茶第一庄园"。如此"早白尖"却以红茶自诩，而且打出早白尖工夫红茶——"贵妃红"的品牌，不知有何深意。经过介绍终于得知，早白尖"贵妃红"红茶产于海拔1000米以上的乌蒙山茶园。该茶

✤ 高县落润镇茶山美景

选早春鲜嫩茶芽，其外形条索紧结、乌润显毫；茶水交融，如美人舒袖，缓缓绽放；汤色红艳明亮；轻轻闻之，香甜鲜爽；细细啜饮，醇厚舒爽。

我们被邀请品茗，果不其然，红茶滋味，妙不可言。然而为什么取名"贵妃红"，原来这是有故事的。相传公元739年初春，时值唐玄宗宠妃杨玉环常年为胃肠不适所困扰，玉体有恙。恰逢剑南节度使管辖高州，将所产红茶供奉朝廷，称其具养胃和气、保健身心之功效。杨贵妃长饮数日，顽疾渐愈玉体康复。玄宗皇帝大喜，随即封为御品并赐名"贵妃红"。由此可见，"中国红茶第一庄园"历史渊源之悠久，文化积淀之深厚，还是颇有来历的。

以茶待客，乃是礼数。饮了几款早白尖红茶，竟然忘却离去。佳茗留客，这便是茶的魅力了。只听得明日尚有高县落润乡的茶园待访问，那里也盛产红茶。此时，众人才起身告辞。

离开早白尖茶文化展示厅，只觉得神清气爽、沁人心脾的"贵妃红"茶香，久久不能散去。一路上纷纷议论高县这地方：山育水，水养山。水有金沙，山有乌蒙，水酿酒，山生茶，酒待客，茶留人。就这样，高县便成为后会有期的好地方。

（肖克凡，男，天津人，国家一级作家，编剧，享受国务院特殊津贴专家。现任天津市作家协会文学院院长。）

宜宾寻茶

人民日报海外版

"酒杯未觉浮蚁滑,茶鼎已作苍蝇鸣。归时共须落日尽,亦嫌持盖仆屡更。"北宋诗人黄庭坚在四川宜宾的诗作吸引了我,宜宾素有"酒都"之称,山谷道人饮酒不用愁,但是茶又如何而来?带着这个疑问,我们开启了在宜宾的寻茶之旅。

听闻乌蒙有好茶,循着丝路古驿,前往位于乌蒙山北麓,素有"乌蒙西下三千里,僰道南来第一城"的高县。一路驱车,路途山清水秀,众峰衔翠,时有云雾缭绕,偶有几处人家。

行于高县大雁岭乡村振兴示范区,清新的茶香扑鼻而来,成片的茶树绵延山岭,惹绿了山头。茶芽探出枝头,茶农们穿梭在茶园里,十指翻飞,娴熟地将鲜嫩茶芽采入竹篓。

"今年气温偏低,茶叶生长慢一点,但价格比往年高嘞,总体收益稳定。"看着茶树枝头的万千新芽,茶农笑眯眯对我说道。

驻足碧波荡漾的大雁岭雁鸣湖,眼前就像铺开了想象中的"西湖",山与水、水与泥、泥与树构成了一幅优美画卷,茶香袭来,沁人心脾。

春茶贵如金,采茶宜趁时。茶农告诉我,采茶亦有讲究,高县以"优"和"早"为优势特色,每年2月初开采,当地有歌谣道"二月采茶茶发芽,哥哟莫想就吃它。等到三月清明后,妹儿上坡来送茶……"

在高县,漫山遍野种满茶树,茶歌贯穿采茶人的日常。每到茶叶采摘季,漫步于乡村的茶山茶园,总能听到茶农们自编自唱的采茶歌,他们寄情于茶,喻茶感事,让人透过歌声,感受到他们的怡然自乐。

川茶历史悠久,西汉蜀人司马相如、扬雄的文辞中有许多关于茶的描述,饮茶那时已在巴蜀一带肇兴,殆及两宋,川茶成为贡品茶,需求刺激着四川开发地力,同时也带动了更多蜀人以种茶就业,并在川南地区形成一条特色的贸易路线——茶马古道。高县作为茶马古道重要的驿站,处于北纬30度附近，环境优美，土壤肥沃，属乌蒙山茶叶主产区域，主要生产早春绿茶和优质红茶，是著名出口红茶——"川红"的故乡。

2021年，高县有《高县支持茶产业高质量发展十二条政策》，从种植、加工、销售等各方面给予完备的政策支撑，重点做好茶叶基地建设、加工能力提升、销售平台搭建、经营主体培育和品牌创建工作。全县现有茶园33万亩，种植面积位居四川第二，已建成8个茶叶万亩亿元示范区，5个茶叶现代农业园区，培育茶企108家，茶叶专业合作社46个，产干茶2.88万吨，综合产值突破73亿元，茶农人均茶叶收入1.4万元，实现了生态美、产业兴、农民富。

"我们以举行早茶节为契机，以茶为媒、以茶会友，交流合作、互利共赢，进一步发展茶产业、弘扬茶文化、壮大茶经济。"高县县委书记黄修国表示，高县始终坚持把茶产业作为带动群众增收、促进共同富裕的主导产业。下一步，高县将着力把开市的长江源国际茶贸城打造成西南地区最大的茶业综合交易市场，并进一步培养壮大茶叶生产加工企业，提升茶产品向精深加工、高附加值、多元化方向发展。

大美庆符

吴国义

川南之南，滇北以北。

古镇庆符，一个宁静而古老的小镇。

依山傍水，当清晨一家鸡鸣引来百家鸡鸣时，炊烟就开始袅袅了，颇有些乡村的味道。临河而建的上下河街，青石板已磨蚀得凹陷而发亮，檐坎下的石窠记录着古城的岁月。河边，洗衣的姑娘、大嫂在晨曦里忙碌，一些鱼儿总是在水里窜来窜去地打扰。母亲这时已从河里挑了满满两大桶水，一步一步稳稳地走在回家的高高石梯上。儿时的记忆里，总是这样一幅定格的画面。

这片土地因水而繁衍，因水而厚重。

这条河叫南广河，是万里长江第一条支流。它好像一条玉带，从远古飘来，优雅舒缓地飘落在川南这碧韵玉黛的群山之间，从古城缓缓地穿城而过，让这里多了一份灵秀和安宁。依水而建的这座古城，因水而出现，因水而繁华，因水而繁衍，历史注定它的命运和南广河紧紧相连，没有南广河，就没有庆符的存在，而没有庆符的存在，南广河却是寂寞的。

仁者乐山，智者乐水。这里山水依存，有江南水乡的婉约，有山水园林的秀美。当年中央电视台《话说长江》专题片对宜宾境内记录最多和最长的就只有南广河，当光影记录和优美的诗句再现南广河的美丽神奇时，更多的人开始知道了南广河的存在。"是啊，南广河没有金沙江那样磅礴的气势，但是，金沙江也难得有如此安逸的情怀。"诗句一样的解说词让人对这条河的宁静和神秘充满了向往。

2500多年前，老子以"上善若水"的感叹，留下对水的千古礼赞，我们不知道老子当时的心境，但站在南广河畔，面对一江清波，我突然就想起了老子的这句礼赞。今日之庆符，如一片橄榄叶，轻盈地飘落在南广河畔，依一江秀水，揽百里风光。灵山秀水，一江横流，两千载时光，每一寸都回响船工号子的雄浑，八百年岁月，每页都闪耀古老文化的光芒。

这片土地因文化而厚重。

庆符古城依山而建，濒临水畔，山是庆山，水是符水，故名庆符。南广河在汉代以前称为符黑水，因沿岸森林植被丰茂，倒映水中，犹如浓墨，故名黑水。汉武帝建元六年（前135年），汉王朝为加强对五尺道的管理和经略云贵广大地区而设立南广县，符黑水因横贯汉南广郡辖地而改名南广河，在汉唐时又名石门江。

从云南雪山深处流来的南广河，在筠连、兴文、珙县、高县、庆符群山间穿行，在南广古镇汇入长江。自古以来，这条河几乎承载着宜宾南六县的水运。穿峻岭，越险滩，贯县境，惊涛骇浪，千帆过尽处，见证岁月嬗变。历史上无论秦汉五尺道，还是唐宋石门道、明清盐道，入中原，出云南，以至南亚，无论水陆，庆符皆是必经之地。五尺古道分水、陆二路，水路沿南广河而上经过庆符，陆路从长江过江，沿南广河的峡谷而上，在庆符交汇，从庆符过河经石门、筠连出川进入云南。因此，庆符成为五尺古道上的一座繁华古城。南广河上每一朵浪花，都是一部南丝绸之路沧桑巨变的历史；庆符古城每一块砖瓦，都镌刻五尺古道繁华兴盛的时光。

昔日南广河繁华的水运，成就了庆符的盛名，庆符原为县属，辖地从治南之石门直到长江边，这一段是南广河水运的黄金水道，伴随繁华的水运，必然产生丰富的民间文化，千帆云集的南广河上，成群纤夫那雄浑阳刚的纤夫号子也成为著名的南广河号子，因民间称长江为大河，南广河为小河，因此在民歌中，南广河号子又称小河号子，在川江号子中非常有名。南广河号子在20世纪50年代时还进入中南海演出，此后长期在中央人民广播电台播放。

庆符古城作为城镇的历史，自唐初始。贞观四年（630年）时属石门县址，天宝中置羁縻曲州，宋政和三年（1113年）复置庆符县，一直为县治所在，古时叙南六县中，"庆高筠，珙长兴"，庆符最是繁华可见一斑。治南五里之石门关，以南为羁縻之地，以北乃中原辖境。这里自古为川滇要冲，中原与南诏分界。石门以南，原为羁縻高州，以北直至长江，为叙州庆符县。

自先秦叩响文明的回声，常颇凿石开阁，唐蒙始通石门，这片土地留下太多文化遗存，拂去五尺古道的历史烟尘，石门除了留下种种千古争论外，还在中国文化史上留下浓墨重彩的痕迹，石门右侧石门山上因盛产兰花，"林薄间多兰"，品种众多，香飘十里，又名兰山，此处所产之兰即为兰界名品石门幽兰，曾为贡兰的传说更添神秘色彩。明状元杨慎（升庵）过石门曾写下著名的《采兰引》一诗。更让人念念不忘的是唐诗三百首中孟浩然之《秋登兰山寄张五》，史料上对诗中"兰山"的释义，一直是四川庆符兰山，这个文学史上数百年的错误直到近年才得到纠正，而这段传奇一般的故事，不仅成就了石门，更成就了庆符的神秘色彩。

庆符是一片祥和之地。

庆符之名，我儿时一直理解为庆贺祥瑞之意。后来才知道来历。而宋朝时曾一度在这里设置祥州的历史，却印证了我儿时的一些猜测。从版图上看，庆符虽然地处边陲之地，但诸葛南征时曾屯兵汉阳（庆符以南），明王时朱元璋之嫡孙被封为庆符郡王，这片土地属庆符郡国，却显示了庆符不可小觑的历史地位。无论僰人袭扰还是白莲教起义，及至太平军激战，经历了太多岁月的风雨，但庆符古城没有遭遇大的灾难，称得上祥瑞之地。

60年前，庆、高二县合一，庆符并入高县；40年前，恢复庆符旧称；20年前，县城迁移庆符，再现庆符辉煌。如今的庆符，以江为隔，老城依旧，走在古老的小巷里，不经意间就会打捞出一些斑驳的岁月，而新城在不断拓展希望，让人憧憬美好的明天。

今日之高州，境内遍布山川河流湖泊，如果说山川是一个人的骨骼，那么遍布境内的河流湖泊就是血肉，而南广河就是那条主动脉，七仙、踏浪、荔枝、惠泽四大湖泊，宋江河、二夹河，还有大大小小的溪河滋润这片古老的土地。

登高远望，庆符位于一个大盆地中，环周皆山，阻隔了恶劣气候的袭击，风调雨顺的人民悠然自得。南广河从远方流来，在古城里绕了两个"S"形的弯道，形成一个天然的太极图案，环城皆水，因此庆符古城被誉为"太极之城"。

壮哉，太极之城；美哉，庆符古镇。

（吴国义，男，生于1970年2月。高县作家协会副主席。出版个人散文集《行吟山水》。曾获四川散文奖优秀奖、高县翰笙文艺奖银奖。）

参考文献

1. 《中国蚕业史》（上海人民出版社）

2. 《高县志1950—1990》（方志出版社）

3. 《高县志1991—2008》（方志出版社）

4. 《庆符县志》（清光绪版）

5. 《高县志》（清同治版）

6. 《四川省志·丝绸志》（四川科学技术出版社）

7. 《四川省志·川茶志》（方志出版社）

8. 《高县革命老区发展史》（中国文史出版社）

9. 《高县年鉴》（四川科学技术出版社）

10. 《筠连县志》（四川大学出版社）

11. 《史记》

12. 《华阳国志》

13. 《蜀王本纪》

14. 《汉书》

编后记

    2022年5月，中共高县县委、县人民政府决定，由中共高县县委宣传部、中共高县县委党史研究室（地方志办公室）牵头，高县档案馆、高县县委党校、高县老区建设促进会、高县财政局、高县发改局、高县农业农村局、高县乡村振兴局、高县交通运输局、高县文广旅游局等部门参加，启动《丝路茶乡 红色高县》的编纂工作。2022年6月成立编委会和编辑部，由县委常委、宣传部部长担任编委会主任和主编，相关领导和同志参与编纂工作。原中共高县县委常委、宣传部部长张春元同志审定了全书编纂目录。在此一并表示感谢!

    高县是革命老区县，位于南方丝绸之路东线的重要节点，历史悠久，人文荟萃。我们力求通过编纂出版《丝路茶乡 红色高县》系统宣传高县厚重的历史文化和丰富的红色文化，力求从历史源头和法理依据上解读"丝路茶乡，红色高县"的内涵，力求历史真实、脉络清楚、结构合理、语言简洁，具有宣传性、可读性。编委会经反复讨论，为更好反映高县的历史文化和红色文化，决定以比志、鉴更加灵活的方式进行编纂。

    由于高县县志和庆符县县志只有清代的各一本，即同治版《高县志》和光绪版《庆符县志》，其次，1950年以后编修的两轮高县县志，无中华民国时期的高县县志和庆符县县志。在两年多的时间里，我们走访了成都、宜宾、高县的许多专业人士，到四川省图书馆、成都和重庆的部分大学图书馆查阅了大量历史资料，进行了认真比较和取舍，废寝忘食，忘我工作，克服重重困难，经过一年多的资料查阅、收集、编纂、审定，几易篇目文稿，于2024年2月成书定稿。

《丝路茶乡　红色高县》的编纂，得到县级相关部门和社会各界人士的鼎力支持和帮助。本书"历史名人与高县"部分由原高县教体局局长、原高县县委党校常务副校长、高县作家协会第一届主席、四川省作家协会会员张学东供稿。本书凝结着众人的心血，汇聚了大家的智慧。值此书出版之际，谨向关心、支持、提供资料、作出贡献的单位和同志致以衷心的感谢！本书使用的部分图片为摄影爱好者所拍照片，因联系不畅，没有署名，敬请谅解。由于编写涉及方面很广，时间跨度大，历史资料残缺，再加编纂能力有限，在编纂过程中，难免有误。在此，敬请各位专家、学者和社会有识之士给予指正和谅解，不胜感激！

《丝路茶乡　红色高县》编辑部

2024年2月